JN409835

옛 책의 한글판본 2

이 도서의 국립중앙도서관 출판시 도서목록(CIP)은
e-CIP홈페이지(http://www.nl.go.kr/cip.php)에서 이용하실 수 있습니다.
(CIP제어번호 : CIP2007002450)

옛 책의 한글판본 2

윤형두 저

범우사

머리글

《옛 책의 한글판본》이라는 이름으로 책을 발간한 지 꼭 4년이 되었다. 그후 독자들의 성원에 힘 입어 2005년 4월에 초판 2쇄를 찍었다. 이러한 책도 보시는 분이 계시는구나 하는 고마움에 그 동안 모아두었던 한글본을 다시 챙기고 이것저것 자료들을 참고하여 월간 《책과 인생》에 다시 연재를 시작하였다.

어언 4년이 지나니 또 한 권으로 묶을 분량이 되지 욕심을 부려 《옛 책의 한글판본 Ⅱ》를 엮어보았다.

내가 한글을 처음 대한 것은 초등학교 2학년 때쯤인 것같다. 1943~4년경 일본에서 살 때, 어머님이 '클레멘타인' 이란 노래를 흥얼거리시면서 '넓고 넓은 바닷가에 오막살이 집 한 채' 와 같은 괴상한 글을 쓰셨던 것으로 기억한다. 이것이 무슨 글이냐고 하였더니 조선글인 '가나' 라고 하셨다. 그 당시 일본아이들에게 조선인이라고 핍박받던 나에게 '가나' 에 대한 자세한 말씀은 없으셨고 노래만 한 곡 가르쳐주셨다.

그러다 해방되기 전해에 한국에 돌아와서도 우리나라 사람들은 집에서는 조선말을 쓰면서도 조선글을 쓰는 사람을 보지 못했다. 학교에서는 철저하게 일본말과 일본글을 썼다. 해방이 된 후, 우리는 한글이란 조선글이 있는 줄 알았고 '우리말본' '한글맞춤법' 등을 배웠다.

나는 그저 한글이 우리글이려니 하고 무심히 살아오다 1960년대 헌 책방을 경영하면서 아주 낡고 표지가 다 떨어져나간 책 한 권을 접하게 되었다. 일제시대인 1940년에 발간한 최현배 님의 《한글갈》이란 책이었다.

이 책에서 훈민정음의 창제와 제정의 경과를 알게 되었고, 그 많은 역경과 수난 속에서도 수많은 한글본이 전해져오고 있다는 것을 알게 되었다. 유가서儒家書에서부터 병서兵書, 의서醫書 그리고 가장 많이 전해져오고 있는 불서佛書 등이 있다는 것도 알았다.

그러나 한문실력이 짧아 《한글갈》의 머리에 있는 한문으로 된 '훈민정음 혜례'를 해석할 수 없어 애태우다 한글학회에서 발간한 《훈민정음 옮김과 해설》이란 책을 구하여 읽고는 한글의 심오한 뜻을 조금은 깨우치게 되었다. 백성들을 위하여 스물여덟 글자를 만들어 쉬이 익혀서 날마다 쓰는 데 편하게 하고자 훈민정음을 창제하였다는 세종대왕의 깊은 뜻이 감명 깊었다. 정음正音을 만든 것도 처음부터 지혜로써 경영하고 힘써 찾아낸 것이 아니라, 다만 그 소리에 따라서 이치를 다하였던 것이다. 첫소리는 모두 17자인데, 어금닛소릿자 ㄱ은 혀뿌리가 목구멍을 닫는 모양을 본뜨고 혓소릿자 ㄴ은 혀가 윗잇몸에 붙은 모양을, 입술소릿자 ㅁ은 입의 모양을, 잇소릿자 ㅅ은 이의 모양을 그리고 목구멍소릿자 ㅇ은 목구멍의 모양을 본떴다는 식으로 정음 28자는 그 모양을 본떴음을 자세히 설명하고 있다.

'훈민정음해례' 문 자체가 곧 시詩요, 미美요, 명문이다.

초중종성初中終聲의 어울림에 대해서, 움직임은 하늘이요, 고요함은 땅이며, 움직임과 고요함을 겸한 것은 사람이다. 대개 오행五行이 하늘에 있어서는 정신의 움직임이요, 땅에 있어서는 바탕의 이룸이요, 사람에게 있어서는 어짊, 예도, 믿음, 의리, 슬기와 같은 정신의 움직임이 된다. 첫소리〔초성初聲〕는 피어나 움직이는 뜻이 있으니 하늘의 일이요, 끝소리〔종성終聲〕는 그려 정하는 뜻이 있으니 땅의 일이요, 가운뎃소리〔중성中聲〕는 첫소리의 남을 받고 끝소리의 이루는 데에 접하니 사람의 일이라고 하였다.

'아아, 정음이 만들어지매 천지만물의 이치가 모두 갖추어지니 신기롭기도 하구나. 이는 아마도 하늘이 성스러운 임금님의 마음을 열으사 그 손을 빌려주심인저' 하고 감탄할 따름이다.

정음의 글자는 스물여덟뿐이로되
엉킨 걸 헤쳐 찾고 깊은 기틀 다하였네
뜻은 멀되 말은 가까워 백성을 인도하기 쉬우니
하늘의 주심이라 슬기로 될 것인가

집현전 대제학 정인지鄭麟趾의 끝맺음 글에서도 '삼가 헤아리건대 우리 전하께서는 하늘이 내려보내사 성인으로서 지으신 법도와 베푸신 정사가 모든 임금보다 뛰어나시니, 정음을 만드심도 앞사람의 것을 이어받아 본뜬 것이 아니라 자연에서 이루어진 것이다. 어찌 그 지극한 이치가 있지 아니한 바 없음으로써 사람의 힘으로 한 사사로운 일이 아니라 하겠는가? 대저 우리 땅에 나라 있음이 오래되지 아니함이 아니지만 문물을 열고 일을 이룩한 큰 슬기는 아마 오늘날을 기다림이 있음인저' 라 하였다.

《훈민정음의 풀이와 보기》를 되풀이 읽으면서 한글창제의 오묘한 뜻을 새삼 깨달았다. 그리고 2005년 8월에 학고재에서 발간한 김명호 님의 《한글을 만든 원리》란 책을 접하고서는 한글을 이해하는 데 더 큰 보탬이 되었다.

우리는 우리글인 한글에 대하여 깊이 알고 한글사랑이 더욱 짙어져야 하리라.

외국에 나가서 대영박물관의 동양전시관이나 구텐베르크 인쇄박물관 등에서 우리의 옛책을 접하게 된다. 우리나라 종이와 우리의 인쇄술로 우리 선조들이 제책한 우리의 옛책인 데도 한자로 된 책은 어쩐지 우리의 것이라는 친근감이 덜 간다. 우리의 글, 우리의 한글로 인쇄된 책은 어디에 두어도 명실공히 우리의 문화유산인 우리의 책이이라는 자긍심이 커지는 것이다.

그리고 「한글」은 60년동안이나 남북으로 분단된 우리민족을 이어주는 끈이요 맥이 되어주고 있다. 한글로 통일의 길을 터야 할 것이다.

여러 선각자와 선험자들이 축적하여놓은 지혜와 지식을 빌려 그 동안 필자 자신이 모아두었던 책들을 소개할 겸 부끄러움을 무릅쓰고 또 한 권의 책을 엮어 펴내어놓는다.

2007년 5월 15일
세종대왕 탄신 610돌을 맞으며

윤 형 두

차례

옛 책의 한글판본 2

1. 목우자수심결牧牛子修心訣
- 마음 닦는 방법을 제시한 선禪이론서

고려 중엽의 승려인 보조국사普照國師 지눌知訥이 저술한 《수심결》을 신미信眉가 언해한 책이다. 목우자牧牛子란 지눌의 호號여서 책명을 《목우자수심결》이라고 하였다.

초간본은 1467년(세조13)에 동궁東宮의 편당便堂인 비현합丕顯閤에서 한글로 토를 달고 신미가 언해를 하여 간경도감刊經都監에시 간행한 복판본 1책이다. 서울대학교 소장본은 보물 제770호로 지정되었고 《수심결》에 《법어》가 합철된 개인 소장본은 보물 제934호로 지정되어 있다.

권말卷末에 성화3년 정해세(1467년 세조13) 조선국 간경도감 봉교주조란 간기와 판하본版下本 필사자인 당대의 명필가 안혜安惠, 유환柳晥, 박경朴耕의 이름이 있다.

여기에 합철된 법어法語는 신미가 구결하고 국역한 《환산정응선사시몽산법어》《동산승장주송자행각법어》《몽상화상시중법어》《고담화상법어》 등 네 법어는 《목우자수심결》과 같은 해에 간행된 것으로 보고 있다.

이 책은 세조가 불경간행을 위해 설치한 간경도감에서 《능엄경언해》《원각경언해》《금강경언해》 등과 같이 간행한 국역본의 하나로, 간경도감의 성격과 초기의 한글 연구에 중요한 자료가 되고 있다.

이 책은 고려 불교의 중흥자인 보조국사 지눌이 마음을 닦는 방법을 제시한 선이론서禪理論書이다. 저자가 당시 세속화된 불교이념의 폐습적 현상에 대해서 선종禪宗과 교종敎宗의 대립적인 입장을 지양하고 인간의 참다운 모습을 밝히기 위해 저술한 것이다.

지눌은 선종의 승려로 평생을 참선에 몰두하였지만 위계位階를 거쳐 수행하고 도를 깨치는 점수漸修의 방법도 소홀히 하지 않았다. 그는 불제자로서는 불교의 참뜻을 문득 깨달은 돈오頓悟와 점수의 어느 하나도 버릴 수 없다는 선禪과 교敎간의 불화를 없애기 위해 노력하였다. 종래에 언어와 문자에만 사로잡혀 있던 교종의 강사들로 하여금 마음을 밝히는 참선參禪 공부를 하게 하였고 마음만 밝히면 만사가 다 된다는 바른 길을 걷게 하기 위해 부처님의 말에 귀를 기울이게 하였다.

이 책의 내용 중 전반부는 인간의 마음 밖에 따로 부처가 있고 인간의 본성을 떠나서 따로 진리가 있다고 생각한다면 아무리 열심히 수도修道하고 아무리 애를 써도 절대로 진리를 깨달을 수 없으며, 곧 내 마음이 부처이며 나의 본성이 참 진리라는 뜻이 담겨 있다. 후반부에서는 사람의 마음이란 어떤 것인가에 대하여 언급하고 있다. 사람의 마음이란 형체가 없기 때문에 이렇다 할 고유의 본질을 끄집어낼 수 없다. 그러나 일체를 다 알아보는 능력이 있는 동시에 시공을 초월하여 영원한 것이라 하였다.

특히 지눌은 그 동안 첨예하게 대립하여왔던 한국불교의 선종과 교종의 싸움을 중지시키는 중요한 역할을 하였다. 종래에 선종은 돈오를 주장하고 교종은 점수를 주장하며 대립해왔다. 지눌은 미혹에서 깨닫는 돈오와 범부가 변해 성인이 되는 점수 어느 하나도 버릴 수 없다고 하여

두 쪽 모두를 중요시함으로써 한국불교사상 큰 전기를 이룩하였다.

《목우자수심결》은 초간본 이후 1499년(연산군5)에 경상도 합천 봉서사鳳栖寺에서 간행되었으며, 그후 여러 차례 간행되어 현토 · 언해본으로 하여금 대중에게 많이 읽혔다.

또한 초간본은 간경도감에서 간행한 불경언해의 특징들을 그대로 반영하고 있으며 한자음은 동국정운東國正韻식 한자음이고 방점傍點에 ㆁ, ㆆ, ㅿ가 쓰였다. 이 책은 오늘날 초기한글 연구와 중세국어 연구자에게 귀중한 자료가 되고 있다.

범우사 자료실에는, 1467년 간경도감에서 간행한 초간본 1책과 1499년(홍치弘治 12년) 경상도 합천 봉서사에서 개간한 1책과 간기가 떨어져나간 책 한 권이 있다.

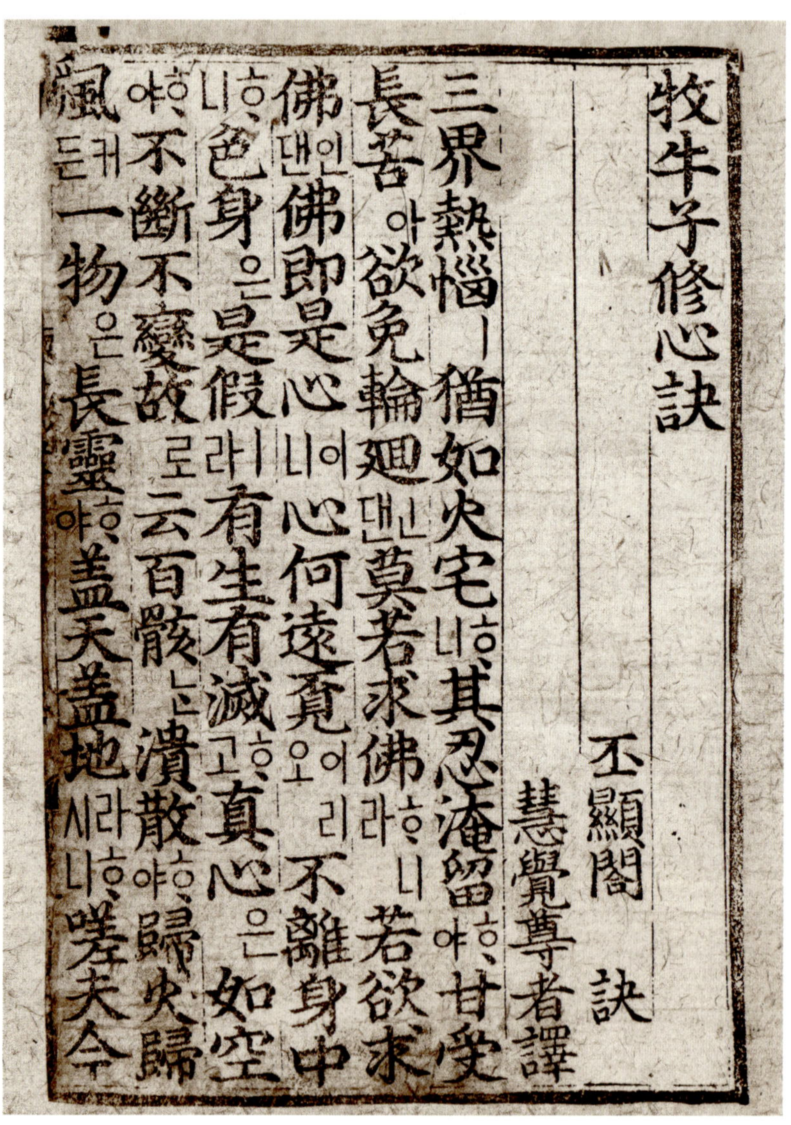

牧牛子修心訣

丕顯閣 訣

慧覺尊者譯

三界熱惱ㅣ 猶如火宅ᄒᆞ니 其忍淹留ᄒᆞ야 甘受長苦아 欲免輪廻ㄴ댄 莫若求佛ᄒᆞ라니 若欲求佛ㄴ댄 佛卽是心이니 心何遠覓이리오 不離身中ᄒᆞ니 色身은 是假ㅣ라 有生有滅ᄒᆞ고 眞心은 如空ᄒᆞ야 不斷不變故로 云百骸ᄂᆞᆫ 潰散ᄒᆞ야 歸火歸風커든 一物은 長靈ᄒᆞ야 蓋天蓋地ᄒᆞ시니라 嗟夫今

목우자수심결(1467년 간행본) 첫 장

須更取隨相門定慧耶ㅣ리오 如將瞎玉ᄒᆞ야 彫
文彩德이로다 若先以隨相門定慧로 對治功
成然後에ᅀᅡ 趣於自性門인댄 則宛是漸門中엣
劣機의 悟前엣 漸熏也ㅣ니 豈云頓門箇者의
先悟後修ᄒᆞ야 用無功之功也ㅣ리오 若一時예
無前後ㄴ댄 則二門定慧ㅣ 頓漸이 有異ᄒᆞ니 如
何一時예 並行也ㅣ리오 則頓門箇者ᄂᆞᆫ 依自
性門ᄒᆞ야 任運ᄒᆞᆯ시 亡功코 漸門劣機ᄂᆞᆫ 趣隨相
門ᄒᆞ야 對治ᄒᆞᆯ시 勞功ᄒᆞ니 二門之機ㅣ 頓漸이 不

초간본 현토 본문

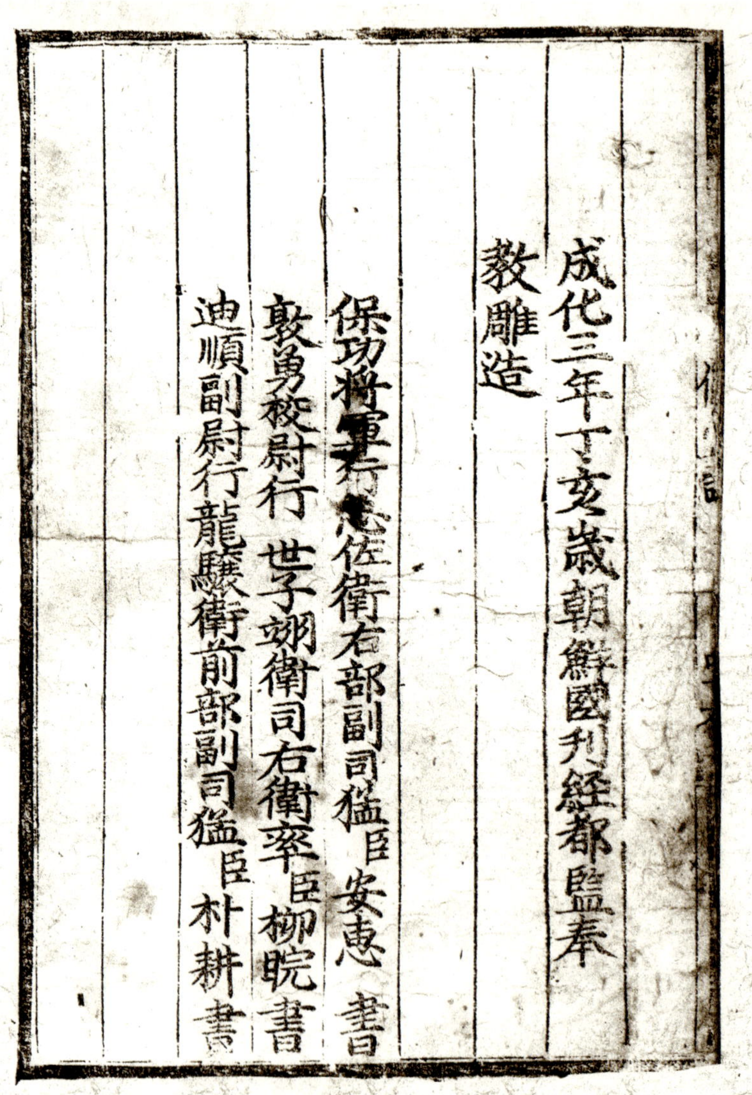

成化三年丁亥歲朝鮮國刊經都監奉
敎雕造
保功將軍行忠佐衛右部副司猛臣安惠書
敦勇校尉行 世子翊衛司右衛率臣柳晥書
迪順副尉行龍驤衛前部副司猛臣朴耕書

초간본 간기란

조ᅀᆞᄅᆞᄫᅵ 바미 몯ᄒᆞ리라 이제 어린 사ᄅᆞ미 간대로 너교ᄃᆡ 一힗念념 안ᄢᅵ 곧 無뭉量량
妙묭用용神씬通통變변化황ㅣ 조차 나ᄂᆞ니라 ᄒᆞᄂᆞ니 ᄒᆞ다가 이 解갱ᄅᆞᆯ 지ᅀᆞ면 닐온
先션後ᅘᅮᇢ를 아디 몯호미며 ᄯᅩ 本본末맗을 分분揀간 몯호미라 ᄒᆞ마 先션後ᅘᅮᇢ本본末
맗을 아디 몯고 佛뿛道똫를 求꿓코져 ᄒᆞ린 方방ᄒᆞᆫ 남ᄀᆞᆯ 가져 두려운 구무 마곰곰 ᄒᆞ니
엇뎨 큰 錯착이 아니리오 ᄒᆞ마 方방便뼌을 아디 몯ᄒᆞᆯᄊᆡ 노ᄑᆞᆫ 빙앳 想샹ᄋᆞᆯ 지ᅀᅥ 제 믈루
믈 내여 부텻 種종性셩 그츠리 하디 아니티 아니ᄒᆞ니 ᄒᆞ마 제 ᄇᆞᆯ기디 몯고 ᄯᅩ 他탕人신
의 안곤 이쇼몰 딘디 아니ᄒᆞ야 神씬通통 업스닐 보고 輕켱慢만ᄋᆞᆯ 내야 賢현을 欺킹弄
롱ᄒᆞ며 聖셩을 欺킹弄롱ᄒᆞᄂᆞ니 實씷로 슬프다

問汝言頓悟漸修兩門이 千聖軌轍也ㅣ라 ᄒᆞ니

초간본 언해 본문

牧牛子修心訣

訥 訣

慧覺尊者譯

三界熱惱 猶如火宅ᄒᆞ니 其忍淹留ᄒᆞ야 甘受
長苦아 欲免輪迴댄 莫若求佛ᄒᆞ리니 若欲求
佛인댄 佛卽是心이니 心何遠覓이리오 不離身中
ᄒᆞ니 色身은 是假라 有生有滅ᄒᆞ고 真心은 如空
ᄒᆞ야 不斷不變故로 云百骸ᄂᆞᆫ 潰散ᄒᆞ야 歸火歸
風커든 一物은 長靈ᄒᆞ야 蓋天蓋地ᄒᆞ시니라 嗟夫今

봉서사간본 첫 장

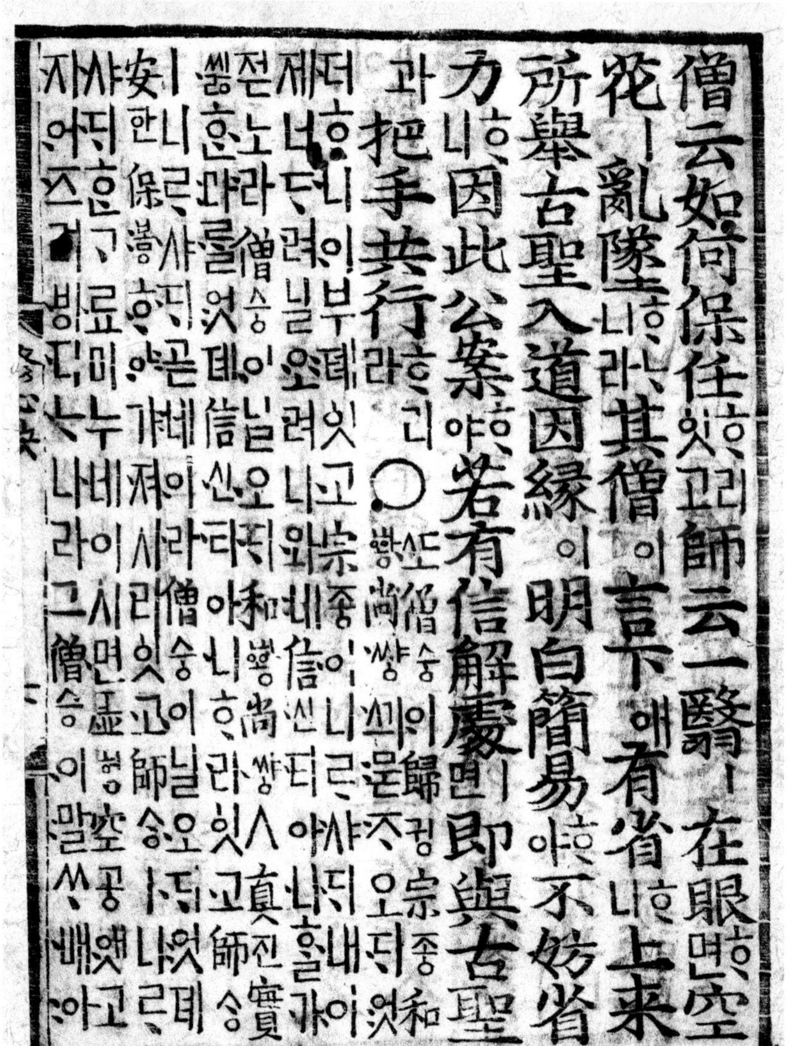

僧云如何保任ᄒᆞ리잇고師云一翳ㅣ在眼ᄒᆞ면空

花ㅣ亂墜ᄒᆞᄂᆞ니라其僧이言下애有省ᄒᆞ니上來

所擧古聖入道因緣이明白簡易ᄒᆞ야不妨省

力ᄒᆞ니因此公案ᄒᆞ야若有信解處ㅣ면即與古聖

과把手共行ᄒᆞ리라 ○ ᄯᅩ僧숭이歸귕宗종和ᅘᅪᆼ尙썅ᄭᅴ묻ᄌᆞ오ᄃᆡ엇

뎌ᄒᆞ니이부톄잇고宗종이니ᄅᆞ샤ᄃᆡ내이제너ᄃᆞ려닐오려니와네信신티아니ᄒᆞᆯ가

젼노라僧승이닐오ᄃᆡ和ᅘᅪᆼ尙썅ㅅ眞진實씛ᄒᆞᆫ과ᄅᆞᆯ엇뎨信신티아니ᄒᆞ리잇고師ᄉᆞᆼ

ㅣ니ᄅᆞ샤ᄃᆡ곧네이라僧승이닐오ᄃᆡ엇뎨安ᅙᅡᆫ保뽛ᄒᆞ야가져시리잇고師ᄉᆞᆼㅣ니ᄅᆞ

샤ᄃᆡᄒᆞᆫᄀᆞ료미누ㅣ이시면盡찐空콩ᄒᆡᆺ고지어ᄌᆞ러ᄫᅵ디ᄂᆞ니라그僧승이말ᄊᆞᄆᆡ야

봉서사간본 본문

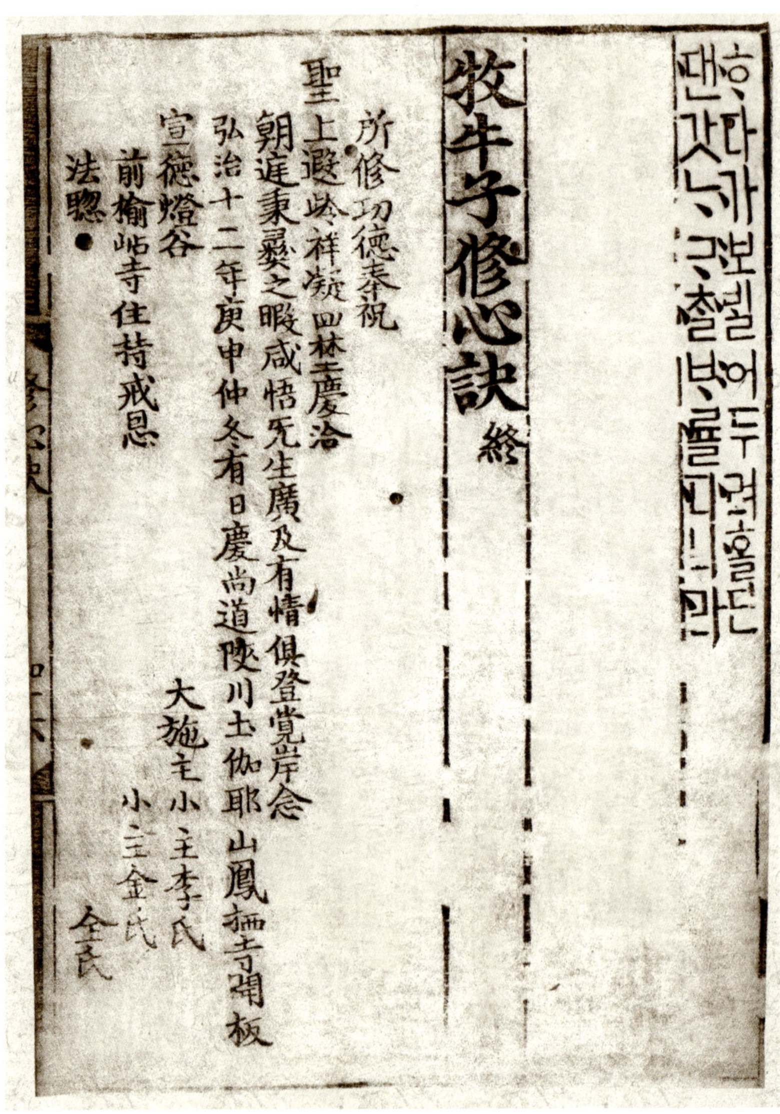
ᄒᆞ다가 보ᄇᆡᆯ 어두려 ᄒᆞᇙ딘
댄 갓ᄂᆞᆯ 긋 출 ᄇᆞᄅᆞᆯ 디니라

牧牛子修心訣 終

所修功德奉祝
聖上遐齡祥凝四林王慶洽
朝廷秉燮之暇咸悟死生廣及有情俱登覺岸念
弘治十二年庚申仲冬有日慶尚道陜川土伽耶山鳳捿寺開板
宣德燈谷
前榆岾寺住持戒恩
法聰
大施主小主李氏
小主金氏
全氏

봉서사간본 간기

2. 농가집성農家集成
- 작물의 품종명에 이두와 한글표기가

이 책은 조선조 인조때의 문신 이지당二知堂 신속申洬(1600~1661)이 세종의 명을 받아 엮은 우리나라에서 가장 오래된 농업서적인 《농사직설農事直說》과 중국 주희朱熹의 권농문勸農文, 세조때 강희맹姜希孟의 저술인 《금양잡록衿陽雜錄》과 《사시찬요四時纂要》를 합해서 엮은 책이다.

머리말에 세종대왕의 권농교문勸農敎文이 실려 있다. 권농교문은 농사의 중요성과 선대 임금들의 농업을 장려한 정책 및 그 업적들을 싣고 지방관들이 권농에 소극적임을 지적한 글이다.

내용 중 《농사직설農事直說》은 농사의 기술을 해설하여놓은 농법서農法書로서 세종이 정초鄭招(?~1434) 등에게 명하여 1429년에 편찬한 것으로, 종래에는 중국의 농업서적에 의존해온 것을 중국과 다른 우리나라의 풍토에 맞는 농법을 개발하기 위하여 각 지방 농부들의 경험 등을 토대로 우리나라 실정에 맞는 농법을 저술한 것이다.

내용은 곡식을 비축하는 비곡備穀, 곡식을 재배하는 지경地耕 등 10개 항목으로 이루어져 있으며, 종자와 땅을 다루는 법과 각종 작물의 재배법을 서술하고 있다.

이 책은 우리나라 농서農書의 효시로서, 또 우리 식 농법을 최초로 저술한 책으로 우리나라 농업기술 변천사에 중요한 자료가 되고 있다.

이 책은 세종본 이후 1492년(성종23)에 간행한 내사본內賜本이 있고, 1656년(효종7)에는 10행본行本으로 간행된 것과 1686년(숙종12)의 숭정본崇禎本 등이 있다.

그리고 농가집성 중 가장 많은 분량을 차지하고 있는 《금양잡록衿陽雜錄》은 15세기 중엽 오늘의 경기도 시흥지방인 금양을 중심으로 영농기술과 농민들의 생활상을 기록한 농서이다.

저자 강희맹(1424~1483)은 벼슬살이를 하면서도 자기 농장의 소재지인 금천지방에 가서 직접 농사일을 돌보면서 농민들과 농사에 대한 경험을 의논하였으며, 한편으로 탐관오리의 착취와 고역에 시달리는 농민들의 낙후된 생활을 목격하면서 이 《금양잡록》을 저술하였다.

이 책의 구성체제는 농가農家, 농담農談, 농자대農者對, 제풍변諸風辨, 종곡의種穀宜 등 다섯 편과 농구農謳 1편 등 6편으로 되어 있다.

이 책은 1491년(성종22)에 강희맹의 제자였던 조위가 처음으로 정리하여 출판하였으나, 그 후에 1655년(효종6)과 1656년, 1686년에 신숙이 편찬한 《농가집성》에 합본되어 출간되었다.

《사시찬요四時纂要》는 사시순四時順, 월별 그리고 24절별로 각종 전곡田穀과 벼의 경작법은 물론 채소류와 목화, 삼, 홍화 그리고 약용식물 재배법 등이 기재되어 있다. 주로 원예작물과 특용작물 그리고 양잠, 과수 등 《농사직설》과 《금양잡록》에서 다루지 못한 부분을 상세히 설명하고 있다.

《농가집성》은 1655년(효종6)에 간행한 책을 초간본으로 보고 있으며 이듬해 1656년의 10행본, 1686년(숙종12)의 숭정본崇禎本 등이 중간되었다.

이 책은 중간되면서 약간의 개정과 보완이 행해졌으며 종합농서로서 당시의 농업기술과 기술변천을 살필 수 있는 가장 중요한 농서이다. 또한 이 책에 나오는 작물의 품종명에 이두와 한글표기가 많이 나와 국어사 연구에도 중요한 참고자료가 되고 있다.

범우사 자료실에는;

① 1656년(丙申年) 간행의 10행판본과

② 1686년(丙寅年) 무성武城에서 전이채田以采, 박치유朴致維가 간행한 숭정본崇禎本 방각본 2책이 있다.

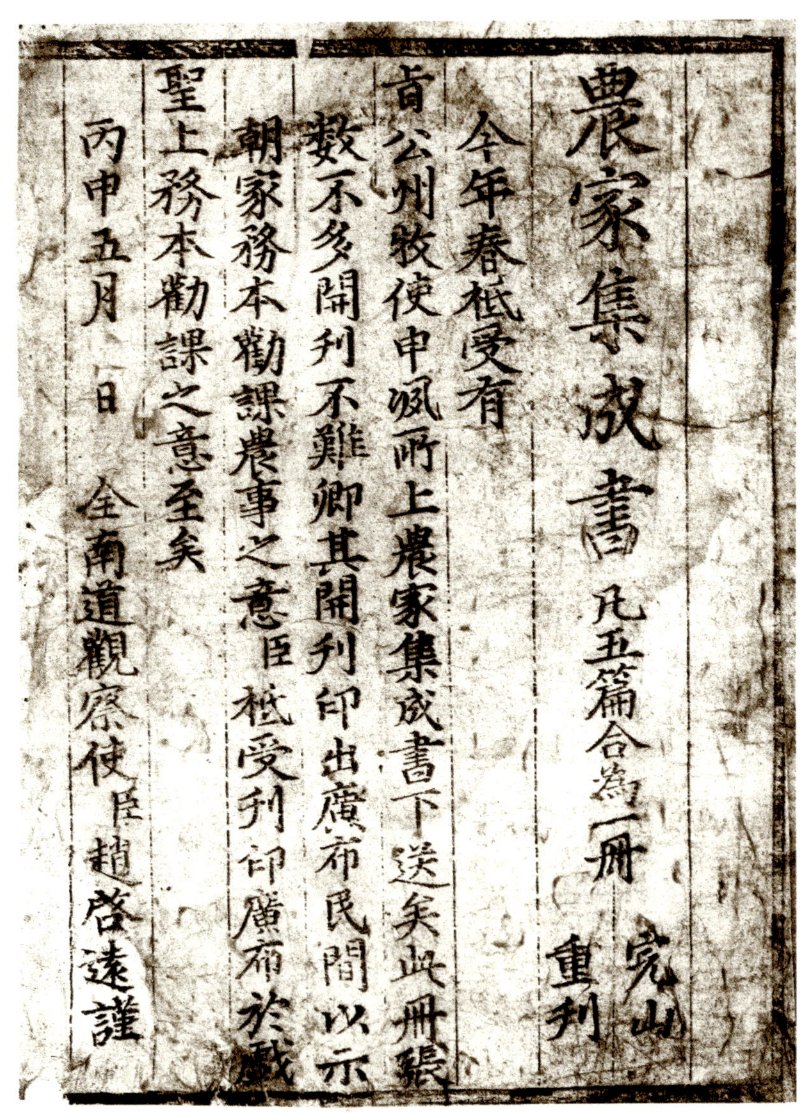

農家集成書 凡五篇合爲一冊 完山 重刊

今年春祗受有

旨公州牧使申洬所上農家集成書下送矣此冊張

數不多開刊不難卿其開刊印出廣布民間以示

朝家務本勸課農事之意臣祗受刊印廣布於戲

聖上務本勸課之意至矣

丙申五月 日 全南道觀察使臣趙啓遠謹

농가집성 첫 장

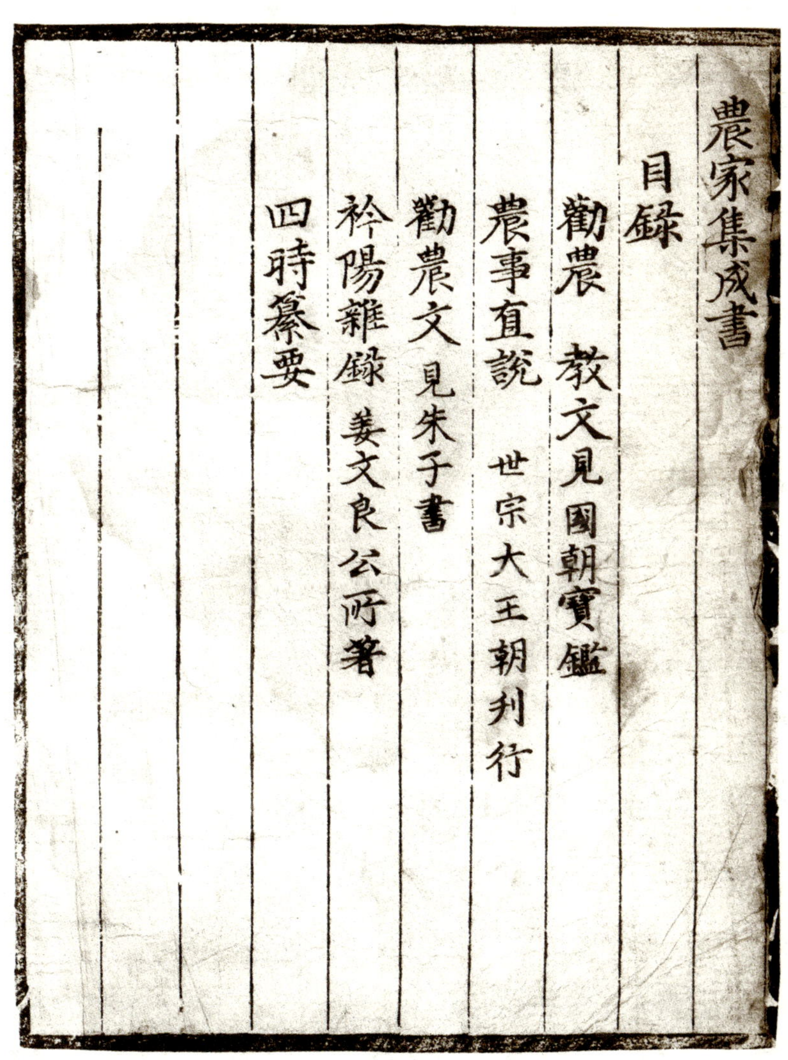

農家集成書

目錄

勸農 教文見國朝寶鑑

農事直說 世宗大王朝刊行

勸農文 見朱子書

衿陽雜錄 姜文良公所著

四時纂要

농가집성 목록

農家集成一

勸農 教文

世宗大王即位二十六年 教曰國以民為本民以
食為天農者衣食之源而王政之所先也惟其關
民生之大命是以服天下之至勞不有上之人誠
心迪率安能使民勤力趨本以遂其生生之樂耶
昔古神農始為耒耜以利天下少昊命九扈以掌
農事此聖神所以繼天建極而為億兆立命者也
堯命羲和敬授人時舜咨十二牧食哉惟時夏后
氏盡力乎溝洫商宗知小人之依至于周家以農
事開國豳風之詩無逸之書無非奉〻於稼穡之

세종대왕의 권농교문

農事直說

○備穀種

收九穀種取堅實不雜不浥者浥鬱浥也種不實則明年穀穗亦不實所謂受病於胎也種雜則早晚不等種浥則不生雜生亦不實簸揚去秕後沉水去浮者漉出曝乾以十分無濕氣為度堅藏篙篅之類篙篅鄉名空石濕氣多致鬱浥有欲知來歲所宜以九穀種各一升各盛布囊埋於土宇中勿令人坐臥其上後五十日發取量之息最多者其歲所宜也土氣隨地異宜ㄹ令各里識之俗方或冬至埋置立春日出之○冬月以瓮或槽埋置地中要令不凍至臘月多收雪汁盛貯苫

정초의 농사직설

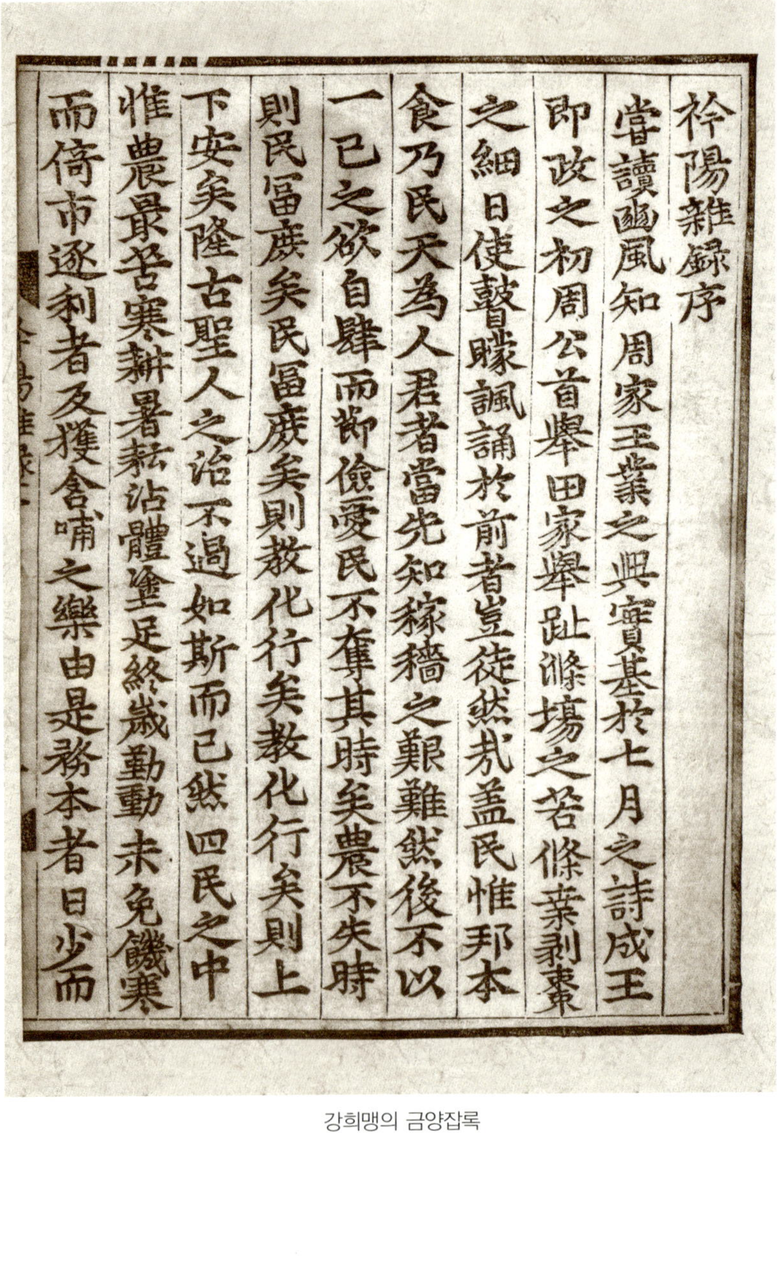

衿陽雜錄序
嘗讀豳風知周家王業之興實基於七月之詩成王
卽政之初周公首擧田家擧趾滌場之咨條桑剝棗
之細日使瞽矇諷誦於前者豈徒然哉蓋民惟邦本
食乃民天爲人君者當先知稼穡之艱難然後不以
一己之欲自肆而節儉愛民不奪其時矣農不失時
則民富庶矣民富庶矣則敎化行矣敎化行矣則上
下安矣隆古聖人之治不過如斯而已然四民之中
惟農最苦寒耕暑耘沾體塗足終歲勤動未免饑寒
而倚市逐利者反獲含哺之樂由是務本者日少而

강희맹의 금양잡록

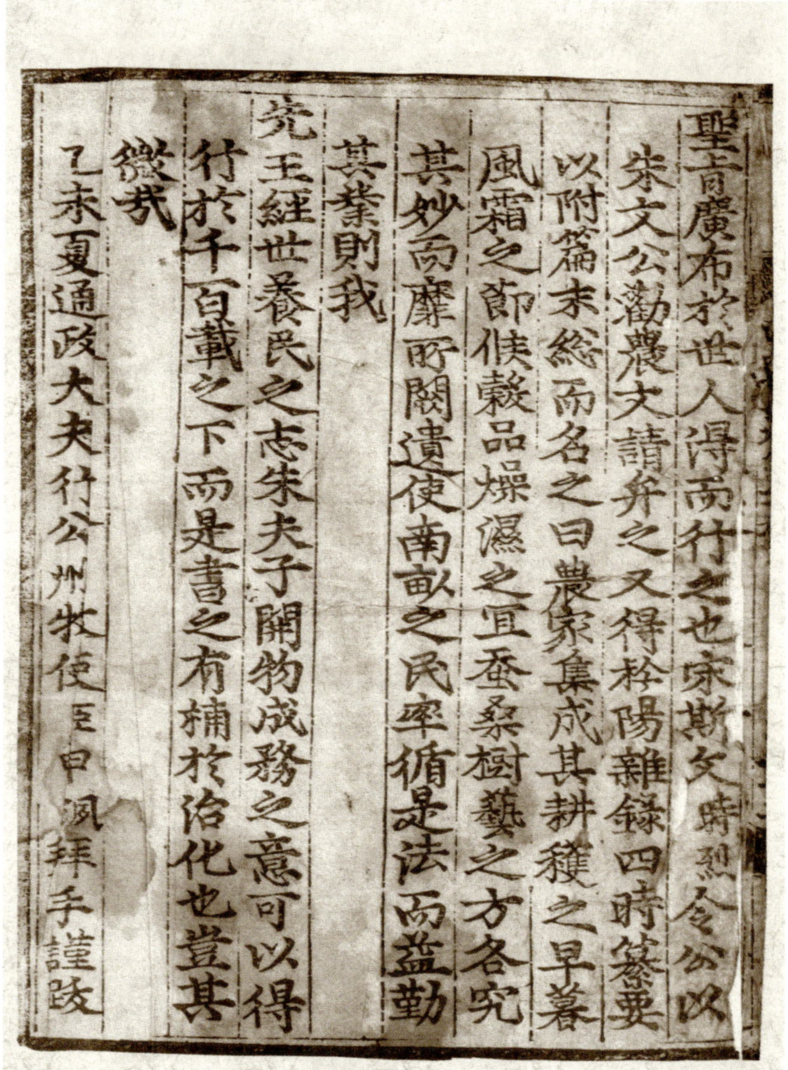

聖上同廣布於世人得而行之也宋斯文時烈令公以
朱文公勸農文請弁之又得衿陽雜錄四時纂要
以附篇末總而名之曰農家集成其耕穫之早暮
風霜之節候穀品燥濕之宜蚕桑樹藝之方各究
其妙而靡所闕遺使南畝之民率循是法而益勤
其業則我
先王經世養民之志朱夫子開物成務之意可以得
行於千百載之下而是書之有補於治化也豈其
微哉
乙未夏通政大夫行公州牧使臣申洬拜手謹跋

통정대부 공주목사 신숙의 발문

曰農家集成其耕耨之早暮風霜之節候穀品燥濕之宜蚕
桑樹藝之方咨究其妙而靡所闕遺使南畝之民率循是法
而益勤其業則我
先王經世養民之志朱夫子開物成務之意可以得行於千百
載之下而是書之有補於治化也豈其微哉
乙未夏通政大夫行公州牧使臣申洬拜手謹跋

崇禎紀元後丙寅春三月上澣武城田以采朴致維謹梓

숭정본의 간기

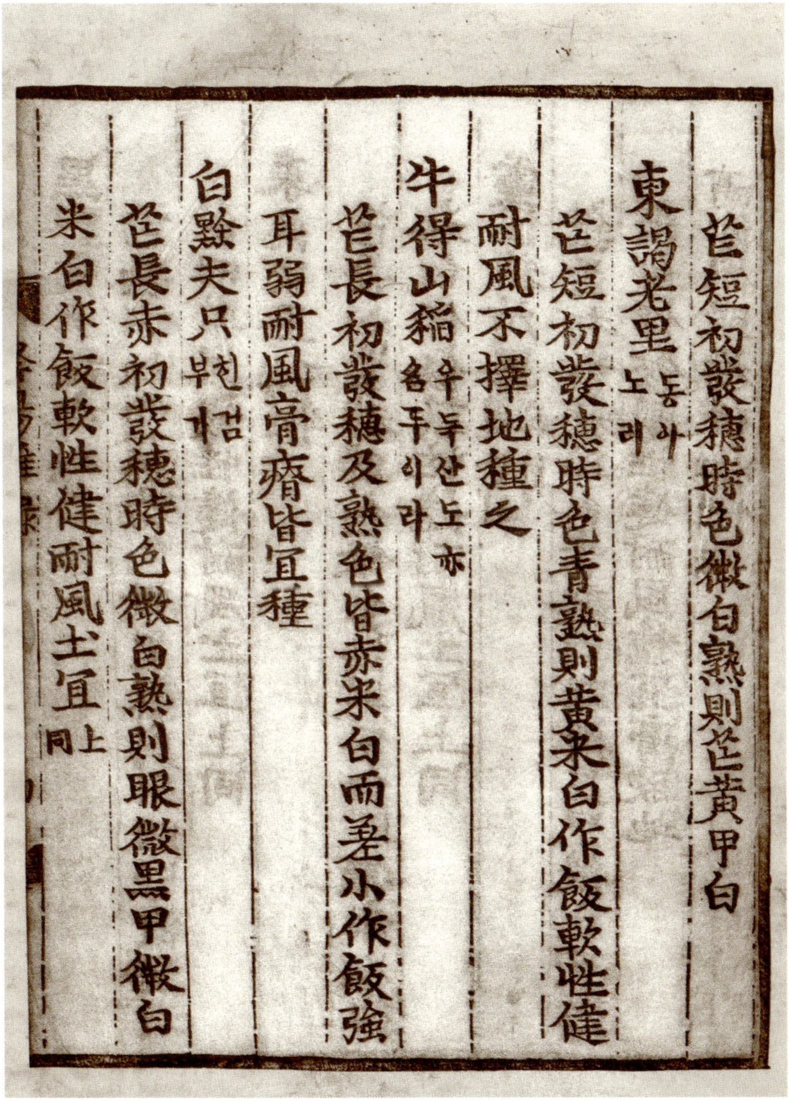

芒短初發穗時色微白熟則芒黃甲白

東謁老里 동아노리

芒短初發穗時色青熟則黃米白作飯軟性健

耐風不擇地種之

牛得山稻 우둑산도亦名두이라

芒長初發穗及熟色皆赤米白而差小作飯強

耳弱耐風膏瘠皆宜種

白黏夫只 힌검부기

芒長赤初發穗時色微白熟則眼微黑甲微白

米白作飯軟性健耐風土宜 同上

10행판본의 본문

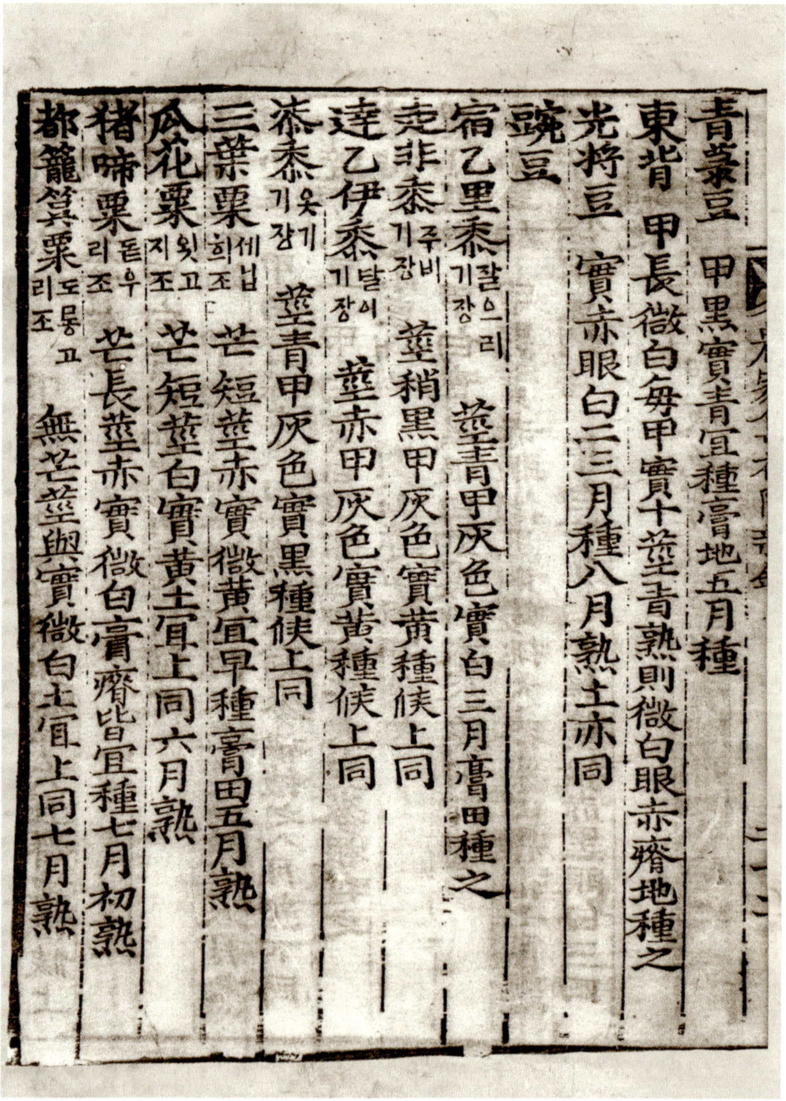

靑蒙豆 甲黑實靑宜種膏地五月種
東背 甲長微白每甲實十莖靑熟則微白眼赤瘠地種之
光將豆 實赤眼白二三月種八月熟土赤同
虢豆
宿乙里黍 잘으리기장 莖靑甲灰色實白三月膏田種之
走非黍 주비기장 莖稍黑甲灰色實黃種候上同
達乙伊黍 달이기장 莖赤甲灰色實黃種候上同
叅黍 옷기기장 莖靑甲灰色實黑種候上同
三葉粟 세닙희조 芒短莖赤實微黃宜早種膏田五月熟
瓜花粟 외고지조 芒短莖白實黃土宜上同六月熟
猪啼粟 돋우리조 芒長莖赤實微白膏瘠皆宜種七月初熟
都籠筽粟 도롱고리조 無芒莖與實微白土宜上同七月熟

숭정본의 본문

3. 양정편養正篇
- 우리 실정에 맞춘 아동용 수신 교과서

조선시대 유학자 정경세鄭經世가 1604년에 자신이 직접 써서 정고본精稿本으로 만든 것을 그후 목판본 한 책으로 간행한 아동용 수신 교과서이다.

저자의 발문에 의하면 그의 아들이 여덟 살에 공부를 하려고 하여 소학小學을 가르치려고 하였더니 너무 어려워 하여 옛어른들이 지은 향교예집鄕校禮輯의 '동자예편'을 우리 실정에 맞게 고치고 쉽게 풀이하여 아이들의 교재로 만든 것이라 하였다.

저자인 정경세(1563~1632)는 조선 중기의 학자이며 정치가로서 본관은 진주, 자는 경임景任, 호는 우복愚伏이며 경북 상주시 청리면 율리 출생으로 일찍이 유성룡柳成龍의 문하에서 수학하였다. 어릴 때부터 총명하여 7세에 사략史略을 읽고, 8세에 소학小學을 배웠는데 절반도 배우기 전에 문리가 통하여 나머지 글은 스스로 해독하였다 한다.

1578년(선조11) 그의 나이 17세에 경상도 향시鄕試에 응시하여 생원과 초시에 합격하였고 1582년 회시會試에서 진사에 뽑히고 1586년 알성문과에 을과乙科로 급제하여 승무원 부정자에 임명되었다. 그후 여러 벼슬을 거쳐 1598년 2월에 승정원 우승지, 3월에 좌승지로 승진되고 4월에는 경상감사로 나가게 되었다. 경상감사 재임시, 영남일대가 임진왜란의 여파로 민심이 흉흉한 터에 가난에 찌든 도민에게 양곡을 적기에 공급하고 민심을 달래면서 안정을 가져오게 하였다.

1607년에는 대구부사로 나가 선정을 베풀었다. 이듬해 선조가 죽고 광해군이 즉위하면서 교서를 내려 그에게 구언求言을 하였는데, 정경세는 이에 만언소萬言疏를 올려 사치의 풍속을 경계하고 인물의 전형을 공정하게 하며 학문에 힘쓸 것을 강조하였다.

1609년 4월에 성균관 대사성이 되었고, 10월에 외직을 원하여 나주목사에 임명되어 12월에 부임하는 날 전라감사로 영전되었다. 도정에 전념하다 이듬해 8월에 정인홍鄭仁弘 일당의 사간원 탄핵으로 해직되었다가 1623년 인조반정으로 3월에 다시 홍문관 부제학으로 제수되었다.

그 뒤 대사헌, 승정원 도승지, 형조판서, 예조판서, 이조판서, 대제학 등의 관직을 거치면서 인재를 널리 취하고 사론士論을 조화시키면서 국정에 심혈을 기울였다.

정경세의 학문은 주자학에 근본을 두고 이황의 학통을 계승하였다. 그는 평소에 주자를 흠모하고 경연에서 강의할 때에도 주서에 근거를 두고 강론하였다. 《양정편養正篇》도 주자가 편찬한 《소학》에 영향을 받아 근거한 것이며 그가 편찬한 《주문작해朱文酌海》도 이황이 편찬한 《주서절요朱書節要》의 영향을 크게 받았는데 주자학을 연구하는 데 귀중한 자료이다. 그는 경전에 밝았으며 특히 예학에 조예가 깊었다.

그의 저서인 《양정편》은 정복整腹, 배拜, 언어言語, 시청視聽, 음식飮食 등을 12개 항의 검속檢束 신심지예身心之禮나 응대應對, 진퇴進退, 온정溫情, 수행隨行, 해후邂逅 등 11개 항의 입사부모형출사장통행지예入事父母兄出師長通行之禮 그리고 끝으로 수업受業, 거처居處, 독서讀書, 사자寫字 등 5개 항의 서당사업지예書堂肄業之禮 등 총 28항목으로 원문에 토를 달고 한글로 언해된 내용이 같이 수록되어 있다.

《양정편》 내용은 아동들이 일상생활에서 마땅히 지켜야 할 생활규범을 열거한 것이다. 일상적인 생활 속에서 참다움이 있음을 강조하고 이를 교육내용에 적극적으로 반영한 책으로, 조선시대 서당교재의 모범적 성격을 지녔다. 예를 들면, 세수하고 머리빗기, 옷 입는 법, 절하기, 나들이할 때 지켜야 할 일, 상차리기, 글배우기, 웃어른과 이야기할 때 지키는 예, 들고 날 때의 몸가짐, 부모 모시기 등 일상생활할 때의 행동거지의 준칙을 제시하고 있다.

사람이 사람답게 살아가는 데에는 까다로운 예법과 범절이 있음을 강조하고 기존의 관습과 문화를 성실히 체질화시키는 데 주안점을 두었다. 특히 아이들이 일상생활에서 손위의 어른에게 지켜야 할 들고 남, 앉고 섬, 하고 아니함 등 선각자인 어른들의 행위를 본받아야 하고 받들어야 한다는 논리가 교재의 밑바탕에 깔려 있다.

이 책은 조선시대 유학자의 아동교육관을 여실히 보여주는 책이다. 그 당시 유학자儒學者들은 아이들이 서당에서 배우는 기간을 스스로 터득할 수 있는 기간으로 보지 않았다. 아이들은 자신이 겪고 있는 생활 속에서 이러한 초보적인 배움을 반복함으로써 스스로 사람의 올바른 길로 나아갈 수 있는 능력을 배양할 수 있다고 보았다.

《양정편》에는 정경세의 원발문原跋文 외에 후기에 후학後學 이중철李中喆과 박해철朴海徹 그리고 후손인 정동철鄭東轍의 글 세 편이 실려 있다.

정경세의 문집인 《우복선생문집愚伏先生文集》은 1657년에 초간본 20권 10책이 발간되었고 1899년에 20권과 별책 12권 합 32권 16책이 발간되었다.

정경세의 《양정편》은 시중에 그리 흔하지 않은 것같다. 국회도서관 발행 《한국고서 종합목록》에 1929년(소화昭和 4년) 정훈묵鄭訓默 해, 정태진鄭泰鎭 편본이 세 책인가가 올라 있으나, 고려대 민족문화연구원 《한국도서해제》나 규장각 도서목록에는 올라 있지 않다.

범우사 자료실에는, 43장의 목판 선장본線裝本 2책이 있다.

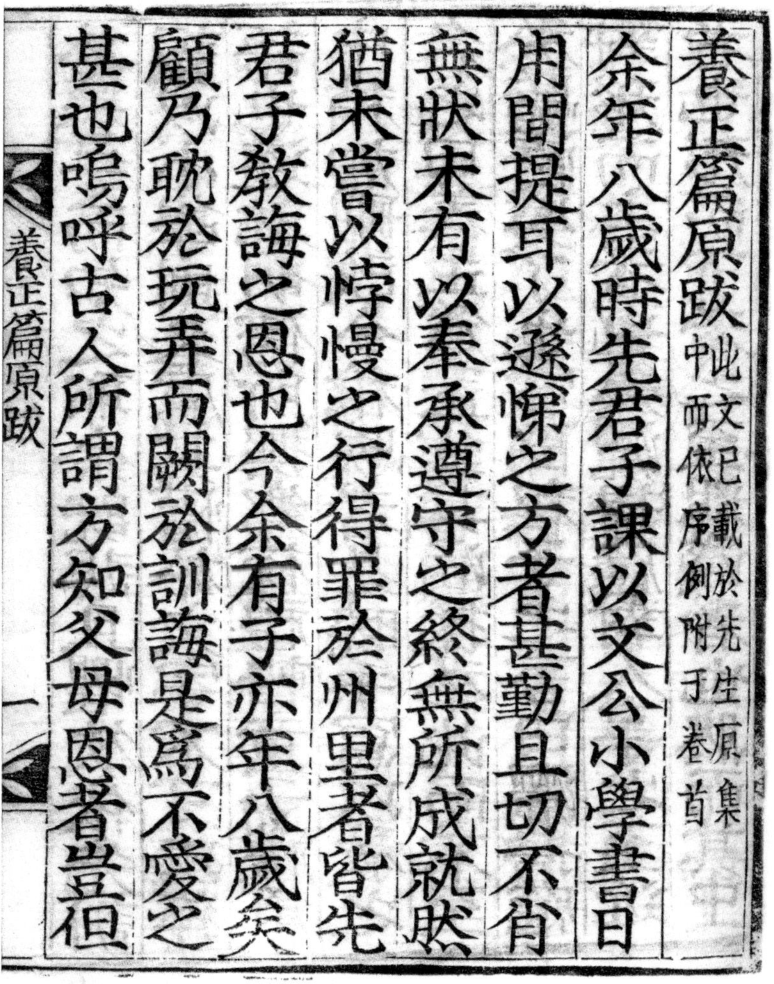

養正篇原跋 此文已載於先生原集中而依序例附于卷首

余年八歲時先君子課以文公小學書曰

用間提耳以遜悌之方者甚勤且切不肖

無狀未有以奉承遵守之終無所成就然

猶未嘗以悖慢之行得罪於州里者皆先

君子敎誨之恩也今余有子亦年八歲矣

顧乃耽於玩弄而闕於訓誨是爲不愛之

甚也嗚呼古人所謂方知父母恩者豈徂

양정편 원발문

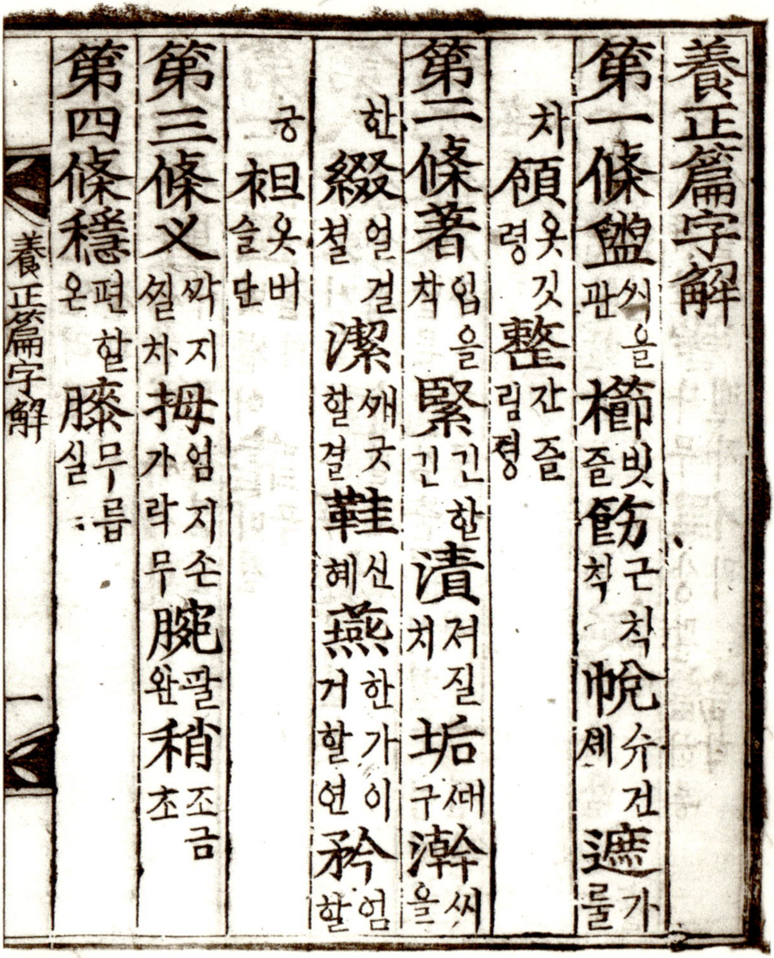

養正篇字解

第一條 盥 씻을 관 櫛 빗 즐 飭 근칙 칙 帨 슈건 셰 遮 가룰

차 領 옷깃 령 整 잔졀 림졍

第二條 著 입을 착 緊 긴한 긴 漬 저질 치 垢 때 구 澣 쌔올

한 綴 얼결 쳘 潔 쌔긋할 결 鞋 신 혜 燕 한가이 거할 연 矜 엄할

긍 袒 옷버슬 단

第三條 叉 싹지 셜차 拇 엄지손가락 무 腕 팔 완 稍 조금 초

第四條 穩 편한 온 膝 무릅 슬

養正篇字解 一

양정편 자해

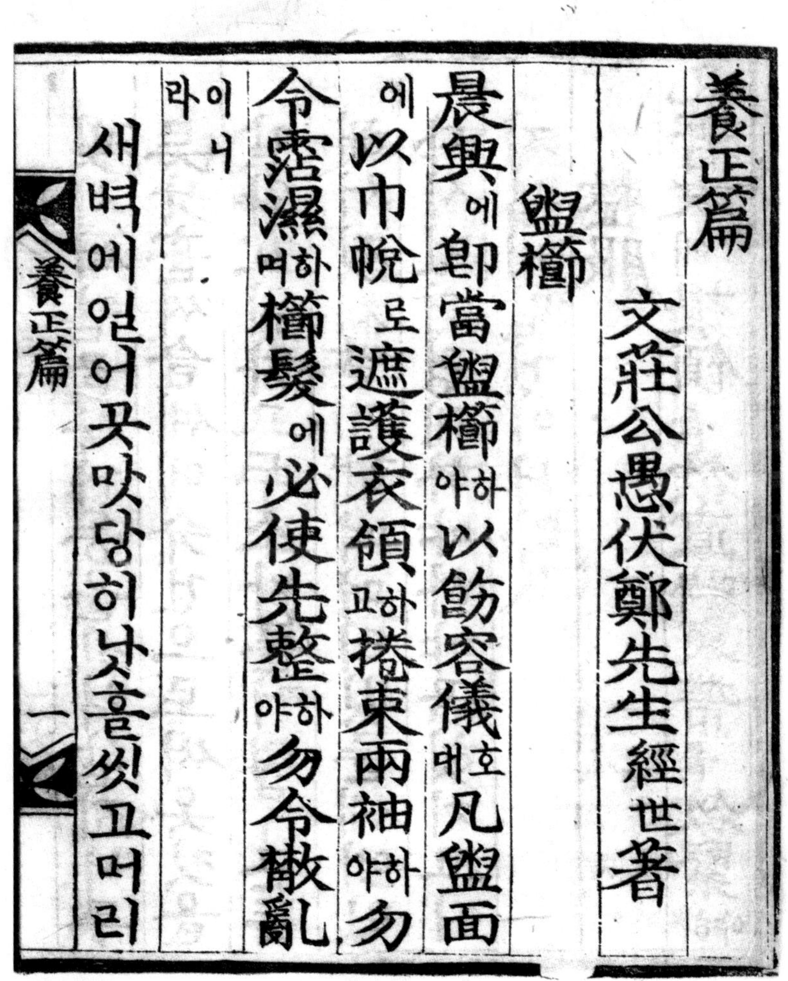
養正篇

文莊公愚伏鄭先生經世著

盥櫛

晨興에 即當盥櫛하야 以飭容儀호대 凡盥面에 以巾帨로 遮護衣領하고 捲束兩袖하야 勿令霑濕하며 櫛髮에 必使先整하야 勿令散亂이니라

새벽에 일어 곳맛당히 낫흘씻고머리

養正篇 一

양정편 본문 첫 장

곳에두어셔하야곰어겻씨고셕박기
게말지니라

讀書

整容定志하야看字斷句하며玩味徐讀하야務
要字字分明하고毋得目視他處하며手弄他
物하고須熟讀貫誦이오又必逐日溫理하며逐
句通讀하야以求終身不忘이니라
얼구를졍제하고듯을졍하야근자를

양정편 본문 독서란

말며먹갈고븟내칠새에하야곰소래잇
끄밋밧게졋끄드러옵기말며그베로
낫파밋피와안상에희롱해씨난것이
가장아담치아니하나맛당히간절이
경계할쎄이니라
以上은書堂肄業之禮ㅣ라
이상은서당에업을익키난례니
라

養正篇 三十

양정편 본문 끝장

4. 양금신보梁琴新譜
– 임진왜란 때 일본에 끌려간 도공들의 망향가

《양금신보》는 유가서儒家書나 불서佛書와 같이 조선시대에 흔히 있었던 한글판본이 아니라, 아주 귀한 거문고의 악보樂譜이다.

이 책은 26장 52면인 목판본 1책으로 꾸며졌다.

이 금보琴譜의 발문에 의하면, 임진왜란중에 고향인 전라도 남원으로 피란을 왔던 장악원掌樂院 악사樂士 양덕수梁德壽가 그 당시 임실현감으로 있던 김두남金斗南의 도움을 받아 금도琴道의 단절을 염려한 나머지 1610년(광해2)에 이 《양금신보》를 발간하게 되었다고 한다. 이 금보琴譜는 편찬자인 양덕수의 성을 따서 《양금신보》라는 책명으로 전라도 임실현任實縣에서 개간하게 되었는데, 내용은 크게 두 부분으로 나누어져 있다.

첫째 부분은 금아부琴雅部에서 중국의 칠현금七絃琴, 현금아부玄琴雅部에서 현금玄琴의 유래를 각각 소개하고 현금의 평조산형平調散形, 우조산형羽調散形을 도시圖示하였다. 이어, 집시법執匙法, 조현법調絃法, 안현법按絃法, 타량법打量法 및 합자법合字法에 대한 자세한 설명이 있어 악보해독에 많은 도움을 준다.

둘째 부분은 만대엽慢大葉, 북전北殿, 중대엽中大葉(속칭 심방곡心方曲), 조음調音(속칭 다ᄉᆞ림), 감군은感君恩 등 8곡과 발문으로 구성되어 있다. 중대엽은 편수는 적지만 사조四調를 구비하고 있는 점이 다른 악보에서 보기 어렵다. 이 곡은 영조 이후 없어졌지만 현행 삭대엽數大葉 연구의 귀중한 자료가 되고 있다.

《양금신보》에 의하면 중대엽은 네 악조로 연주되었고 삭대엽은 '여민락' '보허자' '영상회상' 처럼 춤 반주음악으로 쓰였음이 확인되므로 17세기 초기에는 중대엽이 삭대엽보다 성행하였음이 확실하다. 그러나 이익李瀷(1681~1783)의 《성호사설》에 의하면, 18세기에 이르러 삭대엽이 중대엽보다 성행하였음이 드러난다. 그 이유는, 느린 노래보다 빠른 노래를 더 좋아하게 되던 당시의 사람들의 취향 때문이다.

또 '감군은感君恩' 은 조선 초기에 지어진 작자미상의 악장樂章으로 왕에 대한 송축가頌祝歌이며 향악의 곡명이기도 하다. 《악장가사》와 《고금가곡》에 가사가 전한다. 이 작품은 조선왕조실록 세종 24년 2월 기록에 '왕께서 관습도감에게 전지를 내린 이후 조선에서 사신의 위안잔치 때에나 정재呈才가 없는 행주行酒 때에 낙양춘洛陽春, 환궁악還宮樂, 감군은, 만전춘滿殿春, 납씨가納氏歌 등의 노래를 섞어 주악하라' 는 말 중에 '감군은' 이 보인다.

《양금신보》는 민간판본 악보 중 시용향악보時用鄉樂譜, 안서금보安瑞琴譜에 버금가는 옛 악보로서 가곡연구에 귀중한 자료로 평가받고 있다. 특히 '중대엽' 을 통해 사조四調의 악곡을 후대에 전해줌으로써 조선시대의 음악사 연구와 거문고의 전통을 후대에 전승시키는 데 큰 공헌을 하였다.

이 《양금신보》는 임진왜란 전후의 한국음악사 연구의 중요한 자료로서 ① 금합자보琴合字譜에 없는 '만대엽' 과 '중대엽' 악곡을 갖추었으므로 17세기 전후의 가곡사 연구의 다리구실을 하고 ②고악보에 전하는

'중대엽' 의 평조, 우조, 평조계면조, 우조계면조 등 네 가지 악조는 조선전기 이후 악조의 역사적 변천 연구에 획기적 자료이며 ③필사본이 아니라 목판본으로 인쇄되었다는 점이 출판사상 중요하다.

또한, 이 《양금신보》에 전해오는 중대엽의 심방곡心方曲에 다음과 같은 노래말이 실려 있다.

오ᄂᆞ리 오ᄂᆞ리쇼셔
ᄆᆡ일에 오ᄂᆞ리쇼셔
졈그디도 새디도 마ᄅᆞ시고
새라 난
ᄆᆡ양 당식에 오ᄂᆞ리쇼셔

이 노래는 정유왜란(1597) 때 일본으로 끌려간 남원의 도공들이 고향을 그리는 망향의 노래로 전해오고 있었다. 이들이 거주하는 가고시마현鹿兒島縣 히가시시치키쵸東市來町의 미야마美山에서 고국의 단군檀君을 모신 다마야마신사玉山神社의 신축가神祝歌로 불렸던 것이다. 그후, 이 노래가 남원성에서 끌려간 남원도공들이 고국에서 불렀던 노래라는 것과 이 노래의 원전이 《양금신보》의 중대엽, 속칭 심방곡임이 밝혀졌다.

이 '오늘이 오늘이소서' 란 노래는 고려 말부터 조선조 중엽까지 우리 조상들이 축가祝歌로 즐겨 불렀던 노래이며 특히 평민들 생활 속의 기쁨을 노래한 것으로 지금의 아리랑 만큼이나 그 당시 백성들이 즐겨 불렀던 노래였던 것같다. 그러나 임진왜란 이후, 이 노래의 존재는 사라지고 《양금신보》의 악보로만 남아 있었다.

남원은 400여 년 전, 정유왜란 남원성 싸움을 재조명하고 일본으로 끌려간 남원도공들의 망향의 한을 달래며 사라져가는 문화유산을 찾아 가꾸는 사업을 목적으로 '만인의 총' 앞뜰에 역사적 상징물로서 '오늘이 오늘이소서' 노래탑을 세웠다. 노래탑에 새겨진 금보와 노래말은 《양금신보》에서 집자集字하여 옮겼다.

이 《양금신보》는 1959년 통문관에서 이병기의 서문과 이혜구李惠求의 해제를 실어 영인본으로 출간되었으며, 범우사 자료실에는 1610년 임실현에서 개간한 목판본 26장 52면 본 1책이 있다.

梁琴新譜

琴雅部

樂記云伏羲作琴神農削桐爲琴

琴者禁也禁止於邪以正人心也

琴者樂之統也故君子所當御也

琴長三尺六寸六分象期之日也腰廣四寸象四

時也前廣後狹象尊卑也上圓下方象天地

양금신보 금아부

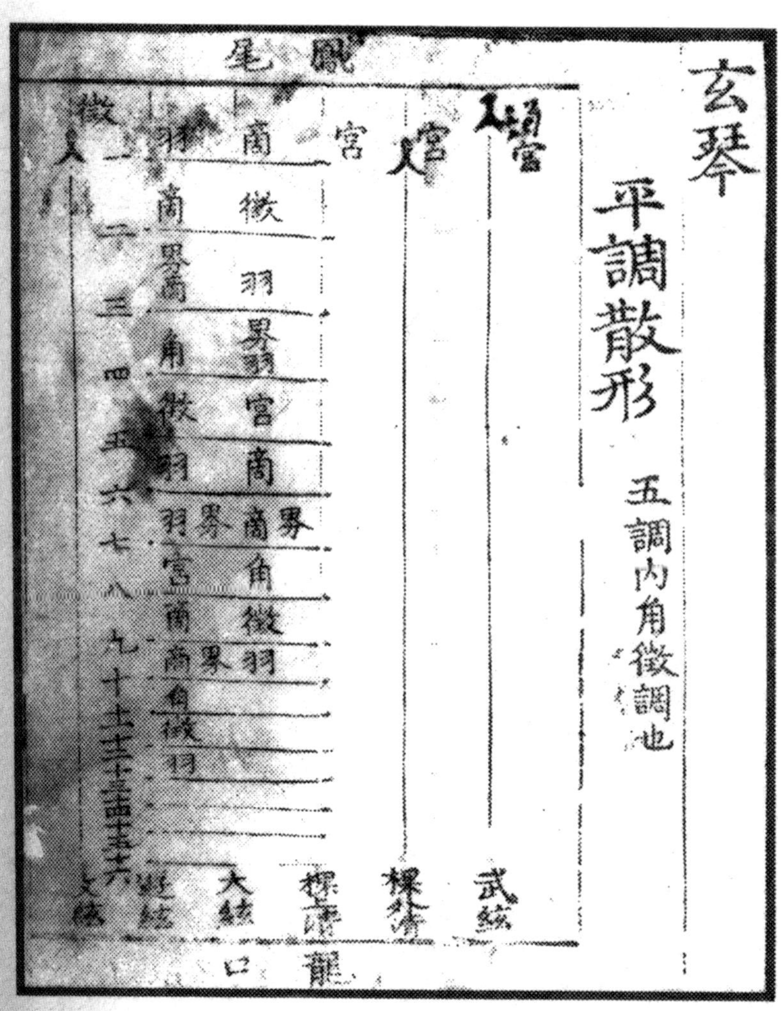

현금 평조산형

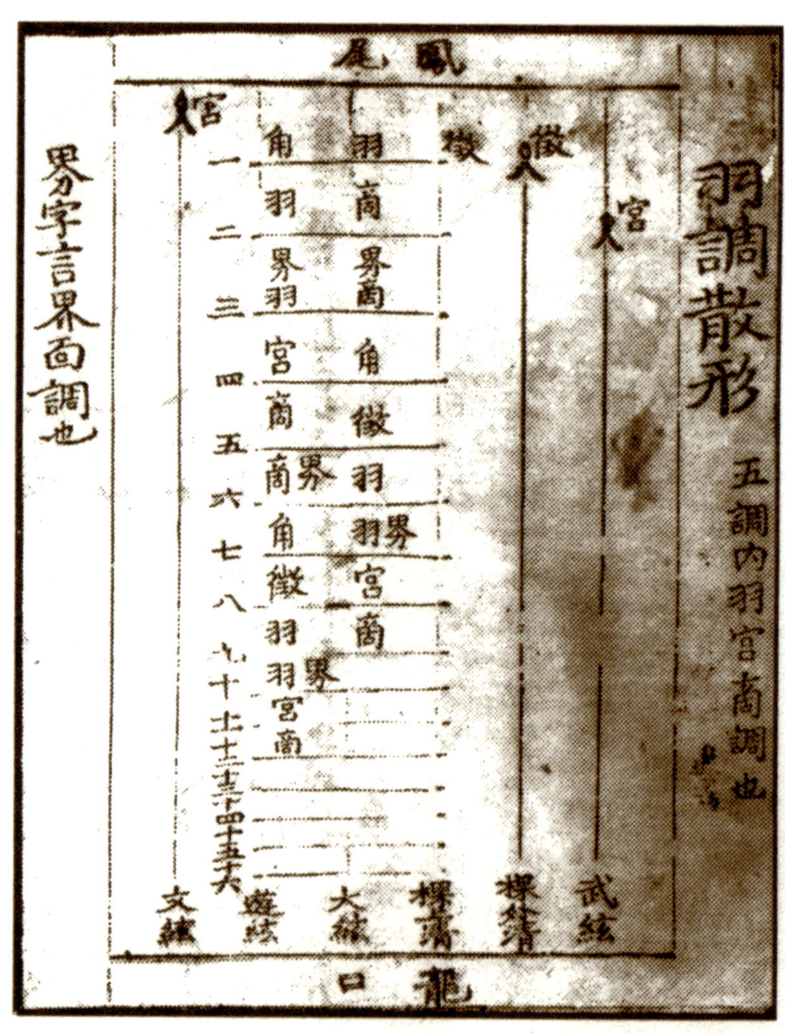

우조산형

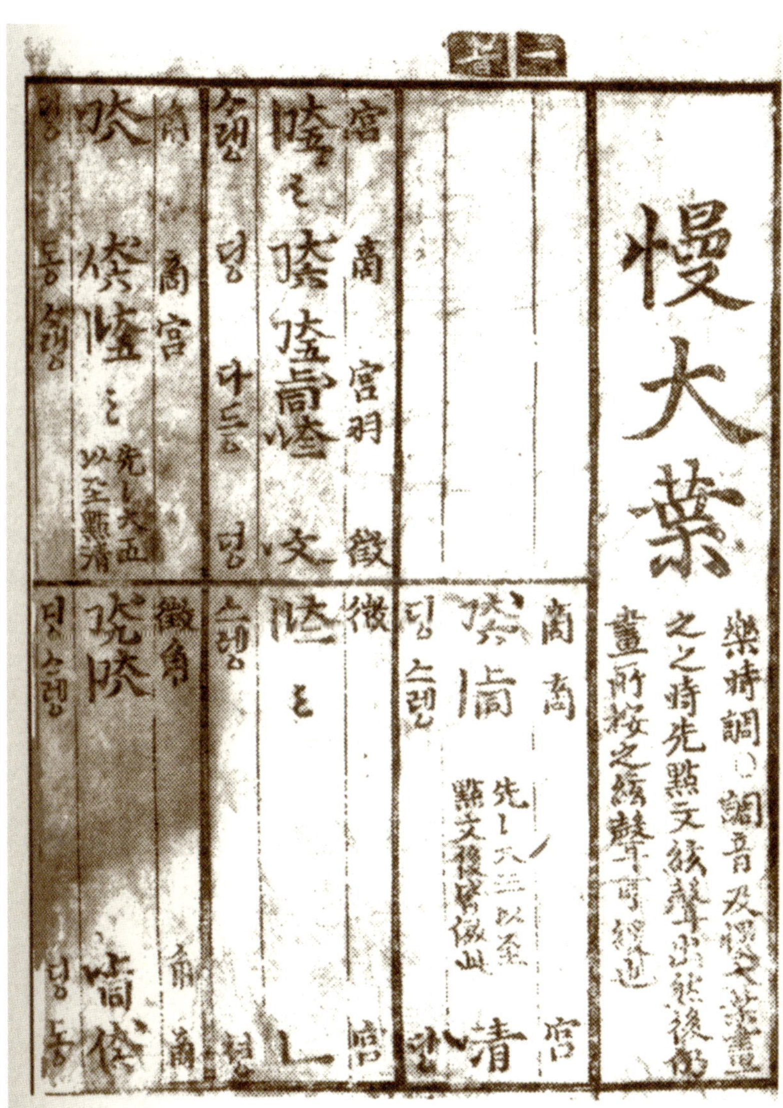

만대엽

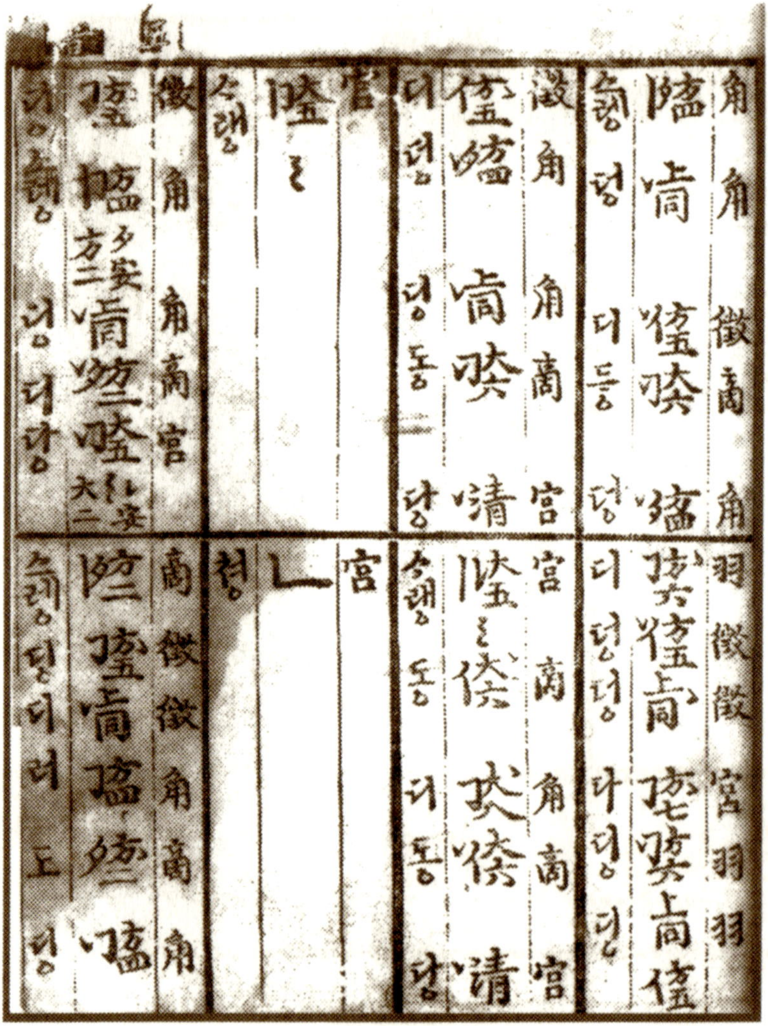

본문

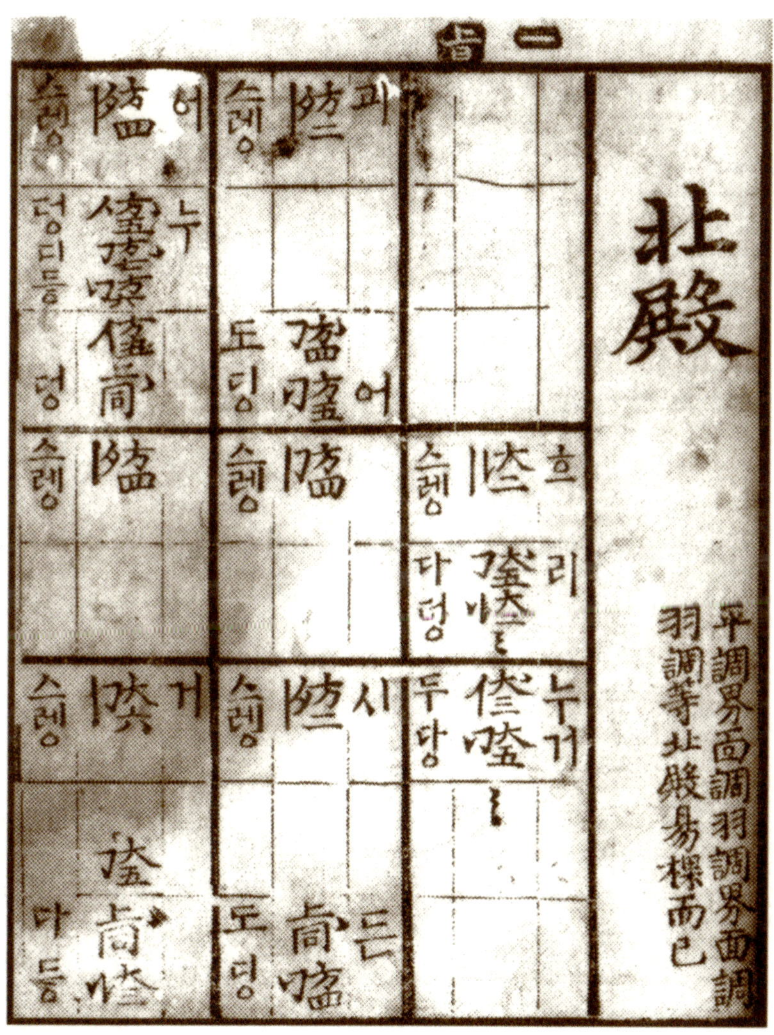

북전

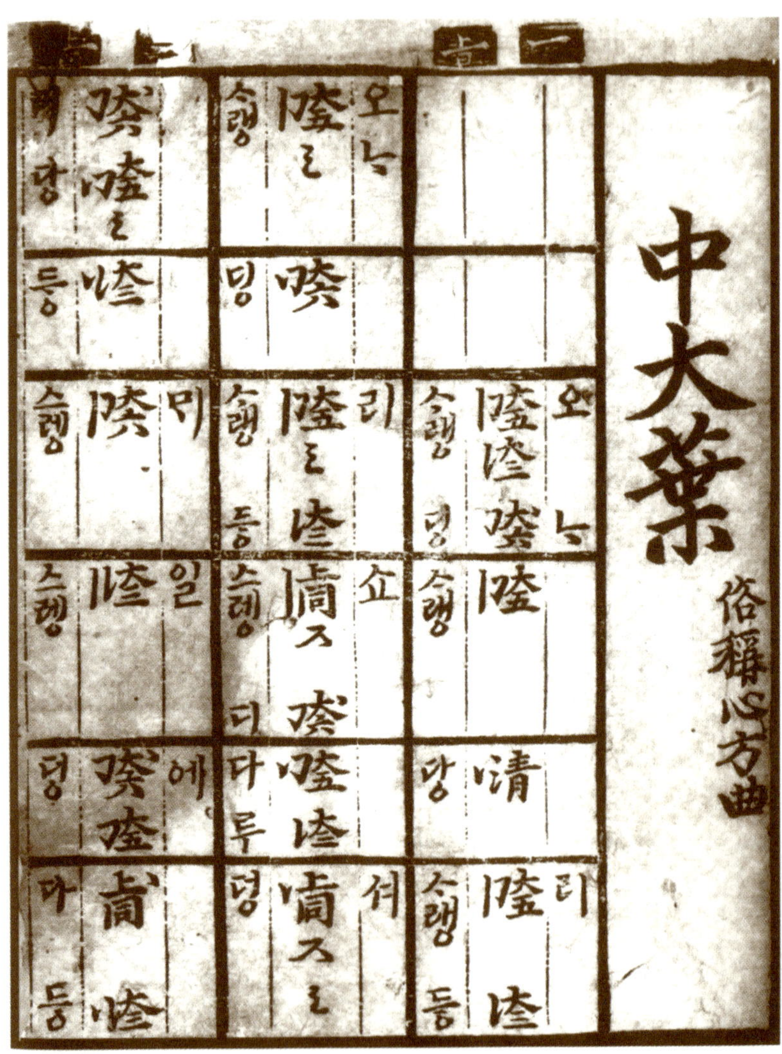

중대엽–속칭 심방곡

5. 효경언해孝經諺解
- 사람의 행동 중에 효보다 더 큰 것은 없다

《효경언해》 초간본은 1590년(선조23) 경 홍문관에서 《효경대의孝經大義》 한 책을 언해하여 간행한 것으로 보고 있다.

한문본인 《효경대의》의 책 끝에 1589년 6월 유성룡柳成龍이 발문跋文을 썼는데 그 글 중에 《효경대의》와 《효경언해》의 간행경위가 있다.

발문내용에 따르면 《효경언해》는 《효경》에 대한 가르침이 온 백성들에게 미치지 못함을 안타까이 여긴 선조가 명을 내려 《효경언해》를 《효경대의》와 함께 간행하게 하였다고 한다.

1486년(성화22)에 서관徐貫이 쓴 《효경대의》의 서문에 의하면, 《효경》은 진秦나라때 병화兵火를 겪고 난 후 일부는 없어지고 잘못된 것이 많아 송宋나라때 주문공朱文公이 고문古文을 취하여 잘못된 것을 고치고 간략하게 편찬하였다. 그후 동계형董季亨이 거기에 주석註釋을 다니, 그 뜻이 더욱 분명해지고 사람들의 마음을 감동시켜 사람의 도道가 여기 있음을 깨닫게 되었으나, 이 글이 널리 시골이나 먼 고을에 펴지지 못하였다. 그러다 진사進士 채개보蔡介甫의 집에서 이 글의 구본舊本을 구하게 되어 그것을 책으로 엮어서 여러 곳에 있는 사람에게 보고 외우게 하여 부모를 존경하는 마음을 일으켜 효도하는 도리나 풍속을 교화하는 데 도움이 되었으면 좋겠다고 서술하고 있다.

《효경언해》는 《효경대의》를 그대로 번역한 것은 아니다. 주자간오朱子刊誤의 경經 1장과 전傳 14장의 본문만을 대상으로 하고 그 대의와 주석은 모두 생략하였다. 언해방식은 경經과 전傳의 본문에 한글로 독음과 구결을 달고 이어 번역을 실었다. 그런데 그 번역도 동정董鼎의 대의에 전적으로 따르지 않았다.

유성룡의 발문에서는 선조가 홍문관으로 하여금 언해하도록 하였다고 하나, 언해의 양식과 책의 판심 그리고 경진자로 된 금속활자본으로 간행한 책 등으로 보아 교정청校正廳의 사서四書언해와 같으므로 이 책도 교정청의 언해사업의 일환으로 간행되었다고 보아야 할 것같다.

그후에 나온 여러 간행본도 이 원간본을 대본으로 하여 방점과 정서법 등만 약간 손질하여 다를 뿐이다.

그런데 중종실록 34년 5월 갑신조에 최세진崔世珍이 《효경언해》를 《소학언해》와 같이 찬술하여 왕에게 바쳤다는 기록이 있으나, 그 책은 지금껏 나타나지 않고 있다.

《효경》은 서두에 '부모를 잘 섬기는 것을 효孝라고 한다. 사람의 행동 중에 효보다 더 큰 것은 없다'로 시작하여 이 글은 증자曾子가 공자에게 들은 것과 증자의 제자들이 그 스승이 되는 증자에게서 들은 것을 합책 기록하여 하나의 경서經書를 만들었다고 하였다.

이 책의 이름을 효경孝經이라 한 것은 이것이 바로 천하만세天下萬世의 떳떳한 법이 되기 때문이라고도 하였다. 또한 본문 중에 공자는 '효는 덕德의 근본이요, 모든 가르침이 여기에서 시작된다'고 하였다. 그리고 사람의 육체는 모두 부모에게서 주어진 것이니 훼상하지 않는 것이 효도의 시작이니 몸을 세워 도를 행하고 이름을 후세에 남겨 부모의 명예를 드날리는 것이 효도의 마침이라고도 하였다.

공자는 자기 부모를 사랑하는 사람은 남을 미워하지 못하고 자기 부모를 공경하는 사람은 다른 사람을 업신여기지 못하니, 사랑하고 공경하는 마음을 부모에게 다하고 보면 덕德스러운 가르침이 백성들에게까지도 미치게 되어 천하가 본받게 될 것이라 했다. 이와 같은 《효경》 속의 가르침은 세세연년 이어져오고 있다.

이같이 《효경》은 옛날부터 《천자문》 《동몽선습童蒙先習》 등과 같이 아동들의 교재용으로 널리 사용하였으며 또한 유교의 경전이나 교육사 연구에도 많은 자료가 되고 있다. 또한 경진자 활자본은 금속활자본으로도 귀중할 뿐만 아니라 활자사 연구에도 좋은 자료이다.

문자사文字史의 변천에 있어서는 교정청에서 간행한 《사서언해》와 《소학언해》 등과 같이 방점과 ㅿ, ㆁ은 매우 제약되어 쓰이고 있다. ㅿ은 한자 독음표기와 조사에만 쓰이며 ㆁ은 받침으로만 쓰이고 초성은 사용되지 않는다. 따라서 《효경언해》 등은 중세와 근대어의 교체기의 자료로서 국어사 연구에 많은 도움이 된다.

《효경언해》는 금속활자본인 경진자본 이외에 방각본 등 목판본이 다수 있다.

범우사 자료실에는, 방각본 등 각기 다른 목판본 3종류가 있다.

孝효經경諺언解히

어버이잘셤김을孝효ㅣ라ᄒᆞ고셩인이밍ᄀᆞ ᄅᆞ신글월을經경이라ᄒᆞᄂᆞ니라

仲듕尼니ㅣ閒한居거ᄒᆞ시거늘曾증子ᄌᆞㅣ侍시坐좌ᄒᆞ시더니子ᄌᆞㅣ曰왈參솜아先션王왕이有유至지德덕要요道도ᄒᆞ샤以이順슌天텬下하ᄒᆞ시니民민用용和화睦목ᄒᆞ야上샹下하ㅣ無무怨원ᄒᆞ더니汝여ㅣ知디之지乎호아

仲듕尼니 孔공子ᄌᆞㅅ字ㅣ ᄌᆞㅣ시니라 한가히겨시거늘 曾증子ᄌᆞ 孔공子ᄌᆞㅅ弟ㅣ 曾子ᄌᆞㅣ라 뫼ᄋᆞ와안자셔시

효경언해 책머리

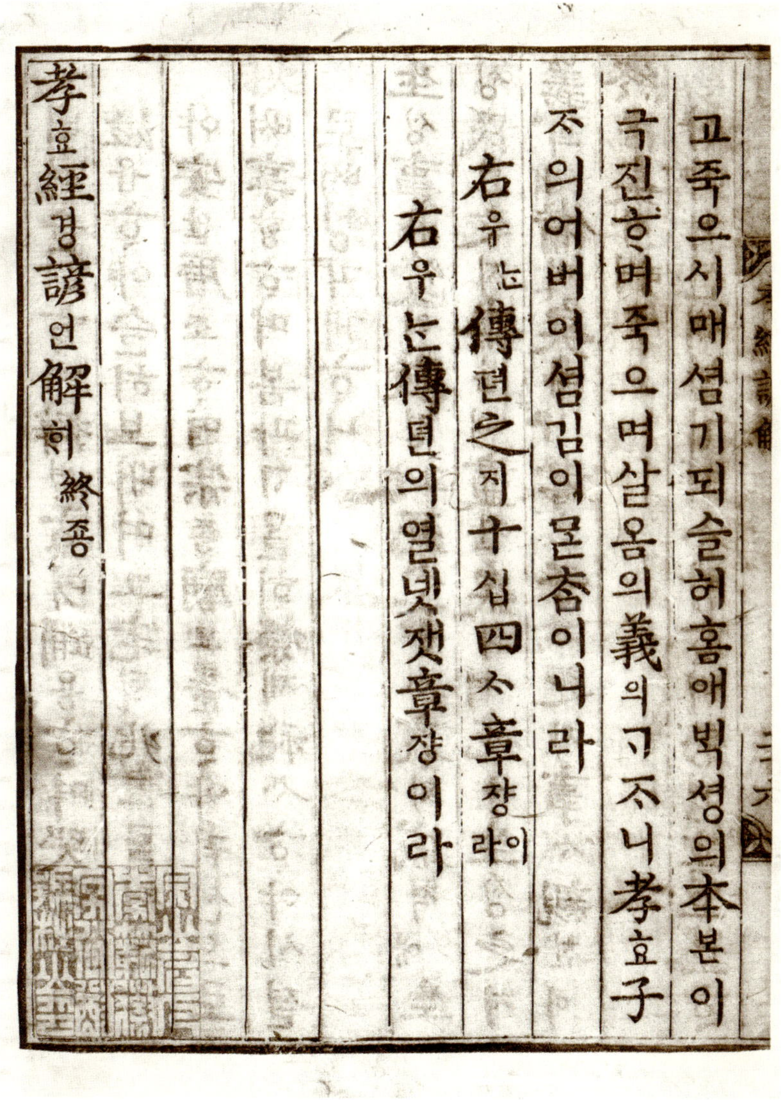

고죡ᄋᆞ시매셤기되ᄉᆞᆯ허홈애ᄇᆡᆨ셩의本본이
극진ᄒᆞ며죽으며살옴의義의ᄀᆞᄌᆞ니孝효子
ᄌᆞ의어버이셤김이ᄆᆞᄎᆞᆷ이니라
右우ᄂᆞᆫ傳뎐之지十십四ᄉᆞ章쟝이라
右우ᄂᆞᆫ傳뎐의열넷잿章쟝이라

孝효經경諺언解ᄒᆡ終죵

효경언해 끝장

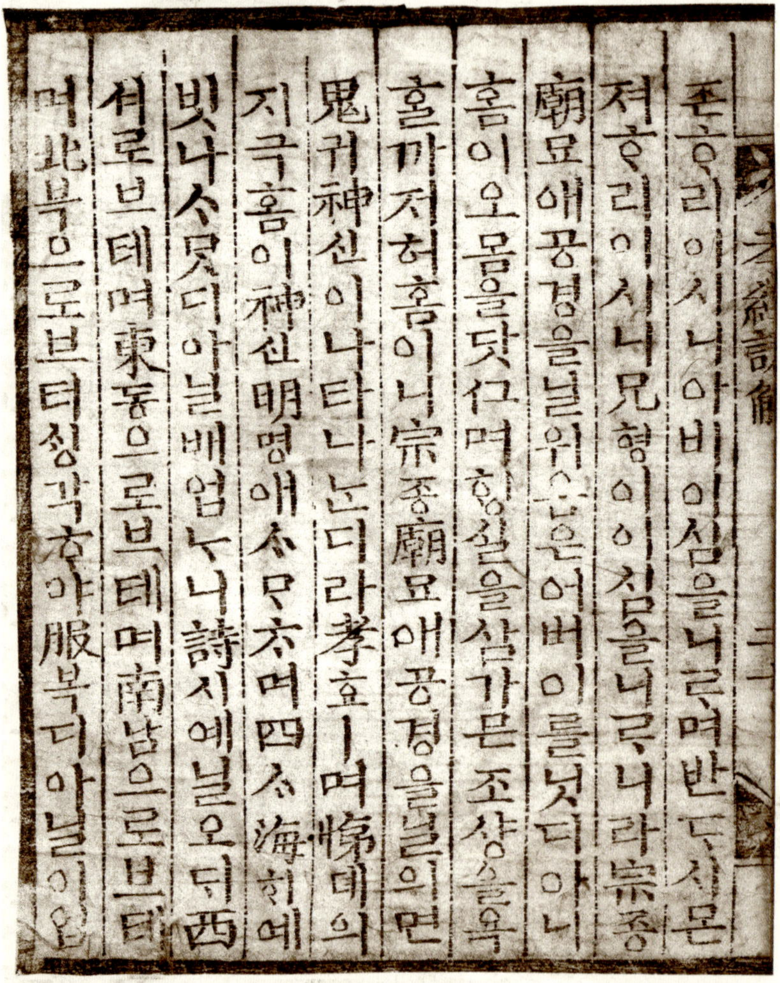

孝經諺解

존ᄒᆞ리이시니아비이심을니ᄅᆞ며반ᄃᆞ시몬
져ᄒᆞ리이시니兄형이이심을니ᄅᆞ니라宗종
廟묘애공경을닐위ᄂᆞᆫ어버이를닛디아니
홈이오몸을닷ᄀᆞ며ᄒᆡᆼ실을삼가ᄆᆞᆫ조상을욕
ᄒᆞᆯ까저허홈이니宗종廟묘애공경을닐위면
鬼귀神신이나타나ᄂᆞᆫ디라孝효ㅣ며悌뎨의
지극홈이神신明명애ᄉᆞᄆᆞᄎᆞ며四ᄉᆞ海ᄒᆡ예
빗나ᄉᆞ뭇디아닐배업ᄂᆞ니詩시예닐오ᄃᆡ西
셔로브테며東동으로브테며南남으로브테
며北븍으로브터ᄉᆡᆼ각ᄒᆞ야服복디아닐이업

효경언해 방각본 본문

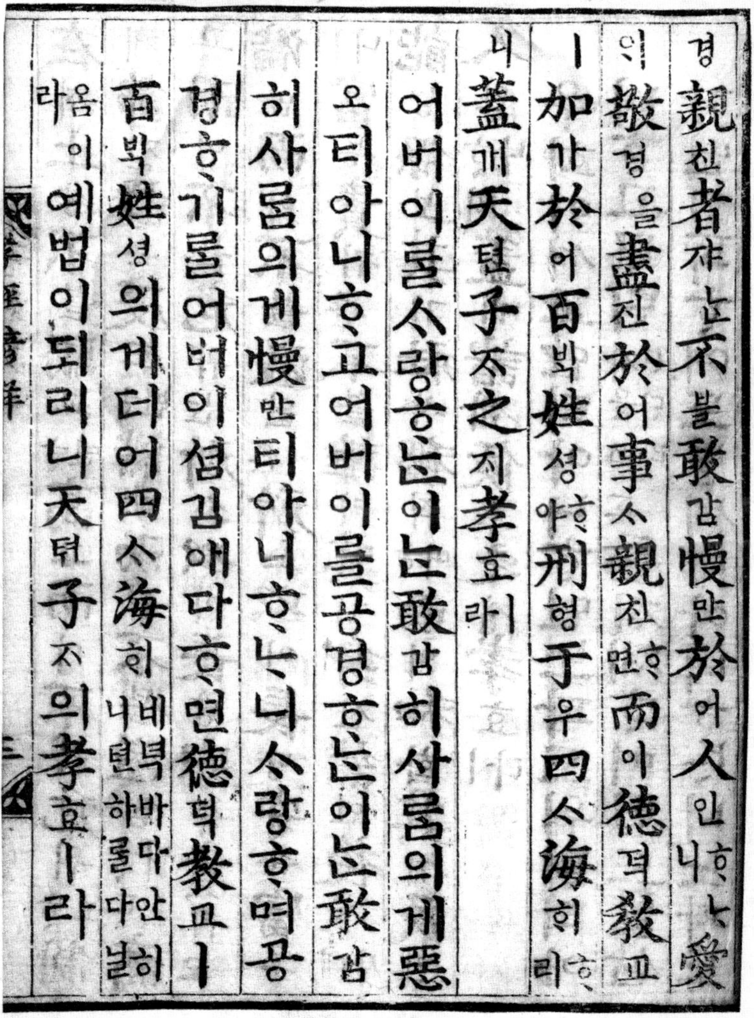

경 親친者쟈ᄂᆞᆫ 不블敢감慢만於어人인ᄒᆞᄂᆞ니 愛
이 敬경을 盡진於어事ᄉᆞ親친ᄒᆞ면 而이德덕敎교
ㅣ 加가於어百빅姓셩ᄒᆞ야 刑형于우四ᄉᆞ海히ᄒᆞ리
니 蓋개天텬子ᄌᆞ之지孝효ㅣ라
어버이ᄅᆞᆯᄉᆞ랑ᄒᆞᄂᆞᆫ이ᄂᆞᆫ敢감히사ᄅᆞᆷ의게惡
오티아니ᄒᆞ고어버이ᄅᆞᆯ공경ᄒᆞᄂᆞᆫ이ᄂᆞᆫ敢감
히사ᄅᆞᆷ의게慢만티아니ᄒᆞᄂᆞ니ᄉᆞ랑ᄒᆞ며공
경ᄒᆞ기ᄅᆞᆯ어버이셤김애다ᄒᆞ면德덕敎교ㅣ
百빅姓셩의게더어四ᄉᆞ海히베퍼바다안히니텬하ᄅᆞᆯ다닐
옴이라 예법이되리니天텬子ᄌᆞ의孝효ㅣ라

孝經諺解 三

효경언해 본문

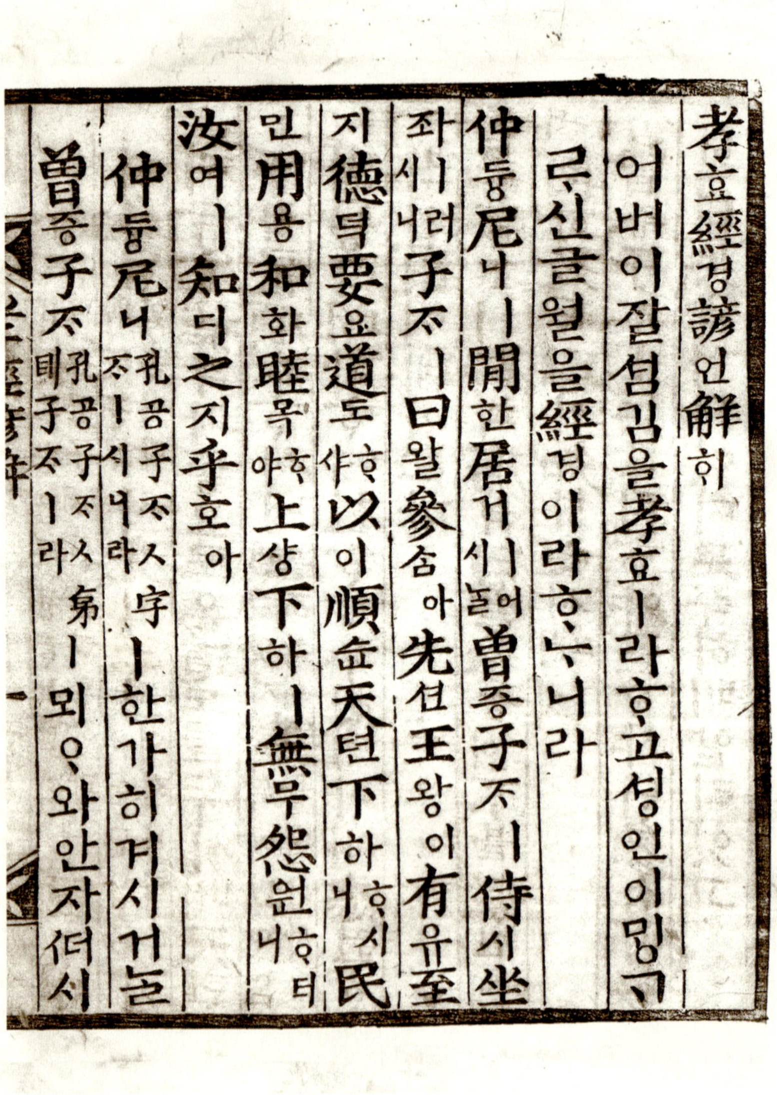

孝효經경諺언解히

어버이잘셤김을孝효ㅣ라ᄒᆞ고셩인이밍ᄀ
ᄅᆞ신글월을經경이라ᄒᆞᄂᆞ니라

仲듕尼니ㅣ閒한居거시어ᄂᆞᆯ曾증子ᄌᆞㅣ侍시坐
좌ㅣ러시니子ᄌᆞㅣ曰왈參ᄉᆞᆷ아先션王왕이有유至
지德덕要요道도ᄒᆞ야以이順슌天텬下하ᄒᆞ시니民
민用용和화睦목ᄒᆞ야上샹下하ㅣ無무怨원ᄒᆞ더니
汝여ㅣ知디之지乎호아

仲듕尼니孔공子ᄌᆞㅅ字ᄌᆞㅣ시니라ㅣ한가히겨시거ᄂᆞᆯ
曾증子ᄌᆞ孔공子ᄌᆞㅅ弟뎨子ᄌᆞㅣ라ㅣ뫼ᄋᆞ와안자셔시

효경언해 이본異本

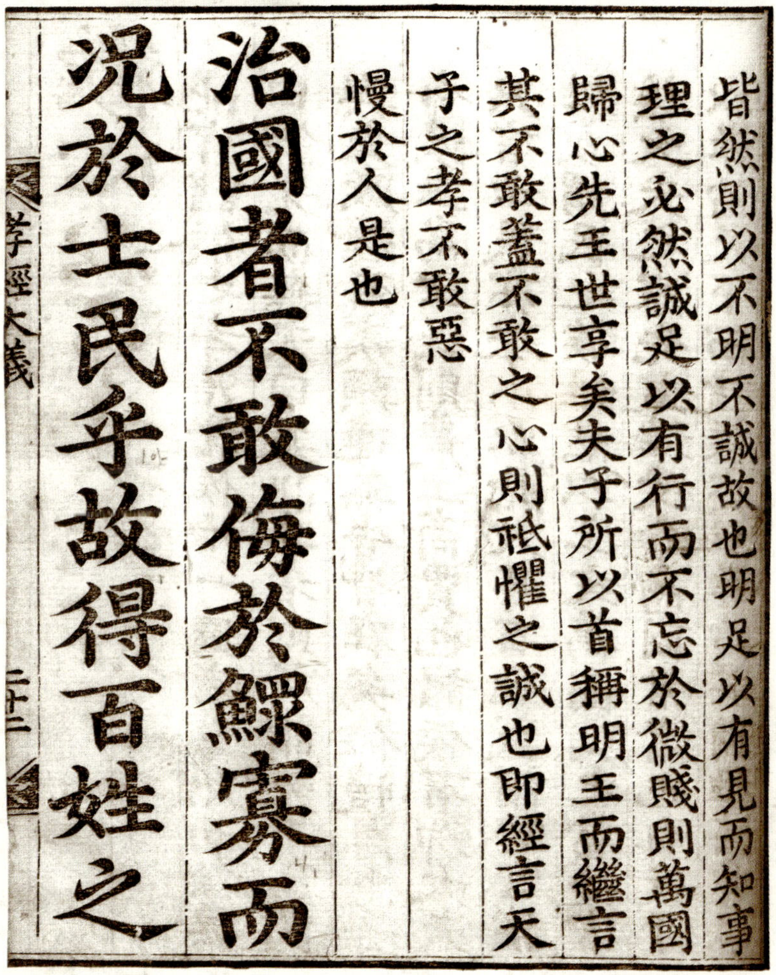

皆然則以不明不誠故也明足以有見而知事
理之必然誠足以有行而不忘於微賤則萬國
歸心先王世享矣夫子所以首稱明王而繼言
其不敢蓋不敢之心則祗懼之誠也即經言天
子之孝不敢惡
慢於人是也
治國者不敢侮於鰥寡而
況於士民乎故得百姓之

孝經大義　二十三

효경대의 대중자본 본문

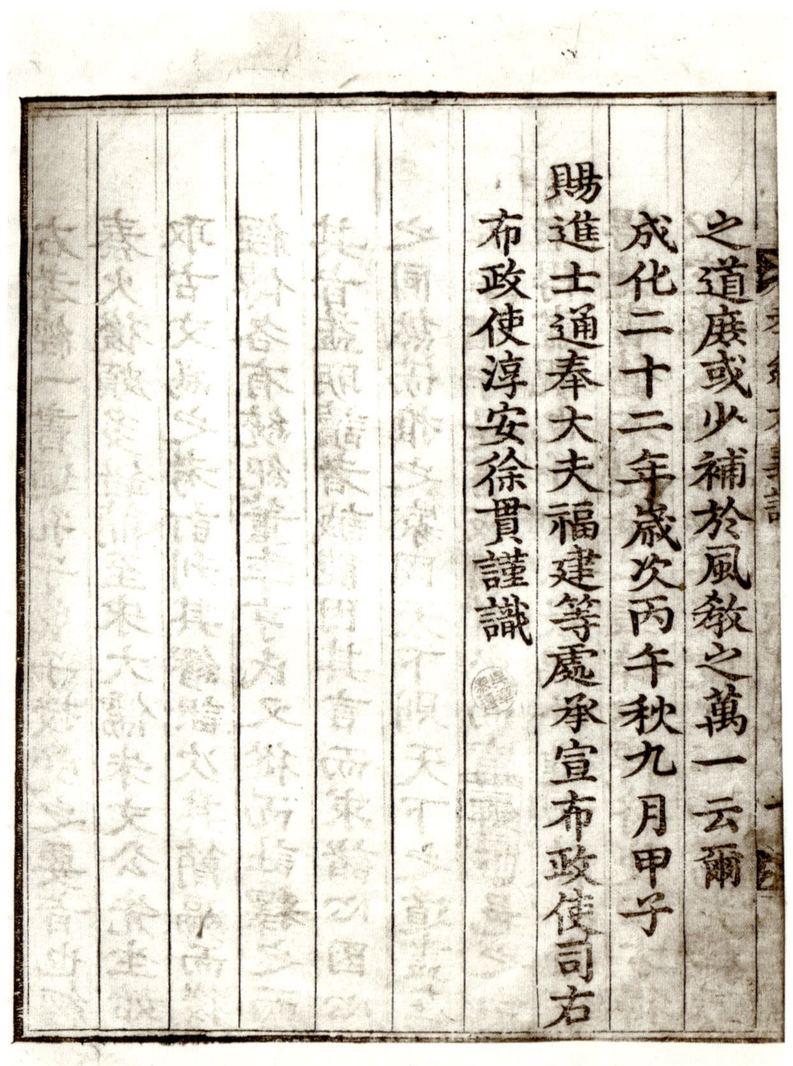

之道庶或少補於風敎之萬一云爾
成化二十二年歲次丙午秋九月甲子
賜進士通奉大夫福建等處承宣布政使司右
布政使淳安徐貫謹識

1486년(성화22) 서관徐貫의 발문

6. 맹자언해孟子諺解
- 원간본인 경진자본은 방점을 표기한 마지막 문헌

사서四書(논어, 맹자, 중용, 대학)의 하나인 《맹자》의 원문에 한글로 토를 달고 언해한 14권 7책 본이다.

초간본은 선조의 명에 따라 선조23년(1590)에 교정청校正廳에서 간행하였는데 그 책은 도산서원에 소장되어 있으며 원간본에는 '만력18년(1590) 7월' 의 내사기內賜記가 기록되어 있다.

《맹자언해》는 한문을 앞에 싣고 그 뒤를 이어 언해문을 다는 형식으로 되어 있다. 초간본에는 방점이 찍혀 있는데, 이 간본은 갑인자체 금속활자본인 '경진자본庚辰字本' 또는 '재주갑인자본' 이라 칭하며 귀중도서에 속한다.

이후 《맹자언해》는 조선시대에 여러 번 간행되었다. 1612년(광해군4), 1631년(인조9), 1693년(숙종19)에 간행되었으며, 그 후에도 1820년(순조20)에 경진신간내각장판庚辰新刊內閣藏板본, 1824년에 갑신신간영영장판甲申新刊嶺營藏板본, 1862년(철종13)에 임술계춘영영중간壬戌季春嶺營重刊본 등의 목판본이 간행되었다.

숙종조 본은 원종자元宗字본이라 칭하고 있는데 숙종19년(1693)에 인조의 아버지인 원종(1580~1693)이 쓴 글자를 바탕으로 주조한 동활자를

'원종자' 라 일컫고 그 활자로 찍은 책을 '원종자본' 이라고 한다.

이 활자로 찍은 책으로는 《맹자대문》과 《맹자언해》가 있다. 이 활자가 원종의 글씨를 바탕으로 하였다는 것은 숙종이 쓴 발문에 '원종대왕 어서御書 맹자언해' 라는 표시글이 있어 그것을 증명하고 있다.

이 책에 있는 한글활자를 '원종한글자' 라 칭하고 있으며 주조한 한글글자는 4,605자에 달한다. 이 활자는 주조가 정교하며 원종의 예리한 필서체의 특징을 잘 나타내고 있어, 한글활자에 있어서는 인서체에서 필서체의 구성으로 바뀌는 특징을 나타내고 있다. 이 원종자 《맹자언해》본의 발문을 '숙종자肅宗字' 라고 한다. 그 자수는 435자인데 마치 필서한 것처럼 필력이 활달하고 정교하여 활자본의 으뜸이라고 볼 수 있다.

또 《맹자언해》본으로는 정조연간에 갑인자체 정유자로 간행한 판본이 있다. 그리고 《맹자율곡언해孟子栗谷諺解》본이 있다. 이 책은 원문의 한자를 언해문에 그대로 써서 다른 책과 어휘상의 차이를 보이나 원문에 달린 토는 다른 《맹자언해》와 같다.

경진자庚辰字본인 원간본이 방점표기본 ㅿ, ㆁ을 사용하고 있는 데 비해 광해군본이나 인조본 그리고 원종자본 등은 방점이 표기되지 않고 ㅿ과 ㆁ을 혼용하여 쓰고 있으며 그 이후의 간본들은 ㅿ과 ㆁ까지도 전혀 쓰지 않고 있다. 문법상의 표기나 문체상의 차이는 보이지 않는 것 같으나, 여러 이본異本들이 있으므로 비교를 통한 문법사文法史의 연구에는 신중을 기해야 할 것이다.

1570년(선조23)경 교정청에서 간행한 다른 사서언해와 같이 원간본인 경진자본은 방점을 표기한 마지막 문헌이다. 이렇듯 중세국어와 근대국어의 분기점에서 일어나는 제반 언어사실이 반영된 문헌이라는 점에서 국어사 연구의 중요한 자료가 되고 있다. 가장 중요한 예로, ㅿ이 점차 ㅇ으로 변해가는 모습들을 볼 수 있다. 이 책은 ① 양혜왕梁惠王, ② 공손축公孫丑, ③ 등문공藤文公, ④ 이루離婁, ⑤ 만장萬章, ⑥ 고자告子, ⑦ 진심盡心의 7책으로 1책이 상하권으로 되어 있으며 14권 7책 본이다.

저자인 맹자는 성명이 맹가孟軻이며 중국 전국시대의 사상가이다. 기원전 372년에 태어나 기원전 289년에 84세를 일기로 세상을 떠난 맹자는 지금의 산둥성〔山東省〕의 추趨에서 출생하였다. 공자의 유교사상을 공자의 손자인 자사子思의 문하생으로 배웠으며 현모賢母의 가정교육도 대단하여 맹모삼천지교孟母三遷之教라는 유명한 고사도 남겼다.

사마천司馬遷의 《사기史記》에 따르면 《맹자》가 맹자의 저술로 되어 있으나, 당나라때의 한유韓愈는 맹자가 죽은 뒤 그의 문하생들이 맹자가 사방에 유력遊歷할 때 제후諸侯들 또는 제자들과 문답한 것을 모아 기록한 것이 이 《맹자》의 7편이라고 보고 있다.

맹자는 공자의 인仁에 의義를 덧붙여 인의를 강조하였고 왕도정치王道政治를 주창하였으며 민의에 의한 정치적 혁명을 긍정하기도 하였다. 그리고 사람은 착하게 태어나며 이 착한 본성을 지키고 가다듬는 것이 도덕적 책무라는 성선설性善說을 주장하였다.

특히 맹자는 백가쟁명百家爭鳴의 춘추전국 시대에 각기 다른 사상을 주장하던 때에 공자사상만을 옹호하고 그 사상을 고수, 발전시킴으로써 공맹사상孔孟思想을 확립하고 공자의 다음 가는 아성亞聖으로 추앙되고 있다.

우리나라에 《맹자》가 전해진 것은 신라때에 설총薛聰이 방언方言으로써 구경九經을 읽었다는 것으로 미루어보면 그 전례가 상당히 오래된 것 같다. 고려 말에 정몽주鄭夢周, 권근權近의 토석吐釋이 있고 조선조에 와서 세종이 훈민정음을 반포하자 국局을 두어 한글로 경서經書언해를 찬撰케 하였다. 그리고 세조때에는 구결口訣을 정하였으며, 성종때에는 유숭조柳崇祖에게 명하여 칠서언해七書諺解 구두口讀를 찬집케 하였다.

그뒤 이황李滉이 석의釋義를 만들었으나 완성치 못하고, 선조9년에 이이李珥에게 명하여 사서오경四書五經 언해를 제정케 하였으나 이이의 찬은 사서에 그쳤다. 그리고 선조23년(1590)에 교정청에서 《사서언해》를 간행하고 이어 《칠서언해七書諺解》를 완성하였다. 이와 같이 조선조에 들어와서는 주자학이 보급되어 한자본인 《맹자》를 비롯한 언해사업도 활발하였음을 볼 수 있다.

범우사 자료실에는, ① 선조23년(1590)에 교정청에서 간행한 재주갑인자체의 방점이 찍힌 경진자본 1책 ② 1693년(숙종19)에 간행한 속종어필이 있는 《맹자언해》 권1－2, 권13－14, 2책 ③ 갑인자체 정유자본인 《맹자언해》 권5, 권11－12, 2책 ④ 1820년(순조20)에 간행된 경진신간내각장판본 14권 7책 완질 목판본 ⑤ 1824년에 대구에서 간행한 갑신신간영영장판본 14권 7책 완질 목판본 ⑥ 판심版心 상단上段에 일기미一己未 이기미二己未 등 간기가 있는 이본異本 권11－12, 1책이 있다.

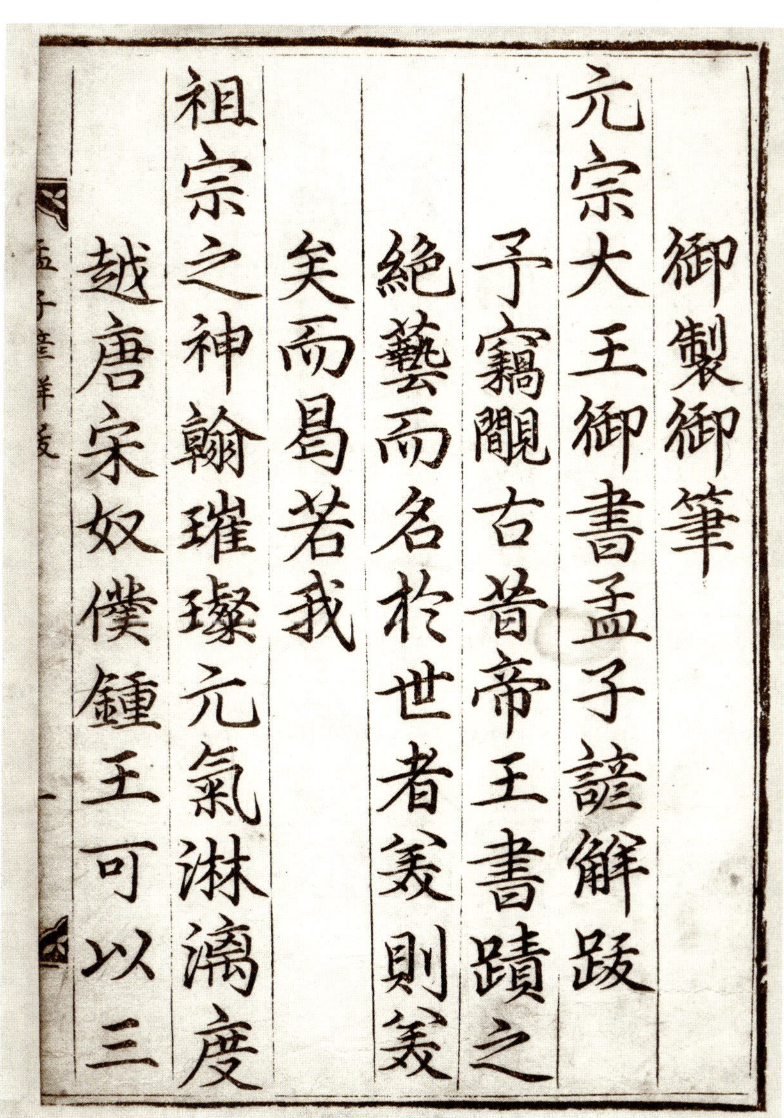

御製御筆

元宗大王御書孟子諺解跋

予竊覸古昔帝王書蹟之絶藝而名於世者衆則衆矣而曷若我祖宗之神翰璀璨元氣淋漓度越唐宋奴僕鍾王可以三

숙종이 쓴 맹자언해 발문 대자

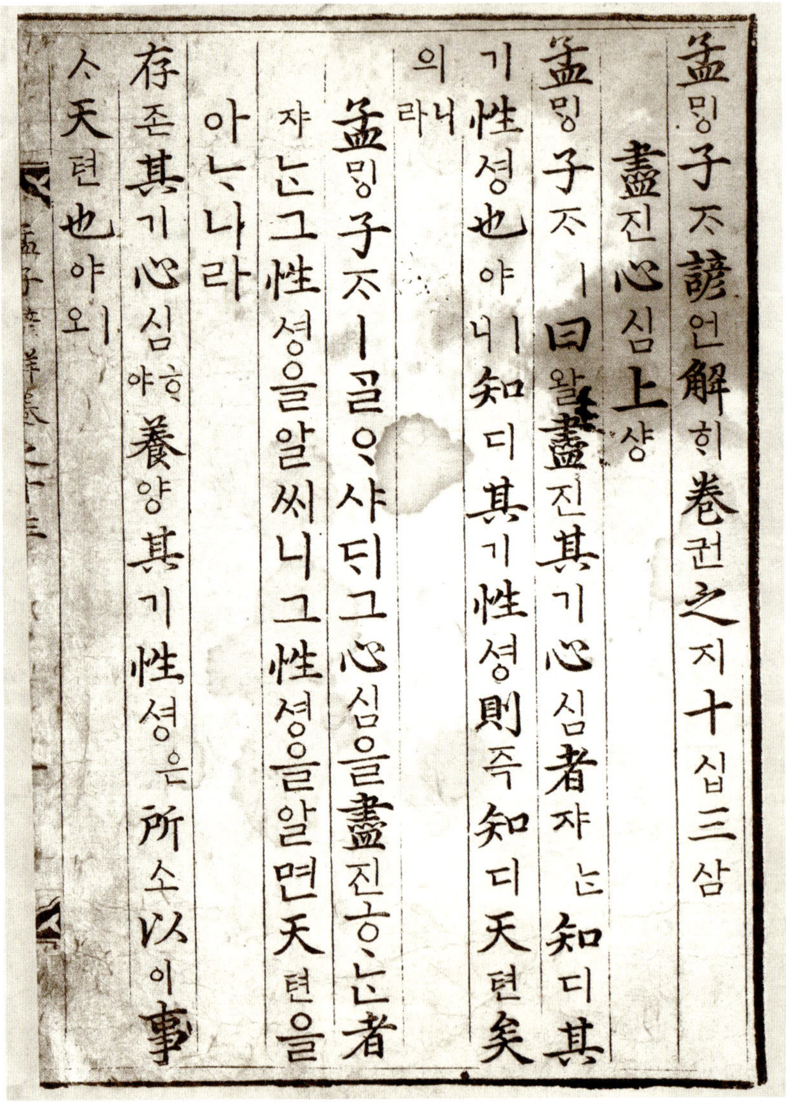

孟밍子ᄌᆞ諺언解ᄒᆡ卷권之지十십三삼

盡진心심上샹

孟밍子ᄌᆞㅣ曰왈盡진其기心심者쟈ᄂᆞᆫ知디其기性셩也야ㅣ니知디其기性셩則즉知디天텬矣의니라

孟밍子ᄌᆞㅣ골ᄋᆞ샤ᄃᆡ그心심을盡진ᄒᆞᆫ者쟈ᄂᆞᆫ그性셩을알씨니그性셩을알면天텬을아ᄂᆞ니라

存존其기心심ᄒᆞ야養양其기性셩은所소以이事ᄉᆞ天텬也야ㅣ오

1693년에 간행된 원종자 맹자언해 본문

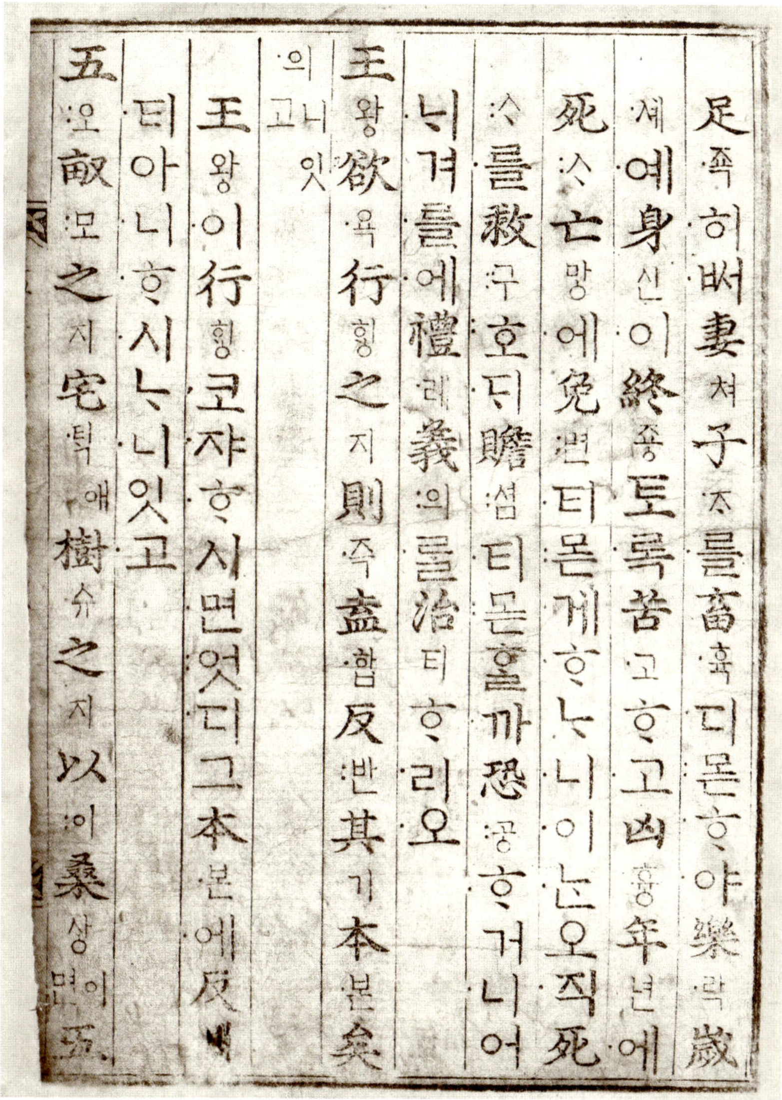

足족히뻐妻쳐子ᄌᆞ를畜휵디몯ᄒᆞ야樂락歲
셰예身신이終죵토록苦고ᄒᆞ고凶흉年년에
死ᄉᆞ亡망에免면티몯게ᄒᆞᄂᆞ니이ᄂᆞᆫ오직死
ᄉᆞ를救구호ᄃᆡ贍셤티몯ᄒᆞᆯ까恐공ᄒᆞ거니어
ᄂᆡ겨를에禮례義의를治티ᄒᆞ리오
王왕欲욕行ᄒᆡᆼ之지則즉盍합反반其기本본矣
의니잇고
王왕이行ᄒᆡᆼᄏᆞ쟈ᄒᆞ시면엇디그本본에反반
티아니ᄒᆞ시ᄂᆞ니잇고
五오畝모之지宅ᄐᆡᆨ애樹슈之지以이桑상이면五

재주갑인자체의 방점본인 경진자본 본문

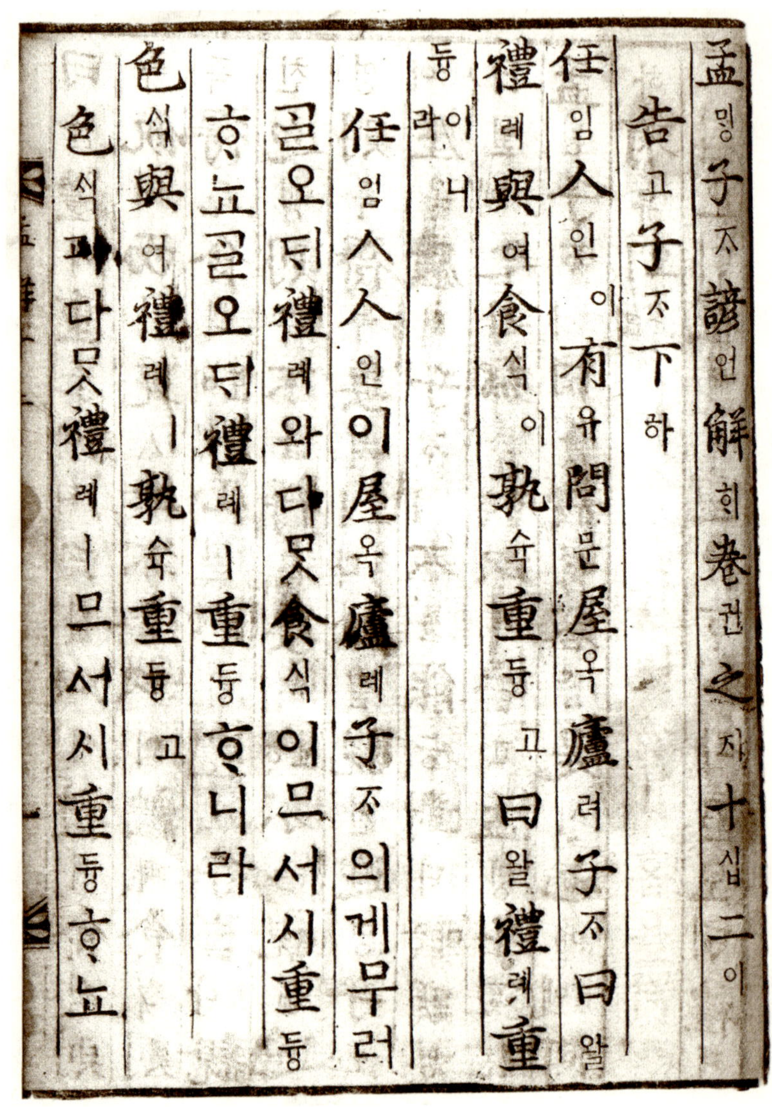

孟밍子ᄌᆞ諺언解ᄒᆡ卷권之지十십二이

告고子ᄌᆞ下하

任임人인이 有유問문屋옥廬려子ᄌᆞ曰왈

禮례與여食식이 孰슉重듕고 曰왈禮례重

듕이니라

任임人인이 屋옥廬려子ᄌᆞ의게 무러

골오ᄃᆡ 禮례와 다ᄆᆞᆺ 食식이 므서시 重듕

ᄒᆞ뇨 골오ᄃᆡ 禮례ㅣ 重듕ᄒᆞ니라

色식與여禮례ㅣ 孰슉重듕고

色식과 다ᄆᆞᆺ 禮례ㅣ 므서시 重듕ᄒᆞ뇨

금속활자 갑인자체 정유자본 맹자언해

孟밍子ᄌᆞ諺언解ᄒᆡ卷권之지一일

梁량惠혜王왕上샹

孟밍子ᄌᆞㅣ見견梁량惠혜王왕ᄒᆞ신대

孟밍子ᄌᆞㅣ梁량惠혜王왕을보신대

王왕曰왈叟수ㅣ不블遠원千쳔里리而이

來ᄅᆡᄒᆞ시니亦역將쟝有유以이利리吾오國

국乎호ㅣ잇가

王왕이ᄀᆞᆯᄋᆞ샤ᄃᆡ叟수ㅣ千쳔里리ᄅᆞᆯ멀

리아니너겨오시니ᄯᅩᄒᆞᆫ장ᄎᆞᆺᄡᅥ내國국

을利리케홈이이시리잇가

梁惠王 孟子諺解一 一

1820년에 간행한 경진신간내각장판본 본문

孟맹子ᄌᆞ諺언解ᄒᆡ卷권之지十십一일
告고子ᄌᆞ上상
告고子ᄌᆞㅣ曰왈性셩은猶유杞긔柳류也야오
義의ᄂᆞᆫ猶유桮ᄇᆡ棬권也야ㅣ니以이人인性셩爲
仁인義의ㅣ猶유以이杞긔柳류爲위桮ᄇᆡ棬
권이니라
告고子ᄌᆞㅣ골오ᄃᆡ性셩은杞긔柳류ㅣ오義
의ᄂᆞᆫ桮ᄇᆡ棬권ᄀᆞᄐᆞ니사ᄅᆞᆷ의性셩으로ᄡᅥ仁
인義의ᄅᆞᆯᄒᆞ옴이杞긔柳류로ᄡᅥ桮ᄇᆡ棬권을ᄒᆞᆷ
ᄀᆞᄐᆞ니라

판심상단에—기미己未 등 간기가 씌어 있는 맹자언해 본문

7. 소학언해小學諺解
– 학문의 입문서인 동시에 국어사의 자료

이 책은 중국에서 발행한 소학小學을 우리나라에서 알기 쉽고 읽기 쉽게 한글로 토를 달고 번역한 책이다. 6권 4책으로 선조宣祖의 왕명에 의하여 교정청에서 번역 간행한 금속활자본이 있는가 하면 그 활자본을 목판에 복각覆刻하여 간행한 책과 목판본 등 여러 종류가 간행되었다.

《소학언해》의 초간본이라 볼 수 있는 교정청본은 도산서원陶山書院에 소장되어 있으며 책머리에 '소학언해범례凡例' '소학서제書題' '소학제사題辭' 다음에 본문의 내편內篇 입교立敎 제일부터 시작된다. 그리고 끝에는 이산해李山海의 발문과 간행에 관여한 관원의 명단이 붙어 있어 이 책의 편찬간행에 대한 자세한 기록을 볼 수 있다. 이산해가 발문을 쓴 것은 1587년(선조20) 4월로 되어 있으며 이 교정청본의 복각본이 임진왜란 전후에도 몇 차례 간행된 것으로 보인다.

《소학》의 언해사업은 중종때(1500년대 초) 번역소학飜譯小學 등으로 시도하였으나 번역이 너무 의역에 흘러 선조때 직역을 원칙으로 그것을 바로잡아 간행한 것이 교정청 《소학언해》이다.

이 《번역소학》과 《소학언해》의 두 번역사업은 우리나라에서 번역에 대한 원칙과 방법의 문제를 논의한 중요한 사례로서 주목되는 사항이다. 그후 영조때에 와서 《소학》을 다시 새로 번역하여 《어제소학언해御製小學諺解》의 이름으로 간행하였는데 그 판본을 바탕으로 일제시대日帝時代에도 여러 곳에서 방각본으로 간행하여 시중에 널리 보급되었다.

《소학》은 아동들에게 유학儒學을 가르치기 위하여 만들어진 수신修身 교양서인데 중국의 송나라 때 주자朱子가 엮은 것으로 되어 있으나 실은 그의 제사인 유자증劉子證이 주자의 지시에 따라 편찬한 것이다.

《소학》은 내편內篇과 외편外篇으로 구성되어 있고, 내편은 대체로 중국 전한前漢시대까지의 문헌을 통해 자제子弟나 신하臣下로서 지켜야 할 규범을 밝혀놓았다.

내편은 4권으로 구분되어 있는데 입교立敎, 명륜明倫, 경신敬身 등 3권은 예의범절에 대해 취할 태도를 기록한 것이고, 계고稽古 1권은 성현의 언행을 기록하고 실행할 수 있음을 증명한 것이라 하겠다. 외편의 가언嘉言은 아름다운 말을 통한 삶의 질을 높이고 옛 성현들의 좋은 교훈을 인용하였고 선행善行은 착한 행실로 세상을 바르게 살아가라는 교훈을 담고 있다.

《소학》이 우리나라에 전래된 것은 고려 충열왕 때 안향安珦이 주자朱子를 사모하여 육경六經 등을 구입하고 주자학을 전파하였으니, 그때부터 《소학》이 들어오지 않았나 보고 있다. 또한 백상당白上堂 이정頤正이 원나라에 있으면서 정주학程朱學을 배워가지고 동방東方으로 돌아와 전하였다는 사실이 유교연원儒敎淵源에 나타나 있으니, 그때 《소학》이 전래되었음이 분명하다는 설도 있다.

우리나라에서의 《소학》 간행은 권부權溥가 처음이라 보고 있다. 이것은 주자주본朱子註本을 그대로 간행한 것이다. 그뒤로 《소학》은 우리나라 학자들의 교과서로서 고려 말부터 조선조朝鮮朝로 내려와 아동들의 수신서로서 향교, 서원, 서당 등 당시 유교 교육기관에서는 이를 필수 과목으로 다루었다.

조선 초기에 김종직金宗直은 그의 아버지 김숙자金叔滋에게 글을 배웠고, 김숙자는 고려 말의 길재吉再에게 학문을 배웠다. 김종직이 김굉필金宏弼을 가르치면서 진실로 학문에 뜻을 둔다면 마땅히 소학小學부터 시작해야 한다고 말한 바 있으니, 길재 이래로 《소학》은 성덕의 기본교재였음을 알 수 있다. 그후 김굉필은 《소학》의 중요성을 강조하면서 모든 학문의 입문이며 기초인 동시에 인간교육의 절대적인 원리가 됨을 역설하였으며, 그 자신 일생동안 《소학》을 손에서 놓지 않고 소학동자小學童子라 자칭하였다. 김굉필의 제자인 김안국金安國은 영남안찰사嶺南按察使로 있을 때 《소학》과 《이륜행실》을 간행하였다. 그뒤 이퇴계, 이율곡도 또한 《소학》을 중심으로 성덕成德의 기본으로 삼아왔다.

조선 말기인 고종때에는 박재형朴在馨이 《소학》 가운데 필요한 부분을 발췌하고 거기에 우리나라 유현儒賢의 도학, 가언, 선행 및 충신, 효자, 열부의 고사를 첨가하여 《해동소학海東小學》을 편집 간행하기도 하였다.

이와 같이 《소학》은 국학國學은 물론 향학鄕學 또는 전국의 서숙書塾에 이르기까지 교과서로서 장구한 세월 동안 쓰여왔다. 만인의 필독서인 셈이다.

또한 《소학언해》는 16세기 말엽의 국어자료로서도 큰 가치를 지니고 있다. 그 대표적인 예로 ㅿ을 들 수 있는데, 이 자음은 임진왜란을 계기로 사라졌다는 것이 통설이었으나 《소학언해》는 이 책이 간행된 시기에 이미 완전히 소실되었음을 보여주고 있다. 한편 《소학언해》는 방점표기에 있어서도 심한 혼란을 보여주고 있으며 중세국어와 근대국어의 중요한 차이를 이루는 여러 음운변화, 문법변화가 이때 일어났음을 보여주고 있다.

이처럼 《소학언해》는 학문의 입문서인 동시에 교양서이며 국어사 연구에도 귀중한 자료적 가치를 지니고 있는 책이다.

범우사 자료실에는, ①선조23년(1590)에 교정청에서 발행한 판본을 복각한 방점본(권1–2) 1책과 ②《어제소학언해》 6권 4책 목판본 1질과 ③ 1917년(대정大正6) 회동서관에서 발행한 《소학제가집》 언해본 상 · 하 1질이 있다.

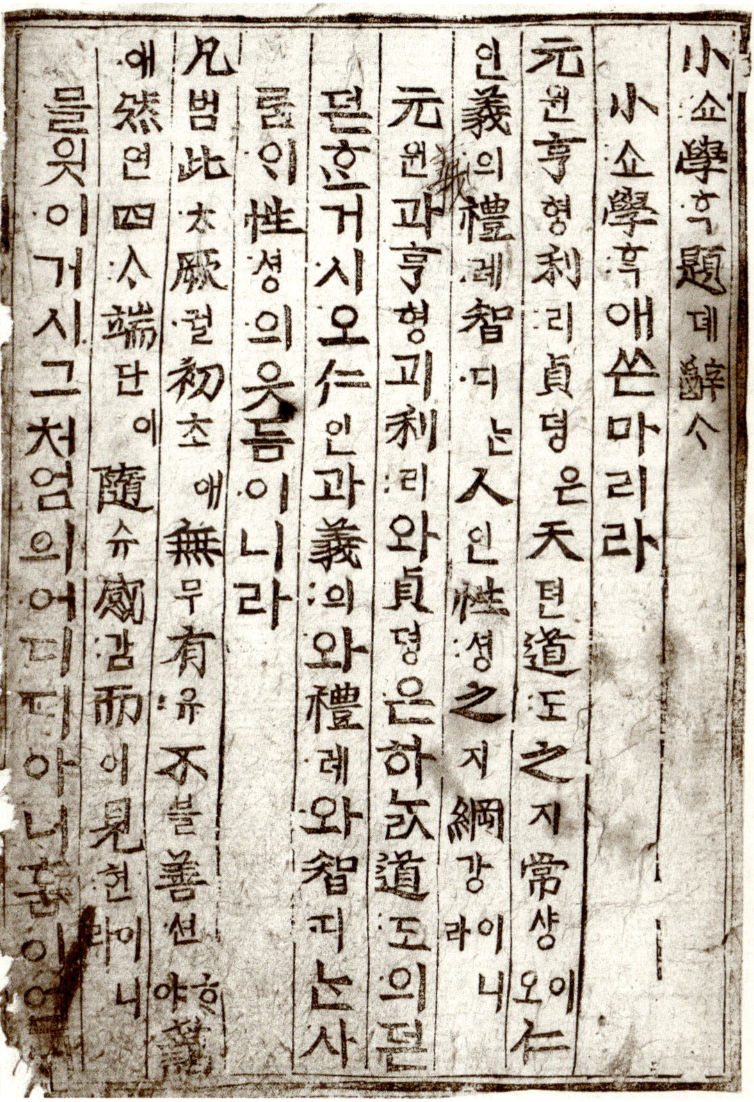

小쇼學혹題뎨辭ᄉᆞ

小쇼學혹애쓴마리라

元원亨형利리貞뎡은天텬道도之지常샹이오仁인義의禮례智디ᄂᆞᆫ人인性셩之지綱강이니라

元원과亨형과利리와貞뎡은하ᄂᆞᆳ道도의덛덛ᄒᆞᆫ거시오仁인과義의와禮례와智디ᄂᆞᆫ사ᄅᆞᄆᆡ性셩의읏듬이니라

凡범此ᄎᆞ厥궐初초애無무有유不블善션ᄒᆞ야藹애然연四ᄉᆞ端단이隨슈感감而이見현ᄒᆞᄂᆞ니

믈읫이거시그처엄의어디디아니ᄒᆞᆫ이업

방점본 소학제사

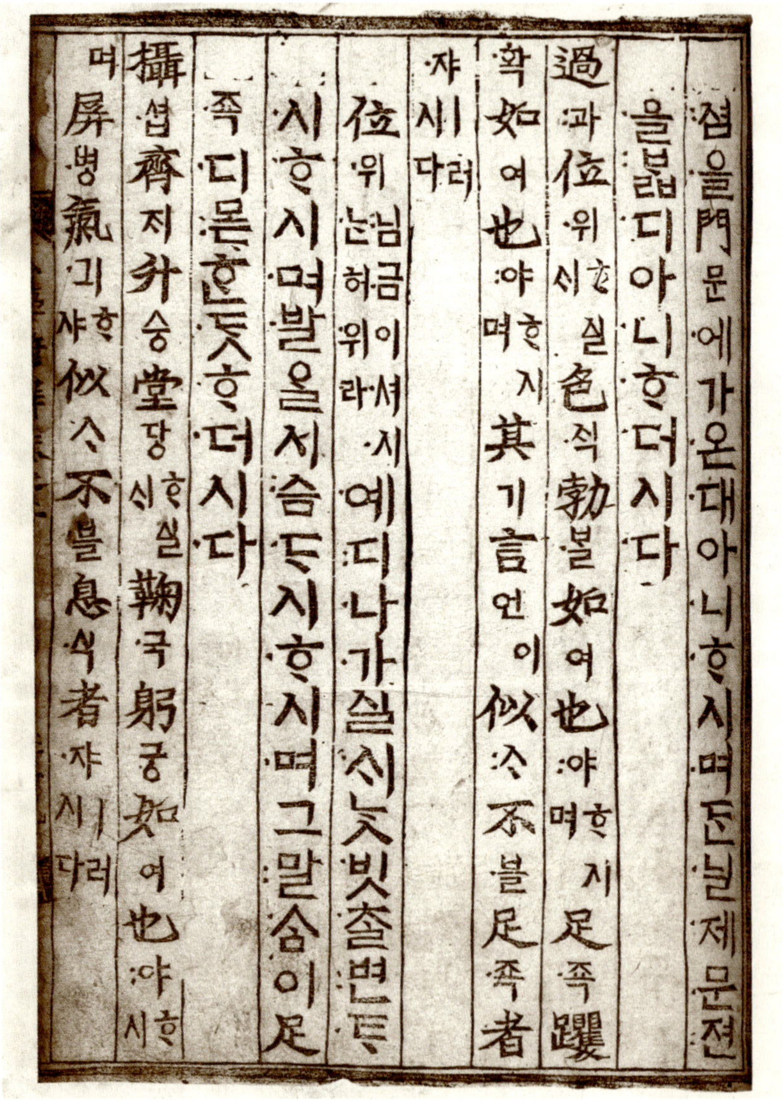

졈을門문에가온대아니ᄒᆞ시며ᄃᆞᆫ닐제문젼
을ᄇᆞᆲ디아니ᄒᆞ더시다
過과位위ᄒᆞ실ᄉᆡ色ᄉᆡᆨ勃볼如여也야ᄒᆞ시며足족躩
확如여也야ᄒᆞ시며其기言언이似ᄉᆞ不블足족者
쟈ㅣ러시다
位위ᄂᆞᆫ님금이셔시ᄂᆞᆫ허위라예디나가실ᄉᆡ ᄂᆞᆺ빗ᄎᆞᆯ변ᄒᆞ
시ᄒᆞ시며발을ᄲᆞᆯ리ᄒᆞ시며그말ᄉᆞᆷ이足
족디몯ᄒᆞᆫᄃᆞᆺᄒᆞ더시다
攝섭齊자升승堂당ᄒᆞ실ᄉᆡ鞠국躬궁如여也야ᄒᆞ시
며屛병氣긔ᄒᆞ샤似ᄉᆞ不블息식者쟈ㅣ러시다

방점본 본문

御어製뎨小쇼學혹諺언解히序셔
夫부周쥬易역上샹經경애乾건坤곤이
爲위首슈ᄒᆞ고下하經경애咸함恒ᄒᆞᆼ이在
지先션ᄒᆞ니子ᄌᆞㅣ曰왈有유夫부婦부然
연後후에有유父부子ᄌᆞㅣ시고라ᄒᆞ子ᄌᆞ思
ᄉᆞ子ᄌᆞㅣ曰왈君군子ᄌᆞ之지道도ᄂᆞᆫ造
조端단乎호夫부婦부ㅣ시니라ᄒᆞ可가不블
重듕歟여아程뎡夫부子ᄌᆞㅣ又우曰왈
有유關관雎져麟린趾지之지化화而이
後후에可가行ᄒᆡᆼ周쥬官관法법度도ᄒᆞ라

어제소학언해 서문

지니라
父부母모와의부모ㅣ장ᄎᆞᆺ안ᄌᆞ려거시든ᄃᆞᆺ글
받드러어드러향ᄒᆞ실고請청ᄒᆞ며장ᄎᆞᆺ고텨누
오려커시든얼운ᄋᆞ돗글반드러어드러발두실
고請청ᄒᆞ고져믄이는평상을잡아뫼셔안ᄌᆞ며
뫼신이는几궤지허는거시라를들고돗과다ᄆᆞᆺ산글거
드며니블을돌며벼개를샹ᄌᆞ애녀코산글거더
집ᄉᆞᆯᄯᅢ니라
父부母모舅구姑고之지衣의衾금簟뎜席셕枕침
几궤를不블傳뎐ᄒᆞ며杖댱屨구를祗지敬경之지ᄒᆞ야
勿믈敢감近근ᄒᆞ며敦ᄃᆡ牟모卮치匜이를非비餕쥰

방각본인 무교신간본의 본문

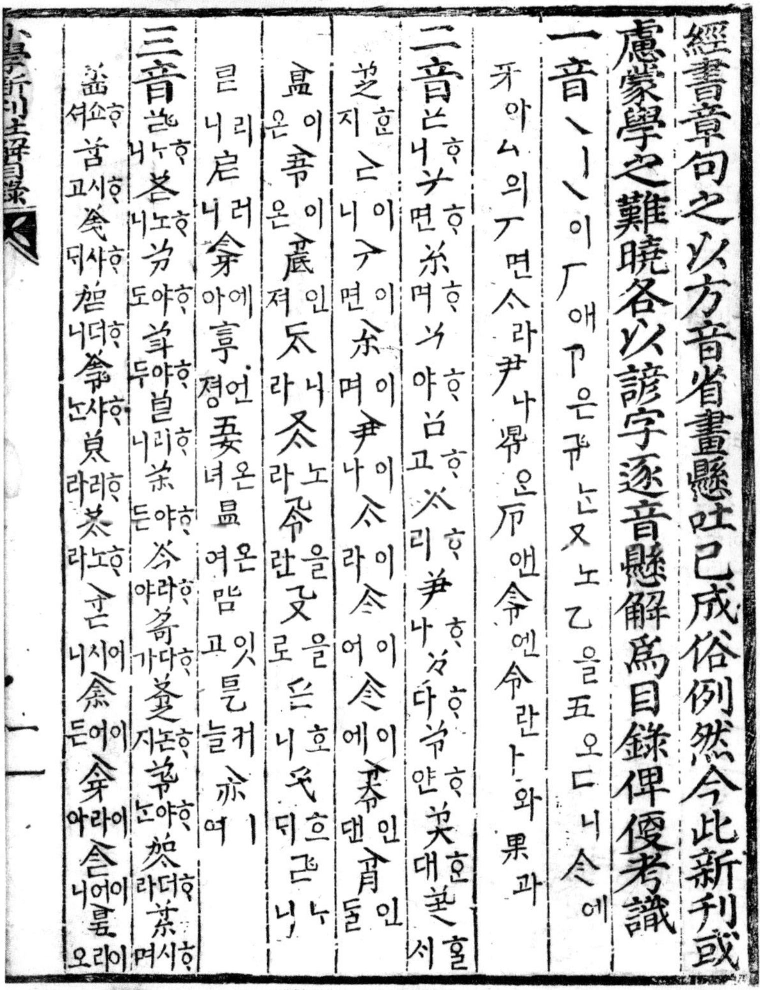

經書章句之以方音省畫懸吐已成俗例然今此新刊或
慮蒙學之難曉各以諺字逐音懸解爲目錄俾便考識

소학신간 토해목록에 있는 한글

小學諸家集註卷之六

善行第六　外篇

集說此篇紀漢以來賢者所行之善行以實立敎明倫敬身也凡八十一章

呂滎公의名은希哲이오字ᄂᆞᆫ原明이니申國正獻公之長子ㅣ라正獻公이居家에簡重寡默ᄒᆞ야不以事物로經心ᄒᆞ고而申國夫人이性嚴有法度ᄒᆞ야雖甚愛公ᄒᆞ나然이나敎公호ᄃᆡ事事를循蹈規矩ᄒᆞ더라

呂滎公의일홈은希哲이오字ᄂᆞᆫ原明이니申國正獻公의맛아ᄃᆞᆯ이라正獻公이집에잇스ᄆᆡ간략ᄒᆞ고무거오며젹이ᄒᆞ고잠잠ᄒᆞ야事物로ᄡᅧ마ᄋᆞᆷ에경영치아니ᄒᆞ고申國夫人이셩품이嚴ᄒᆞ고法度잇셔비록심히公을사랑ᄒᆞ나그러나公을가라치되事事를規矩를좃ᄎᆞ셔ᄇᆞᆲ게ᄒᆞ더라

集解正獻公名公著字晦叔相宋封申國公寡謂省事默謂愼言也不以事物經心者謂凡世俗之事皆不以經營於心也夫人公著之妻魯參政宗道之女蹈踐也規矩法度之器所以爲方圓者也

甫十歲에祈寒暑雨도라侍立終日ᄒᆞ야不命之坐어든不敢坐也ᄒᆞ더라日

小學集註六　五十五

1917년(대정大正6) 일제강점기에도 발행되었던 소학언해본 본문

8. 대학언해大學諺解
– 국어사 중 음운변화를 고찰하는 데 좋은 자료

이 책은 사서四書(논어, 맹자, 중용, 대학) 오경五經(시경, 서경, 주역, 예기, 춘추)의 하나인 대학大學의 원문에 한글로 토를 달고 우리말로 언해를 한 책이다.

이 책의 체제는 원문인 한문을 앞에 싣고 이어서 언해를 하는 형식으로 되어 있다. 원문과 언해문의 한자에는 한자음이 달려 있는데 이 한자음은 동국정운식東國正韻式 한자음에 따르지 않고 현실 한자음에 따라 표기되어 있다.

사서四書의 언해는 세종世宗 때에 집현전에서 착수하였다고 하나, 그후 선조때에 선조의 명령에 따라 교정청校正廳에서 완성하였다고 본다. 사서가 언해된 경위를 살펴보면, 조선조 건국 후 경서經書에 대한 구결口訣과 언해의 문제는 경서의 연구와 교육에 있어서 중대한 과제였다.

《세조실록》 권19의 세종30년 3월 계축조癸丑條에 보면, 사서언해에 대한 사업이 그 당시 집현전集賢殿에서 착수하였음을 알 수 있다. 그러나 사서언해가 이루어졌다거나 그 실물이 없는 것으로 보아 세종시대에 사서언해가 간행되었다고는 볼 수 없다. 그후에도 구결석의口訣釋義의 통일이 이루어지지 않아 국가적인 사업으로 요구되었다.

성종시대 유숭조柳崇祖가 경서언해經書諺解의 시조라고 일컬어지고들 있으나, 구결을 설정해놓은 정도이지 언해에까지 이르지 못한 것이 아닌가 보고 있다.

유희춘柳希春의 《미암일기眉巖日記》에 나타난 기록에 보면, 선조때에 교서관校書館에서 구결을 다는 현토작업懸吐作業을 시도하였는데, 그때 이 작업에 참여한 인물은 퇴계 이황, 미암 유희춘, 강사상, 기대승, 조정기, 김명원, 정철, 송응계 등이 같이 하였다.

또 경연일기經筵日記의 갑술년甲戌年의 기사에 보면, 유숭조 등이 현토작업을 한 사실이 기술되어 있고, 그 토吐가 참으로 훌륭하나 잘못된 곳이 있다는 지적도 있다. 이러한 사실로 미루어, 선조 이전에 경서에 대한 언해란 구결을 다는 정도에 그쳤을 것같다.

선조는 즉위 18년에 교정청을 설립하고 경서의 구결과 언해를 하도록 명하여 정구, 최영경, 홍만, 한백겸, 정개청을 불러 교정랑校正郎으로 명하고 경서의 구결과 언해사업을 특별히 진행하도록 하였다.

이때 교정청에서 간행된 언해본을 관본언해본官本諺解本이라 하는데, 몇몇 개인이나 지방에서 간행한 것이 아니고 당대의 대표적인 유생들을 참여시킨 당시로서는 경서언해의 결정이라 할 수 있다.

선조19년(1586)에는 소학과 논어, 맹자, 중용, 대학 등 사서의 언해가 끝나고 선조21년(1588)에는 시경, 서경, 주역 등을 합한 사서삼경의 언해작업이 모두 끝나 상을 내렸다는 기록이 있다.

도산서원陶山書院에 있는 사서의 언해본은 선조의 명에 따라 교정청에서 간행한 장판본인 원간본原刊本으로, '만력18년 칠월' 이란 내사기內賜記가 있어 1590년(선조23) 경에 간행된 것으로 보인다. 그후 《대학언해》는 계속 발간되어 이본異本이 많은 편이다.

전주하경룡장판본全州河慶龍藏板本, 내각장판본, 영영嶺營장판본, 함경감영개간본咸鏡監營開刊本 등 다수가 있다.

그리고 이율곡李栗谷이 언해하여 1749년(영조25)에 간행한 《대학율곡언해大學栗谷諺解》본이 있다.

초간본初刊本이라 볼 수 있는 도산서원 소장본과 이후에 출간된 언해본 등은 초간본의 내용과 표기 등이 일치하지만 초간본에는 방점이 있다는 특성이 있다.

그러나 율곡본栗谷本과는 차이가 있다. 처음 시작하는 《대학언해》 첫머리는 다음과 같다.

〈원문〉大學之道ᄂᆞᆫ 在明明德ᄒᆞ며 在親民ᄒᆞ며 在止於至善이니라.

〈관본〉大學의 道ᄂᆞᆫ ᄇᆞᆯ근 德을 ᄇᆞᆯ킴애 이시며 民을 새롭게 홈에 이시며 지극한 善에 止홈애인ᄂᆞ니라.

〈율곡본〉 大學의 道는 明德을 明호매 이시며 民을 新호매 이시며 至善의 止호매 잇ᄂᆞ니라.

이 '관본'과 '율곡본'을 비교해보면 '관본'은 순수국어를 많이 쓴 흔적이 보이며 '율곡본'은 한자어를 많이 쓰고 있음을 볼 수 있다.

도산서원본인 초간본은 중세국어의 마지막 모습을 보여준다는 점에서 국어사 연구의 귀중한 자료가 되며 기타의 이본들도 국어사 중 음운변화를 고찰하는 데 좋은 자료가 되고 있다.

《대학大學》은 중국 송나라 때 주자朱子가 당시 번성하던 불교와 도교에 맞서는 새로운 유학儒學인 성리학性理學의 체계를 세우면서 《예기禮記》에서 《중용》과 《대학》의 두 편을 독립시킨 것이다. 49편으로 구성된 《예기》 중 42편이 《대학》에 해당한다. 주자는 여기에 장구章句를 짓고 해설을 붙여 전체를 경經 1장, 전傳 10장으로 나누었다. '경'은 공자의 사상을 제자 증자曾子가 기술한 것이고 '전'은 증자의 생각을 그의 문하생들이 기록한 것이라 하였다. 그러나 《대학》을 공자의 손자인 자사子思가 지었다는 설이 지배적이다.

대학의 내용은 삼강령 팔조목으로 구성되어 있는데, 강령은 모든 이론의 으뜸이 되는 큰 줄거리라는 뜻으로 명명덕明明德 신민新民 지어지선止於至善을 말하고 팔조목은 격물格物 치지致知 성의誠意 정심正心 수신修身 제가齊家 치국治國 평천하平天下를 말한다. 《대학》이 우리나라에 처음 들어온 것은 《예기》 가운데 한 편의 형태로 들어왔을 것으로 본다.

소수림왕 2년(372)에 세운 태학을 관장한 사람이 오경박사五經博士였으니 고구려에서도 《예기》가 교육되었고 통일신라 시대에도 국학과 독서삼품과의 과목에 《예기》가 중요한 경전이었다. 그리고 주자의 《대학장구大學章句》가 처음 반입된 것은 1370년(공민왕19)에 명나라에서 《대통력》, 《육경》, 《통감》과 함께였다는 것이 《고려사》에 있다.

조선 태조는 《대학》의 체제를 제왕의 정치귀감으로 편찬한 송대 진덕수眞德秀의 《대학연의大學衍義》를 유경劉敬으로 하여금 진강進講하게 하고 이후 《대학연의》를 어전에서 강의하는 전통을 마련하였다. 1423년(세종5)에는 《대학》을 포함한 사서오경 10부를 성균관 오부학당에 나누어주었고, 1435년에는 각 도의 수령에게 명하여 그것을 향교에 비치케 하였다. 또 개인이 갖고자 하면, 종이만 보내어 주자소에서 찍어주게 하였다.

15세기 말에는 함경도, 평안도, 제주도에까지 《대학》을 보급하였다. 《대학언해》 사업도 현토, 주석 등의 형태를 거쳐 꾸준히 이어져 일제말

엽까지 방각본 등이 발간되었다.

범우사 자료실에는, ① 갑인자체 금속활자본 《대학언해》 1책과 ② 고판본인 언해본 《대학토석大學吐釋》 2책이 있는데 이 책은 어느 곳에서도 기록을 찾아볼 수가 없다.

大대學ᄒᆨ諺언解ᄒᆡ

大대學ᄒᆨ之지道도ᄂᆞᆫ在ᄌᆡ明명明명德덕

ᄒᆞ며在ᄌᆡ親신民민ᄒᆞ며在ᄌᆡ止지於어至지善

션이니라

大대學ᄒᆨ의道도ᄂᆞᆫ ᄇᆞᆯ근德덕을ᄇᆞᆯ킴애

이시며民민을새롭게홈애이시며지극

ᄒᆞᆫ善션에止지홈애인ᄂᆞ니라

知디止지而어后후에有유定뎡이니定뎡而

이后후에能능靜졍ᄒᆞ며靜졍而이后후에能

능安안ᄒᆞ며安안而이后후에能능慮려ᄒᆞ며慮

갑인자체 금속활자본 첫 장

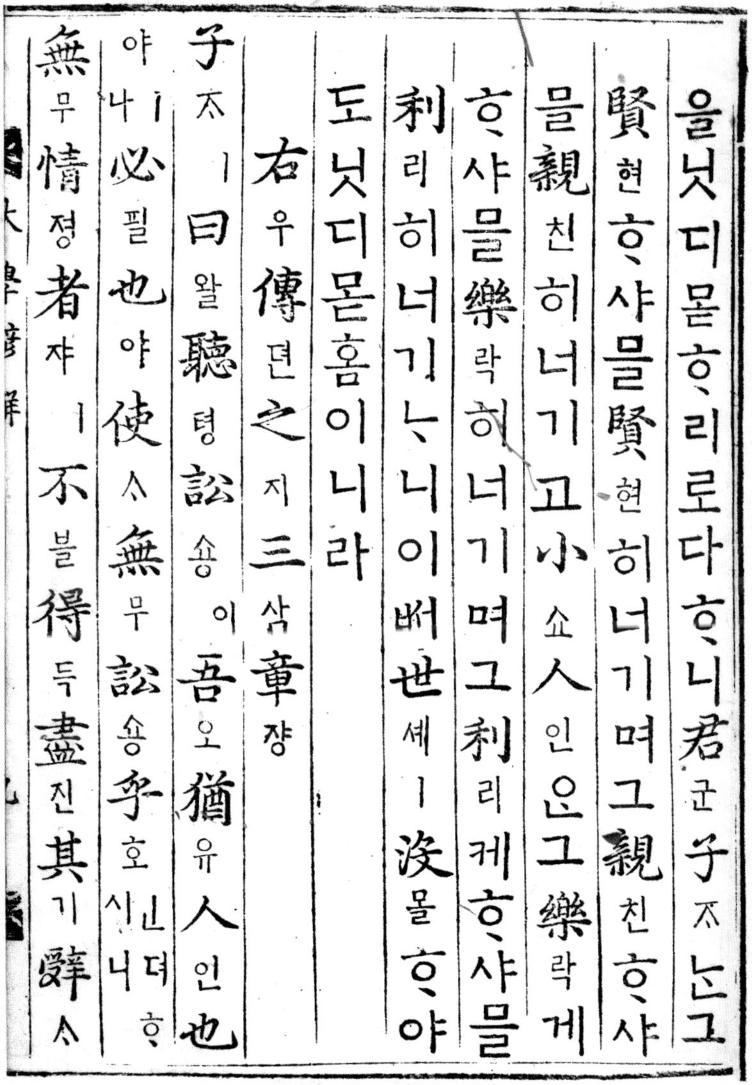

을닛디몯ᄒᆞ리로다ᄒᆞ니君군子ᄌᆞᄂᆞᆫ그
賢현ᄒᆞ샤ᄆᆞᆯ賢현히너기며그親친ᄒᆞ샤
ᄆᆞᆯ親친히너기고小쇼人인ᄋᆞᆫ그樂락게
ᄒᆞ샤ᄆᆞᆯ樂락히너기며그利리케ᄒᆞ샤ᄆᆞᆯ
利리히너기ᄂᆞ니이ᄡᅥ世셰ㅣ沒몰ᄒᆞ야
도닛디몯홈이니라
右우傳뎐之지三삼章쟝
子ᄌᆞㅣ曰왈聽텽訟숑이吾오猶유人인也
야ㅣ나必필也야使ᄉᆞ無무訟숑乎호신뎌ᄒᆞ시니
無무情졍者쟈ㅣ不블得득盡진其기辭ᄉᆞ

大學諺解

갑인자체 금속활자본 본문

大學吐釋

子程子曰大學孔氏之遺書而初學入德之門也於今可見古人爲學次第者獨賴此篇之存而論孟次之學者必由是而學焉則庶乎其不差矣

大學之道在明明德在親신民在止於至善 大學의 道ᄂᆞᆫ ᄇᆞᆯ근 德을 ᄇᆞᆯ킴애 이시며 民을 새롭게 ᄒᆞᆷ애 이시며 지극ᄒᆞᆫ 善에 止ᄒᆞᆷ애 인ᄂᆞ니라

程子曰親當作新○大學者大人之

대학토석 첫 장

保我子孫黎民亦ᄃᆞ曰殆哉ᆫ뎌 秦誓애ᄀᆞᆯ오ᄃᆡ만일에ᄒᆞᆫ낫臣이斷斷ᄒᆞ고다ᄅᆞᆫ지죄업ᄉᆞ나그ᄆᆞᅀᆞ미休休ᄒᆞᆫ디그용납홈이잇ᄂᆞᆫᄃᆞᆺᄒᆞᆫ디라사ᄅᆞᆷ의지조둠을몸이둠ᄀᆞ티ᄒᆞ며사ᄅᆞᆷ의彦聖을그ᄆᆞᅀᆞᆷ애됴히너기미그입으로브터남ᄀᆞ틀ᄲᅮᆫ니아닌이면진실로能히용납ᄒᆞᄂᆞᆫ디라배能히우리子孫과黎民을保ᄒᆞ리니거의또ᄒᆞᆫ利이시린뎌사ᄅᆞᆷ의지조둠을媢疾ᄒᆞ야ᄠᅴ아취ᄒᆞ며사ᄅᆞᆷ의彦聖을違ᄒᆞ야ᄒᆞ여곰通티몯게ᄒᆞ면진실로能히용납디몯ᄒᆞᄂᆞᆫ디라배能히우리子孫과黎民을保티몯ᄒᆞ리니또ᄒᆞᆫᄀᆞᆯ온위ᄐᆡᄒᆞ린뎌

秦誓ᄂᆞᆫ周書ㅣ라斷斷은誠一之貌ㅣ라彦은美士也ㅣ라聖은通明也ㅣ라尙은庶幾也ㅣ라媢ᄂᆞᆫ忌也ㅣ라違ᄂᆞᆫ拂戾也ㅣ라殆ᄂᆞᆫ危也ㅣ라

대학토석 본문

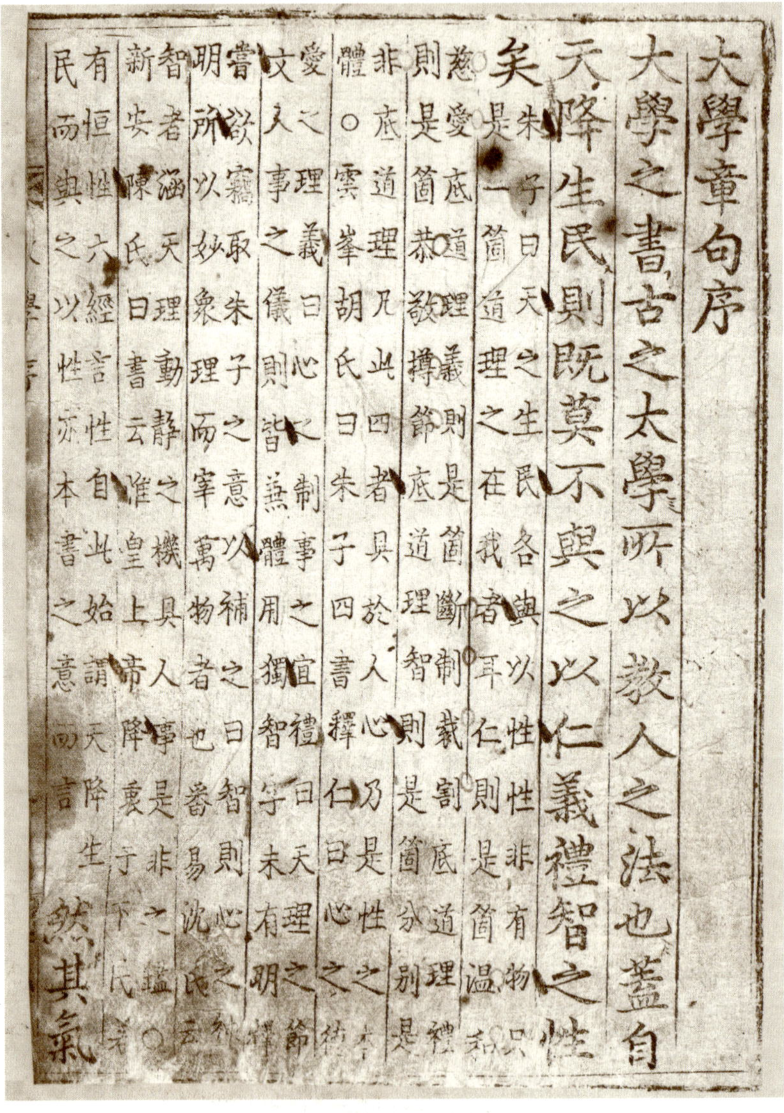

大學章句序

大學之書古之太學所以教人之法也蓋自

天降生民則既莫不與之以仁義禮智之性

矣 朱子曰天之生民各與以性性非有物只
是一箇道理之在我者耳仁則是箇溫和
慈愛底道理義則是箇斷制裁割底道理禮
則是箇恭敬撙節底道理智則是箇分別是
非底道理凡此四者具於人心乃是性之本
體○雲峯胡氏曰朱子四書釋仁曰心之德
愛之理義曰心之制事之宜禮曰天理之節
文人事之儀則皆兼體用智獨智字未有明釋
嘗欲竊取朱子之意以補之曰智則心之神
明所以妙衆理而宰萬物者也番易沈氏云
智者涵天理動靜之機具人事是非之鑑
新安陳氏曰書云惟皇上帝降衷于下民若
有恒性六經言性自此始謂天降生
民而與之以性亦本書之意而言

然其氣

대학장구 금속활자본

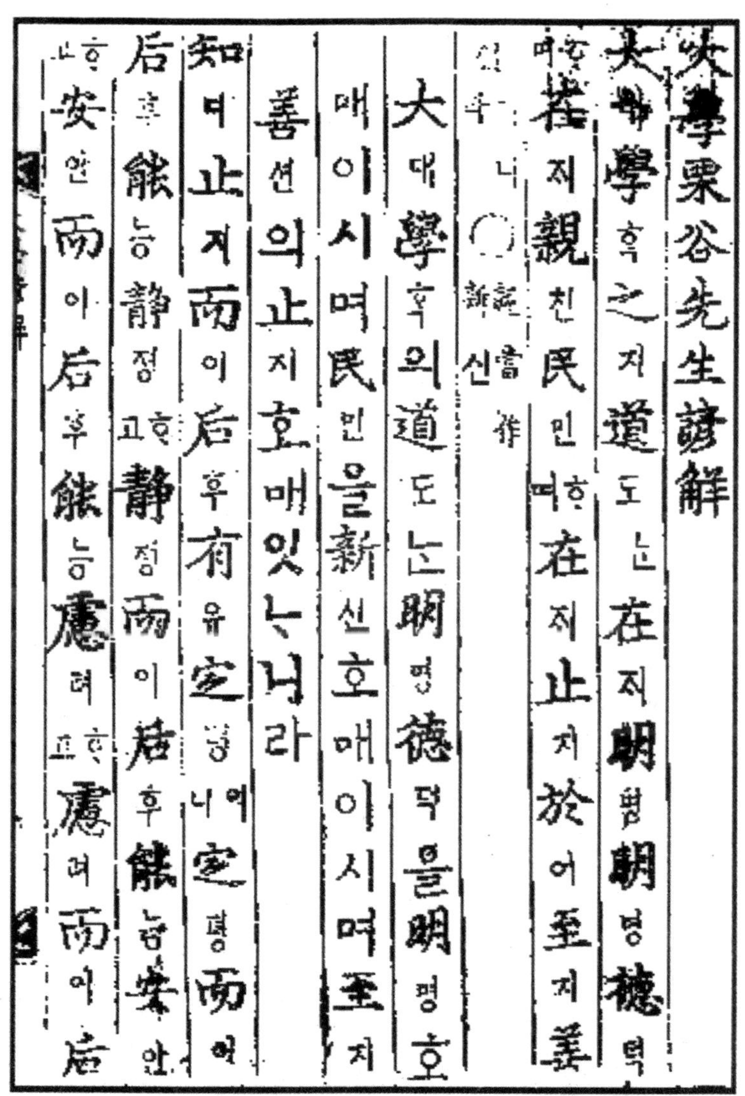
大學栗谷先生諺解

大대學ᄒᆞᆨ之지道도ᄂᆞᆫ在ᄌᆡ明명明명德덕

ᄒᆞ며在ᄌᆡ親친民민ᄒᆞ며在ᄌᆡ止지於어至지善션

이니라 ○ 親當作新 신

大대學ᄒᆞᆨ의道도ᄂᆞᆫ明명德덕을明명ᄒᆞ

매이시며民민을新신ᄒᆞ매이시며至지

善션의止지ᄒᆞ매잇ᄂᆞ니라

知디止지而이后후有유定뎡ᄒᆞ니定뎡而이

后후能능靜졍ᄒᆞ고靜졍而이后후能능安안ᄒᆞ

고安안而이后후能능慮려ᄒᆞ고慮려而이后

대학 율곡선생 언해

9. 시경언해詩經諺解
- 17세기 초와 그후의 국어사 비교연구에 값있는 자료

《시경詩經》에 한글토를 달고 우리말로 언해한 20권 10책본이다. 《시경언해》도 다른 삼경언해와 같이 선조의 명에 의하여 교정청校正廳에서 1585년에서 1593년 사이에 언해한 것으로 보이나 책으로 간행하지 못하고 임진왜란 이후에 다시 손질하여 간행된 것으로 보고 있다.

《시경》은 유교경전인 오경五經의 하나로, 고대 중국의 민요와 조정朝廷의 악장樂章 등 시가詩歌를 모아 엮은 것이다. 본래는 3,000여 편이었던 것을 공자孔子가 그 가운데에서 인심을 순화하는 데 유익한 것만 305편을 골라 엮었다.

공자는 만년에 제자를 가르치는 데 있어 시詩를 제일로 쳤다. 시는 인간의 가장 순수한 감정에서 우러난 것으로서 정서를 순화하고 다양한 사물을 인식하는 데는 그만한 전범典範이 없다고 여겼기 때문이다.

사기史記에 의하면 공자가 311편을 가려냈다 하나 그 중 여섯 편은 제목만 전한다. 《시경》 305편은 풍風, 아雅, 송頌 세 가지로 나뉘었다. 풍은 국풍國風이라고도 하며 남녀간의 애틋한 정과 이별의 아픔 등이 아주 원초적으로 그려져 있으며, 아는 궁궐에서 연주하는 곡조에 붙인 가사로 고아함을 담아냈다. 송은 종묘의 제사때 쓰이던 악가樂歌들이다.

옛날 중국의 제왕들은 전국으로 채시관採詩官을 보내어 백성들이 부르고 있는 노래나 가사 등을 채집하고 민심의 동향을 알아내어 백성을 다스리는 데 참고로 삼고, 조정의 악관樂官에게 곡조를 붙이게 하여 민심의 순화에 힘썼다고 한다.

이러한 《시경》에 한글로 토를 달고 언해한 《시경언해》는 각 권마다 그 권에 실려 있는 시의 제목이 붙어 있다. 그 제목에 이어 물명物名이라 하여 우리말을 풀이하고 있는데, 모두 351항목에 이른다. 본문에 실려 있는 시와 시에 대한 언해에 방점은 없으나 ㅿ과 ㆁ은 표기되어 있다. 이 《시경언해》는 다른 사서四書나 이경二經의 언해본들처럼 이본異本들이 많이 있다. 《시경언해》만 하더라도, 1613년 광해군 5년에 간행한 《시경언해》는 교정청의 원고본과 거의 일치한 것으로 보이며, 그후 1695년(숙종21) 무렵에 간행된 것으로 보이는 무신자戊申字 금속활자본이 있는가 하면 세경오 중춘개간 전주하경룡장판全州河庚龍藏板본, 임술계춘 내각장판內閣藏板본(1820년), 무자신간 영영장판嶺營藏板본(1828년), 임술계춘 영영중간嶺營重刊본(1862년) 등의 간기가 있는 목판본이 있다.

제일 처음 간행된 것으로 보이는 광해군본에는 한자음뿐만 아니라 언해문에도 ㆁ이 표기되어 있으나 ㅿ은 한자음에만 표기되어 있다. 그러나 이후 판본에는 ㆁ과 ㅿ이 사용되지 않았다.

광해군본은 근대국어 초기의 모습이 잘 나타나 있어 매우 중요한 가치를 지니고 있다. 특히 품명에 실려 있는 동식물명은 어휘사 연구에 중요한 자료로서 넓게 사용되고 있다. 또 이 《시경언해》는 《두시언해》 이후 간행된 한시漢詩에 대한 언해서로서 다른 사서나 이경이 매우 철학적인 데 비하여 《시경》은 그 내용이 다양하고 문학적이어서 운문韻文 언해문의 연구에도 큰 도움이 되며 특히 자연물에 대한 당시의 국어어휘

國語語彙도 많이 나타나고 있다.

또한 광해군본은 처격處格이나 대격對格 등 다른 문법상 형태들을 통하여 임진왜란 직후의 국어형태를 보여주고 있다. 따라서 그 당시의, 특히 동식물명에 나타난 순국어 어휘들은 17세기 초기의 것으로 어휘사 연구의 자료가 되고 있다. 한편, 후에 간행된 《시경언해》와 비교연구함으로써 17세기 초기와 그 이후의 국어사 전반에 대한 비교연구의 값진 자료가 될 수 있다.

범우사 자료실에는, 1695년(숙종21) 경에 간행된 것으로 보이는 무신자 금속활자본인 권3~4, 권5~8, 권12~14, 권15~17 4책과 권7~10, 권11~13, 권19~20 등 3책 본이 있다. 목판본으로는 경진신간 내각장판본 20권 7책 2질이 있다.

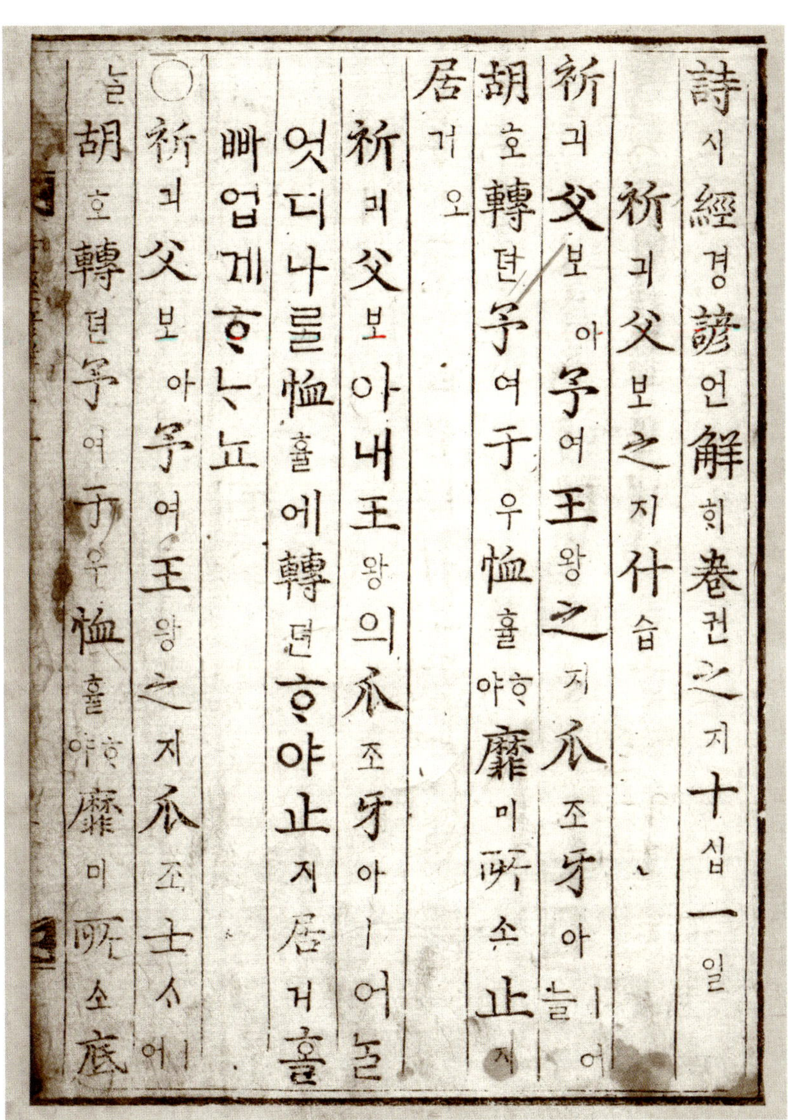

詩시經경諺언解해卷권之지十십一일

祈긔父보之지什습

祈긔父보아 予여王왕之지爪조牙아ㅣ어늘 胡호轉뎐予여于우恤휼ᄒᆞ야 靡미所소止지居거오

祈긔父보아 내 王왕의 爪조牙아ㅣ어늘 엇디 나를 恤휼에 轉뎐ᄒᆞ야 止지居거홀 빠 업게 ᄒᆞᄂᆞ뇨

○祈긔父보아 予여王왕之지爪조士ᄉᆞㅣ어늘 胡호轉뎐予여于우恤휼ᄒᆞ야 靡미所소底

무신자 병용 한글자본 권11 첫 장 본문

음酒쥬ㅣ로다振진振진鷺로ㅣ여鷺로于우飛
비로다鼓고咽연咽연이어늘醉취言언歸귀ᄒᆞ니
于우胥셔樂락兮혜로다
駜필ᄒᆞ며駜필ᄒᆞ니駜필ᄒᆞᆫ뎌乘승牡모
ㅣ로다夙슉夜야애公공애이시니公공
애이셔酒쥬를飮음ᄒᆞ놋다振진振진ᄒᆞᆫ
ᄂᆞᆫ鷺로ㅣ여鷺로ㅣ飛비ᄐᆞᆺᄒᆞ놋다鼓고
ㅣ咽연咽연ᄒᆞ거늘醉취ᄒᆞ야歸귀ᄒᆞ니
서르樂락ᄒᆞ놋다
○有유駜필有유駜필ᄒᆞ니駜필彼피乘승駽

詩經諺解 卷二十

무신자 병용 한글자본 권20 본문

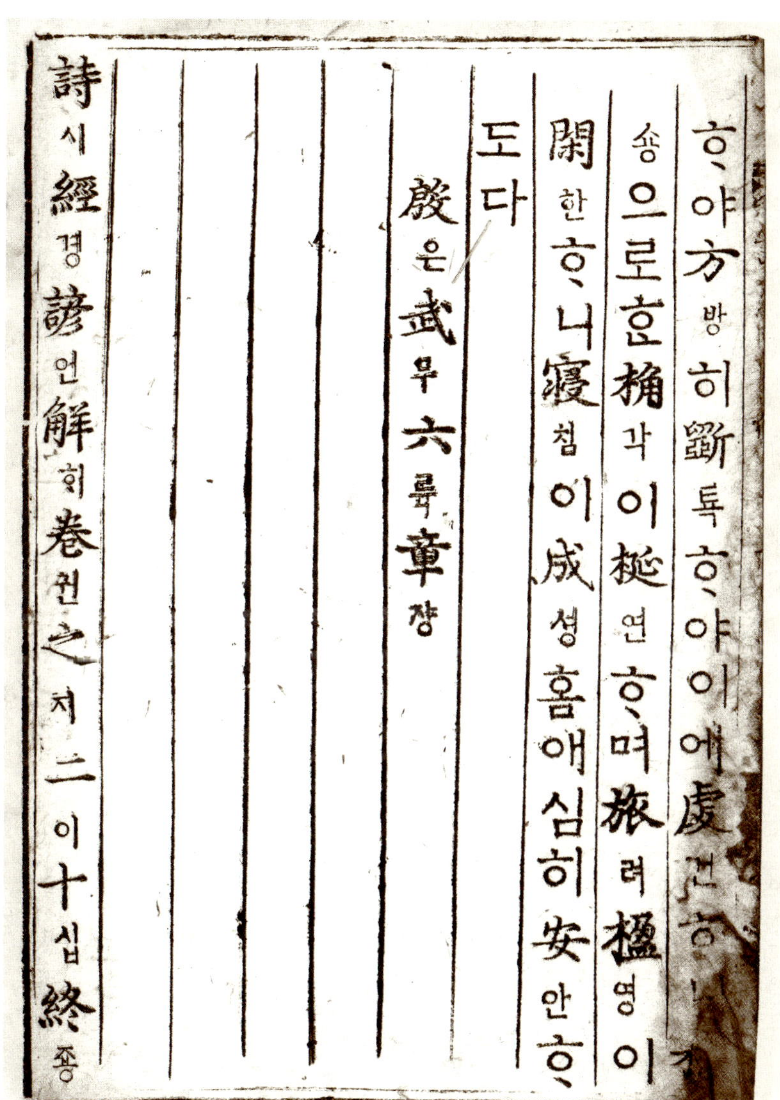

ᄒᆞ야方방히斷톡ᄒᆞ야이에虔건ᄒᆞ니松
숑으로ᄒᆞᆫ桷각이梴연ᄒᆞ며旅려楹영이
閑한ᄒᆞ니寢침이成셩홈애심히安안ᄒᆞ
도다
殷은武무六륙章쟝

詩시經경諺언解ᄒᆡ卷권之지二이十십終죵

무신자 병용 한글자본 권20 끝장

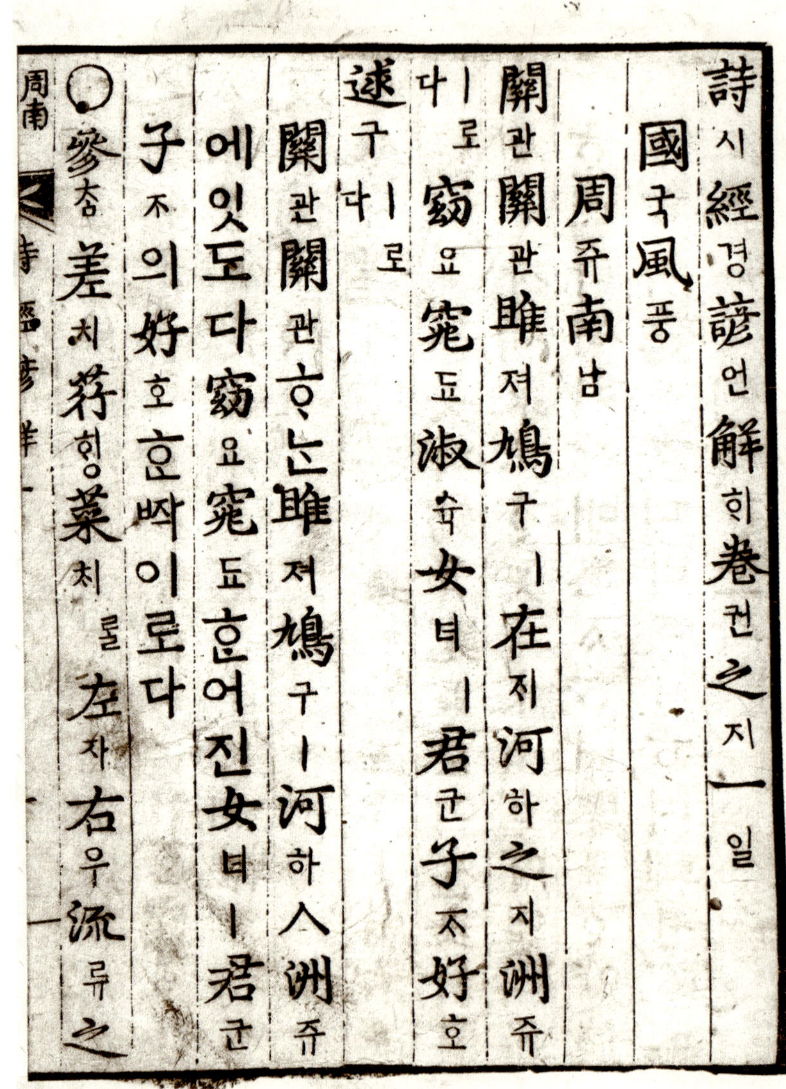

내각장판본 권1 첫 장

부與여鴈안이어다

女녀ㅣ 골오ᄃᆡ 雞계鳴명타커ᄂᆞᆯ 士ᄉᆞㅣ 골오ᄃᆡ 旦죠ㅣ 昧ᄆᆡᄒᆞ얀ᄂᆞ니라 子ᄌᆞㅣ 興흥ᄒᆞ야 夜야를 보라 明명星셩이 爛란ᄒᆞ거니 쟝ᄎᆞᆺ 翺고ᄒᆞ며 쟝ᄎᆞᆺ 翔샹ᄒᆞ야 鳧부와 다뭇 鴈안을 弋익ᄒᆞᆯ디어다

○弋익言언加가之지어든 與여子ᄌᆞ宜의之지ᄒᆞ야 宜의言언飮음酒쥬ᄒᆞ야 與여子ᄌᆞ偕ᄒᆡ老로호리라 琴금瑟슬 在ᄌᆡ御어ㅣ 莫막不블 靜졍好호ㅣ로다

내각장판본 본문

10. 논어언해論語諺解
- 다양한 어휘자료를 제공

《논어論語》는 논어, 맹자孟子, 중용中庸, 대학大學의 사서四書와 시경詩經, 서경書經, 주역周易의 삼경三經을 합한 유교의 경전을 대표하는 칠서七書 중의 하나이다. 공자와 그의 제자들의 언행을 적은 《논어》는 중국본이 7권 20편으로 엮어져 있다.

'칠서' 는 동양사람들의 정신적 바탕이었다. 이것을 연구하지 않고는 어떤 학문도 동양에서는 존재할 수 없었다.

더욱이 조선조 500년은 유교로써 나라를 다스리고 또 이 '칠서' 를 중심으로 학문을 닦고 과거와 같은 시험도 치러졌기 때문에 이 '칠서' 가 가장 많이 간행되었다고 볼 수 있다. 그러므로 이 '칠서' 로 언해한 판본板本도 각처에서 간행되고 널리 보급되어, 조선조 때에는 어느 가정이나 글을 하는 집이라면 이 '칠서' 를 구비하지 않은 집이 없을 정도였다.

그 중에서도 《논어》나 《논어언해》는 더욱이나 나라를 다스리는 기본경전이요, 교육적 측면에서도 국정교과서와 같은 역할을 하였다고 본다.

《논어》는 공자의 말과 제자와 백성들과의 대화, 제자들의 의견과 제자들 간의 대화 등으로 구성되어 있다.

편찬자에 대해서는 자하子夏를 비롯한 공자의 제자들이라는 설과 또

자하, 중궁仲弓, 자유子遊 등의 공편共編이라는 설 그리고 증삼曾參의 문인인 악정자춘樂正子春과 자사子思라는 설 등이 있는 것으로 보아 공자 자신의 손으로 기록되거나 정리된 것은 아니라고 보고 있다.

《논어》가 우리나라에 들어온 것에 대해 여러 설이 있으나 《삼국사기》에는 642년에 죽죽竹竹이라는 화랑이 인용한 《논어》의 구절이 보인다는 것과 신라 신문왕 2년(682) 국학이 체계를 갖추었을 때 《논어》를 가르쳤으며 그뒤 독서삼품과讀書三品科가 인재를 선발할 때에도 《논어》가 필수과목이었다는 기록이 있다.

이러한 《논어》를 우리말로 풀어 쉽게 이해시키기 위해 노력한 흔적도 보인다. 신라때 설총이 '방언方言으로 구경九經을 풀이했다' 는 기록이 있고 고려 말의 정몽주鄭夢周와 권근權近은 각각 《논어》에 토를 달았으며 세종은 훈민정음을 창제한 다음, 경전의 음해音解를 찬하게 하였다.

세조때에는 구결口訣을 정하였고 성종때에 유숭조柳崇祖가 언해구두諺解口讀를 찬집하였다. 선조는 이를 보완하여 1581년(선조14) 이이李珥에게 명하여 사서와 오경五經(삼경과 예기禮記, 춘추春秋)의 언해를 상정詳定하게 하였다. 《사서》는 1593년에 이이李珥에 의하여 완성되었다.

그 후에 《논어언해論語諺解》는 선조의 명에 따라 4권 4책으로 금속활자본으로 간행되었다. 이 책에는 편찬과 간행에 대한 기록이 없으나 함께 간행한 《소학언해》의 범례와 발문 등에 의하면 1590년(선조23)에 간행된 것으로 추정된다.

《논어언해》의 체제는 원문인 한문을 앞에 싣고 뒤에 언해를 붙이는 형식으로 되어 있다. 원문에는 한글로 된 토와 한자음이 있고 언해문에도 한자와 한자음이 표기되어 있다. 언해문과 현실한자음에 따라 표기한 한자음에는 방점이 찍혀 있으며, ㅿ과 ㆁ이 사용되고 있다.

이 책은 여러 이본異本이 전해진다. 이후에도 1612년(광해군4)에 4권 4책본 목판본이 간행되었다. 선조본宣祖本인 금속활자본은 10행 17자이며, 이 책은 10행 19자로 짜여 있다.

이후 1631년(인조9)에 4권 4책 본문 10행 19자본이 간행되었으며 1760년(영조36)에 목판본이 간행되고 1820년(순조20, 경진년)에 내각장판본內閣藏板本이 간행되었다. 지방판으로는, 경오년庚午年(1810, 순조10) 봄에 전주부全州府에서 목판으로 하경룡장판河慶龍藏板본이 간행되고, 대구에서는 1822년(순조22)인 임오壬午년에 영영장판嶺營藏板본에 이어 1862년(철종13) 임술년壬戌年 봄에 영영중간嶺營重刊본이 간행되었다.

《논어언해》는 성조체계聲調体系의 연구를 제외하고는 16세기에서 17세기로 넘어오는 국어사國語史의 한 시대를 구분해주는 시기의 국어연구에 귀중한 연구자료로 평가된다. 또한 여러 '칠서'의 언해본 중 가장 다양한 어휘자료를 제공해주는 것으로도 높이 평가할 수 있다.

범우사 자료실에는, ① 금속활자본 4권 4책 2질과 낱권 5책 ②《논어율곡선생언해》 권3 한 책 ③ 경오중춘개간인 전주 하경룡장판본 4권 4책 1질 ④ 경진신간내각장판 4권 4책 1질 ⑤ 임오신간영영장판 4권 4책 1질 그리고 ⑥ 소자小字본 권1 한 책이 있다.

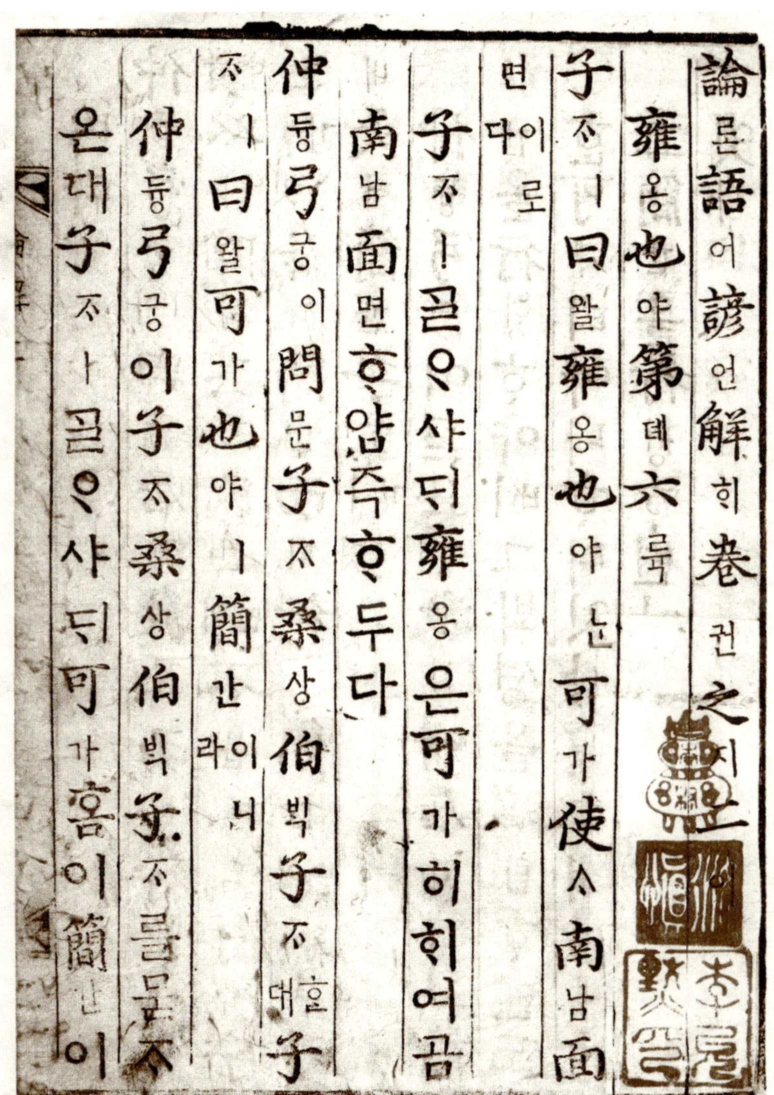

論론語어諺언解히卷권之지
雍옹也야第뎨六륙
子ᄌᆞㅣ曰왈雍옹也야ᄂᆞᆫ可가使ᄉᆞ南남面면이로다
子ᄌᆞㅣᄀᆞᆯᄋᆞ샤ᄃᆡ雍옹은可가히ᄒᆡ여곰南남面면ᄒᆞ얌즉ᄒᆞ두다
仲듕弓궁이問문子ᄌᆞ桑상伯ᄇᆡᆨ子ᄌᆞᄒᆞᆫ대
子ᄌᆞㅣ曰왈可가也야ㅣ簡간이니라
仲듕弓궁이子ᄌᆞ桑상伯ᄇᆡᆨ子ᄌᆞ를묻ᄌᆞ온대子ᄌᆞㅣᄀᆞᆯᄋᆞ샤ᄃᆡ可가ᄒᆞᆷ이簡간이

금속활자본인 논어언해의 첫 장

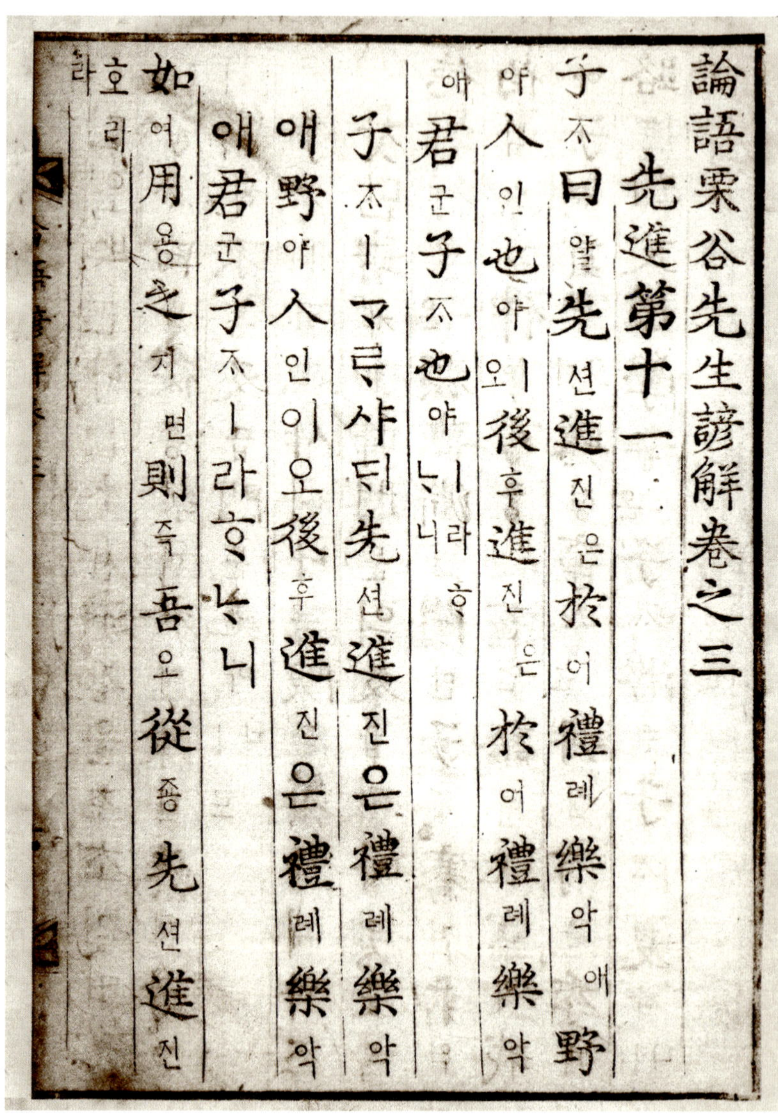

論語栗谷先生諺解卷之三
先進第十一
子ᄌᆞ曰왈先션進진은於어禮례樂악애野
야人인也야ㅣ오後후進진은於어禮례樂악
애君군子ᄌᆞ也야ᄂᆞㅣ니라ᄒᆞ
子ᄌᆞㅣᄀᆞᄅᆞ샤ᄃᆡ先션進진은禮례樂악
애野야人인이오後후進진은禮례樂악
애君군子ᄌᆞㅣ라ᄒᆞᄂᆞ니
如여用용之지면則즉吾오從죵先션進진
호리라

논어율곡선생언해 금속활자본

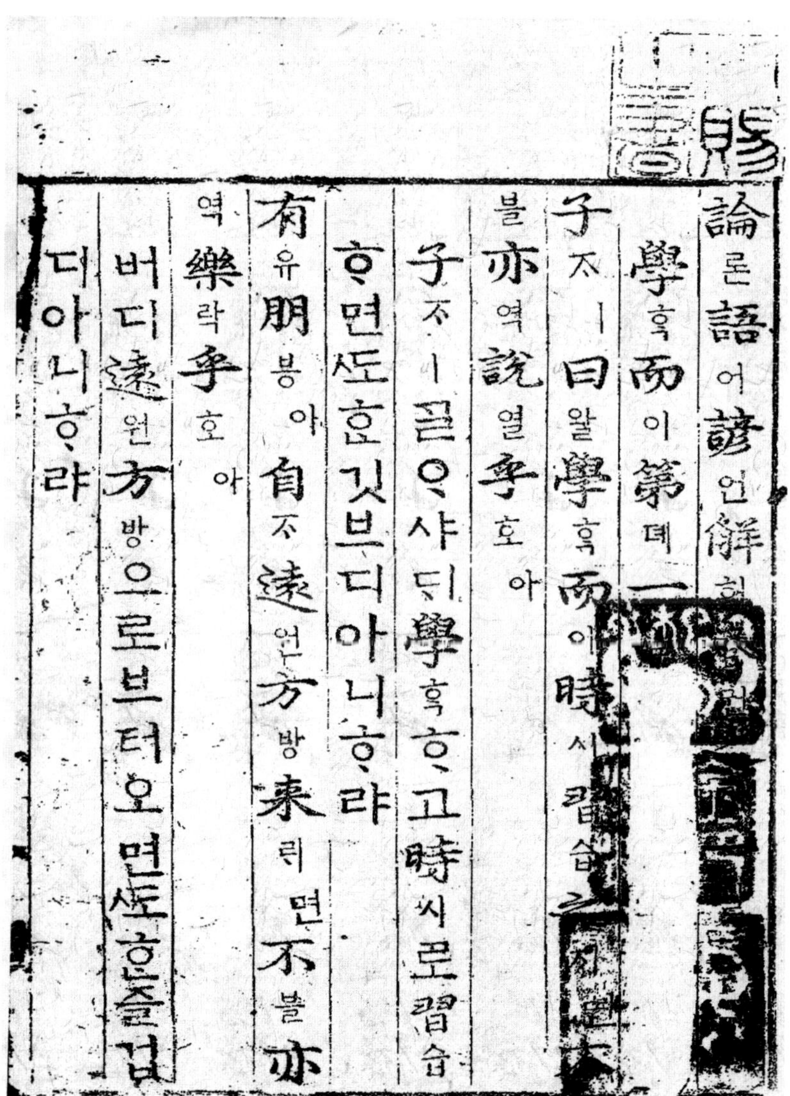

論론語어諺언解해

學ᄒᆞᆨ而이第뎨一

子ᄌᆞㅣ曰왈學ᄒᆞᆨ而이時시習습

不블亦역說열乎호아

子ᄌᆞㅣᄀᆞᆯᄋᆞ샤ᄃᆡ學ᄒᆞᆨᄒᆞ고時시로習습ᄒᆞ면ᄯᅩᄒᆞᆫ깃브디아니ᄒᆞ랴

有유朋붕아自ᄌᆞ遠원方방來ᄅᆡ면不블亦역樂락乎호아

버디遠원方방으로브터오면ᄯᅩᄒᆞᆫ즐겁디아니ᄒᆞ랴

내사인이 있는 논어언해

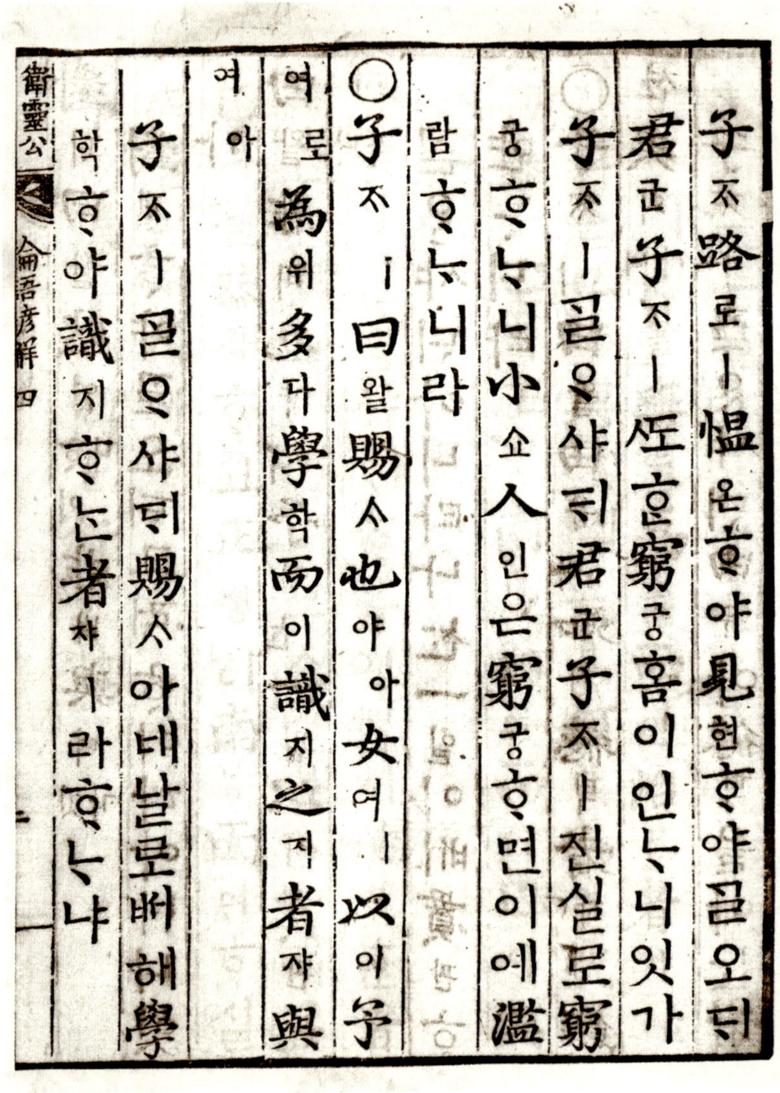

子ᄌᆞ路로ㅣ慍온ᄒᆞ야見현ᄒᆞ야ᄀᆞᆯ오ᄃᆡ
君군子ᄌᆞㅣ또ᄒᆞᆫ窮궁홈이인ᄂᆞ니잇가
○子ᄌᆞㅣᄀᆞᆯᄋᆞ샤ᄃᆡ君군子ᄌᆞㅣ진실로窮
궁ᄒᆞᄂᆞ니小쇼人인은窮궁ᄒᆞ면이예濫
람ᄒᆞᄂᆞ니라
○子ᄌᆞㅣ曰왈賜ᄉᆞ也야아女여ㅣ以이予
여로爲위多다學학而이識지之지者쟈與
여아
子ᄌᆞㅣᄀᆞᆯᄋᆞ샤ᄃᆡ賜ᄉᆞ아네날로ᄡᅥ해學
학ᄒᆞ야識지ᄒᆞᄂᆞᆫ者쟈ㅣ라ᄒᆞᄂᆞ냐

衛靈公 論語彦解 四

내각장판본 본문

論론語어諺언解ᄒᆡ卷권之지四ᄉᆞ

衛위靈령公공第뎨十십五오

衛위靈령公공이問문陳딘於어孔공子ᄌᆞᄒᆞᆫ대孔공子ᄌᆞㅣ對ᄃᆡ曰왈俎조豆두之지事ᄉᆞᄂᆞᆫ則즉嘗샹聞문之지矣의어니와軍군旅려之지事ᄉᆞᄂᆞᆫ未미之지學ᄒᆞᆨ也야ㅣ라ᄒᆞ시고明명日일에遂슈行ᄒᆡᆼᄒᆞ시다

衛위靈령公공이陳딘을孔공子ᄌᆞᄭᅴ묻ᄌᆞ온대孔공子ᄌᆞㅣ對ᄃᆡᄒᆞ야ᄀᆞᆯᄋᆞ샤ᄃᆡ俎조豆두의事ᄉᆞᄂᆞᆫ일즉드럿거니와軍

論解四

하경룡장판본 본문

논어언해 소자본 본문

11. 주역언해周易諺解

- 위편삼절韋編三絶의 고사故事가 있는 책

주역周易에 한글로 토를 달고 우리말로 언해한 9권 5책 본으로 몇 종의 목판본과 1695년(숙종21)에 간행된 것으로 보이는 갑인자체甲寅字体 무신자본戊申字本인 금속활자본이 있다.

목판본으로는 1810년에 전주에서 간행된 하경룡河慶龍장판본과 1820년에 내각에서 간행한 내각內閣장판본, 1830년에 대구에서 간행한 신간영영新刊嶺營장판본과 1862년 대구에서 다시 출간한 임술영영중간壬戌嶺營重刊본 등 몇 종이 있다.

이 《주역언해》본도 선조때 교정청校正廳에서 언해한 것을 바탕으로 이루어진 것으로 보이나 임진왜란 이전에 간행하지 못하고 임진왜란 이후에 삼경언해三經諺解와 같이 간행된 것으로 보인다.

초간본初刊本은 서울대학교 규장각에 소장되어 있는데 '만력 삼십사년萬曆 三十四年 유월 일日' 의 내사기內賜記가 있어서 임진 · 정유왜란 이후의 1606년(선조39)에 간행된 것으로 보인다. 이 책도 다른 사서삼경의 언해와 마찬가지로 원문을 앞에 싣고 뒤에 언해를 붙였는데, 원문에는 한글토와 한자음이 있고 언해문에도 한자와 한자음이 표기되어 있다.

《주역》은 유교경전의 하나로 동양에서 가장 오래된 경전인 동시에,

가장 난해한 글로 인간의 운명을 점치는 점복술의 원전으로서 한국을 비롯한 일본, 베트남 등에 지금도 많은 영향을 주고 있다.

공자는 이 《주역》을 극히 진중하게 여겨 받들어서 죽간竹簡을 가죽으로 매어놓은 끈이 세 번이나 끊기도록 읽었다 하여 위편삼절韋編三絕이라는 고사故事가 현재까지 남아 독서에 힘쓰는 사람을 일컫는 말로 전해져오고 있다.

공자는 이 주역을 깊이 연구하여 그 원문을 해석하고 이치를 밝힌 십익十翼이란 책도 저술하였다. 십익이란 어려운 역易의 뜻을 알기 쉽게 새의 날개처럼 돕는다는 뜻으로 지은 역경 가운데 십전十傳을 말한다. 공자는 64괘卦의 본문을 경으로 하여 이것을 보익補翼하기 위하여 상하단전, 상하상전, 상하계사전, 문언전, 서괘전, 설괘전, 잡괘전의 10편으로 이 책을 엮었다. 그후 주희朱熹가 역경易經이라 이름짓고, 이경은 지금껏 오경五經의 으뜸으로 손꼽히고 있다.

《주역》은 유교경전 가운데 인간의 본성 및 우주의 기본원리를 그 내용으로 하고 있으므로 우리말로 번역하기에도 매우 어려운 책이다. 그래서 이 《주역언해》도 원문에 토를 달고 우리말로 직역해놓았지만 이 책이 담고 있는 깊은 뜻을 파악하기 위해서는 유교의 철학적인 지식이 선행되어야 한다.

예를 들자면, 원문原文에 '乾은 元코 亨코 利코 貞ᄒᆞ니라' 로 되어 있는데 언해문도 한글로 해석하였다는 것이 '乾은 元ᄒᆞ고 亨ᄒᆞ고 利ᄒᆞ고 貞ᄒᆞ니라' 로 되어 있어 원문과 언해문이 거의 일치함을 볼 수 있으며, 더욱 쉽게 풀이하였다는 본의本義에서도 건乾을 크기로 풀이하였을 뿐 원문에 토를 단 부분과 거의 같다.

《주역언해》는 9권 5책으로 되어 있는데 권1, 권2 두 책이 상경上經, 권

3, 권4 두 책이 하경下經이며 권5, 권6이 계사상전繫辭上傳과 계사하전繫辭下傳으로 한 책으로 묶어 목차가 짜여 있다.

임진왜란 이후 17세기 초엽에 간행된 대부분의 언해서와 마찬가지로 《주역언해》도 'ㆁ'이나 'ㅿ'의 표기에 혼동을 보여주고 있다. 1606년(선조39)에 간행된 《주역언해》에는 방점傍點이 나타나지 않고 원문의 주음注音에 'ㆁ'이 표기된 예가 약간만 보일 뿐 거의 나타나지 않는다.

1권의 6장 앞에서는 'ㆁ'이 나타나지 않다가 6장에 行(힝), 用(용), 成(셩), 明(명) 등으로 원문에 나타나지만 언해문에서는 힝, 용, 셩, 명으로 'ㆁ'이 나타나지 않는다. 이것은 음운音韻으로 〔ŋ〕이 소실되어가고 있음을 말하는 것이 아니라 문자로서 'ㆁ'이 소실되어가는 과정에 있음을 보여주는 것이다. 그러나 'ㅿ'은 한자 주음으로서는 원문과 언해문에 함께 나타나고 있다. 즉 二(ᅀᅵ), 若(ᅀᅣᆨ), 仁(ᅀᅵᆫ), 日(ᅀᅵᆯ) 등에 'ㅿ'이 표기되어 있다가 1820년에 간행된 경진신간내각장판본부터는 전혀 찾아볼 수가 없다.

《주역언해》는 17세기 초엽의 국어자료로서뿐만 아니라 음운사의 연구에도 귀중한 자료적 가치를 차지하고 있다.

문법적인 면에서 처격조사處格助詞에 '애'가 주로 나타난다. 주격조사主格助詞로는 'ㅣ'와 '이'가 나타나는데 大位ㅣ(3장) 德의 施이(4장) ᄒᆞ욤이(6장) 그 예이고 처격조사는 田애, 夕애, 天애, 下애, 上애 등과 같이 모음조화에 관계없이 '애'로 나타난다. 또 '出入홈매' '拷홈매' 등의 중철重綴 표기도 보이며 어간말 자음군인 'ㄼ'이 'ㅂㄹ'로 표기된 것도 보인다.

또한 존재를 나타내는 동사 '이시~'의 예도 보인다. 이러한 사실은 《주역언해》 가운데 1606년(선조39)본은 17세기 초의 언어사실을 그대로 반영하고 있으며 전반적인 국어사 연구를 위한 임진왜란 직후의 자료로서 가치가 높다고 할 수 있다.

범우사 자료실에는, ① 갑인자체 금속활자본인 무신자본 권2, 권3, 권4의 3책 ② 전주하경룡장판본 9권 5책 1질 ③ 경진신간내각장판본 9권 5책 1질 ④ 경인신간영영장판본 9권 5책 1질 ⑤ 임술계춘영영중간본 9권 5책 1질 ⑥ 고정지에 인쇄된 고판본 9권 5책 1질이 있다.

未미濟졔ᄂᆞᆫ 男남之지窮궁也야ㅣ라

未미濟졔ᄂᆞᆫ 男남의 窮궁이라

夬쾌ᄂᆞᆫ 決결也야ㅣ니 剛강決결柔유也야ㅣ니 君

군子ᄌᆞ道도長댱이 小쇼人인道도憂우也야

ㅣ라

夬쾌ᄂᆞᆫ 決결홈이라 剛강이 柔유ᄅᆞᆯ 決결홈

이니 君군子ᄌᆞ의 道도ㅣ 長댱ᄒᆞ고 小쇼人

인의 道도ㅣ 憂우홈이라

全州河慶龍藏板

周쥬易역諺언解해卷권之지九구終죵

전주하경룡장판본 끝장

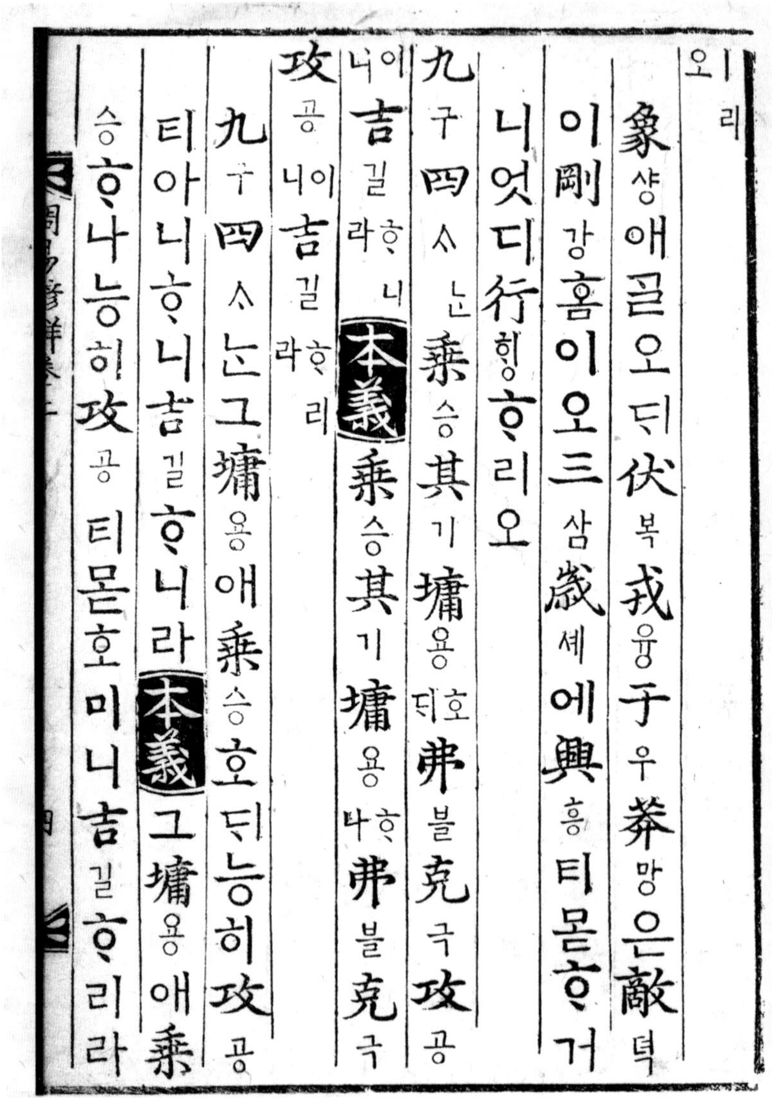

외리
象샹애 ᄀᆞᆯ오ᄃᆡ 伏복戎융于우莽망은 敵뎍
이 剛강홈이오 三삼歲셰에 興흥티 몯ᄒᆞ거
니 엇디 行힝ᄒᆞ리오
九구四ᄉᆞᄂᆞᆫ 乘승其기墉용호ᄃᆡ 弗블克극攻공
이니 吉길ᄒᆞ니라 [本義] 乘승其기墉용ᄒᆞ나 弗블克극
攻공이니 吉길ᄒᆞ리라
九구四ᄉᆞᄂᆞᆫ 그 墉용애 乘승호ᄃᆡ 능히 攻공
티 아니ᄒᆞ니 吉길ᄒᆞ니라 [本義] 그 墉용애 乘
승ᄒᆞ나 능히 攻공티 몯호미니 吉길ᄒᆞ리라

1695년(숙종21)에 간행한 갑인자체 무신자 금속활자본 본문

周쥬易역諺언解ᄒᆡ卷권之지六륙
繫계辭ᄉᆞ下하傳뎐
八팔卦괘成셩列렬ᄒᆞ니象샹在ᄌᆡ其기中듕矣
의오因인而이重듕之지ᄒᆞ니爻효在ᄌᆡ其기中
듕矣의오
八팔卦괘ㅣ列렬이成셩ᄒᆞ니象샹이그中
듕에잇고因인ᄒᆞ야重듕ᄒᆞ니爻효ㅣ그中
듕에잇고
剛강柔유ㅣ相샹推츄ᄒᆞ니變변在ᄌᆡ其기中듕
矣의오繫계辭ᄉᆞ焉언而이命명之지ᄒᆞ니動동

내각장판본 본문

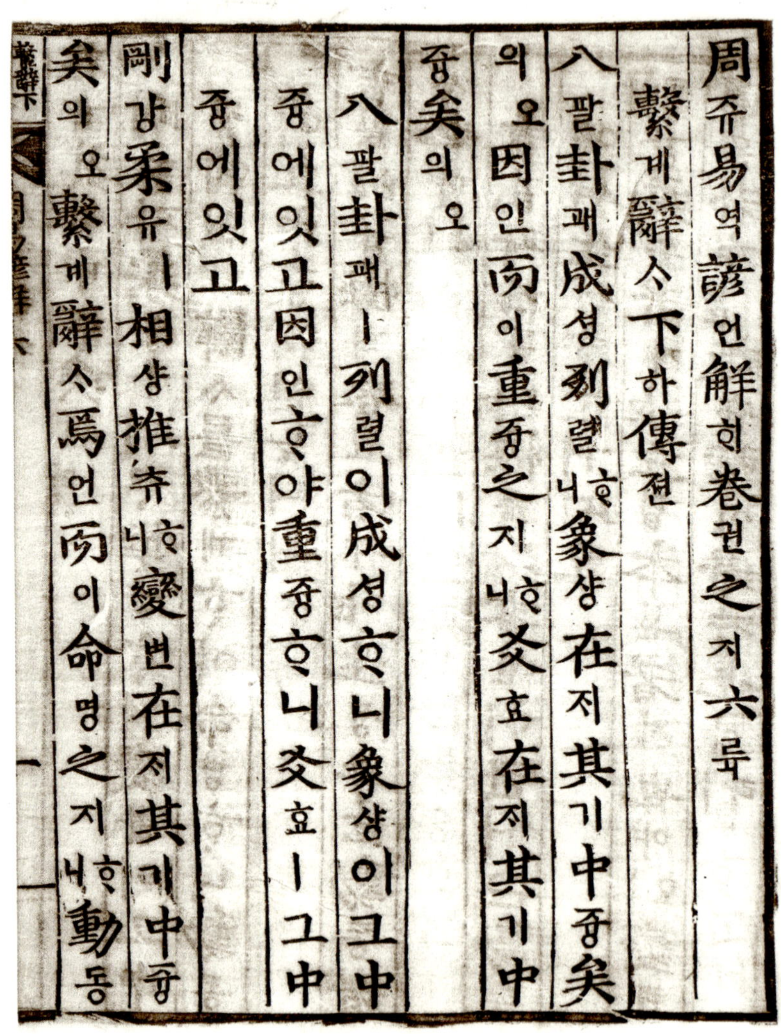

周쥬易역諺언解ᄒᆡ卷권之지六륙

繫계辭ᄉᆞ下하傳뎐

八팔卦괘成셩列렬ᄒᆞ니象샹在ᄌᆡ其기中듕矣

의오因인而이重듕之지ᄒᆞ니爻효在ᄌᆡ其기中

듕矣의오

八팔卦괘ㅣ列렬이成셩ᄒᆞ니象샹이그中

듕에잇고因인ᄒᆞ야重듕ᄒᆞ니爻효ㅣ그中

듕에잇고

剛강柔유ㅣ相샹推츄ᄒᆞ니變변在ᄌᆡ其기中듕

矣의오繫계辭ᄉᆞ焉언而이命명之지ᄒᆞ니動동

경인신간영영장판본 본문

周쥬易역諺언解해卷권之지六륙

繫계辭ᄉᆞ下하傳뎐

八팔卦괘成셩列렬ᄒᆞ니象샹在ᄌᆡ其기中듕矣의오因인而이重듕之지ᄒᆞ니爻효在ᄌᆡ其기中듕矣의오

八팔卦괘ㅣ列렬이成셩ᄒᆞ니象샹이그中듕에잇고因인ᄒᆞ야重듕ᄒᆞ니爻효ㅣ그中듕에잇고

剛강柔유ㅣ相샹推츄ᄒᆞ니變변在ᄌᆡ其기中듕矣의오繫계辭ᄉᆞ焉언而이命명之지ᄒᆞ니動동在ᄌᆡ其기中듕矣의라

剛강과柔유ㅣ서ᄅᆞ推츄ᄒᆞ니變변이그中듕에잇고辭ᄉᆞᄅᆞᆯ繫계ᄒᆞ야命명ᄒᆞ니動동이그中듕에인ᄂᆞ니라

吉길凶흉悔회吝린者쟈ᄂᆞᆫ生ᄉᆡᆼ乎호動동者쟈也야ㅣ오

吉길과凶흉과悔회와吝린이란거ᄉᆞᆫ動동에셔生ᄉᆡᆼᄒᆞ

易解六 一

임술계춘영영중간본 본문

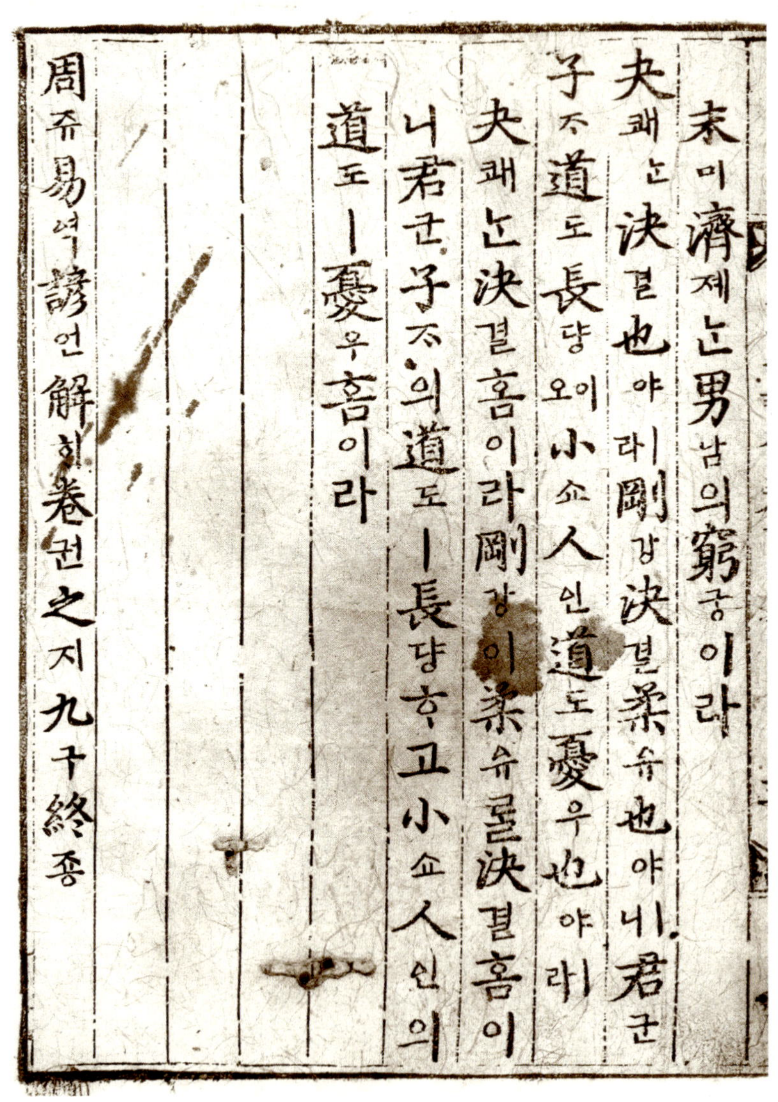

未미濟제ᄂᆞᆫ男남의窮궁이라
夬쾌ᄂᆞᆫ決결也야라剛강決결柔슈也야니君군
子ᄌᆞ道도長댱이오小쇼人인道도憂우也야라
夬쾌ᄂᆞᆫ決결홈이라剛강이柔슈를決결홈이
니君군子ᄌᆞ의道도ㅣ長댱ᄒᆞ고小쇼人인의
道도ㅣ憂우홈이라

周쥬易역諺언解ᄒᆡ卷권之지九구終죵

고정지로 찍은 고판언해본

12. 중용언해中庸諺解
- 우리나라 전통사회에 큰 영향을 끼친 철학사상서

《중용》은 유교경전의 《대학》《논어》《맹자》와 더불어 사서四書의 하나로 중국을 비롯한 한국, 일본 등에 많은 영향을 끼친 사상서이며 철학개론서로 일컬어지고 있다.

《중용언해》는 《중용》의 원문을 한글로 토를 붙이고 읽기 쉽게 한글로 풀이를 한 책이다.

중용언해본은 1590년(선조23)에 교정청校正廳에서 금속활자본으로 처음 간행하였다. 이 책은 선조의 명에 따라 관판본官版本으로 간행한 책으로 도산서원陶山書院에 소장되어 있으며 이 책에는 만력萬曆 18년 칠월의 내사기內賜記가 씌어 있다.

《중용언해》는 불분권不分卷 1책으로 금속활자본과 다수의 목판본이 있으며 글자배열은 10행 19자와 10행 17자본 그리고 장수는 55장본과 61장본으로 크게 나눌 수 있다. 《중용》은 예기禮記의 49편篇 중 제31편을 떼어낸 것인데 이것이 《예기》로부터 별도로 다루어지기 시작한 것은 《대학》보다 앞서 한대漢代부터였음은 한서漢書나 예문지藝文志의 중용설中庸說을 보아서도 알 수 있다.

그러나 이 《중용》의 진가가 발휘된 것은 송대宋代에 이르러 성리학性理

學이 발흥되기 시작하면서부터이다.

특히 정이천程伊川은 《중용》을 공자孔子의 문하생들이 전수한 심법心法이라 하여 그 가치를 크게 중시하고 그의 형인 정명도程明道와 함께 《중용》에 대한 내용을 깊이 연구하였다.

이 정씨형제의 설을 주자朱子가 계승 발전시켜 중용장구中庸章句, 중용혹문中庸或問 등을 저술하여 《중용》의 심오한 뜻을 천명하고 《논어》《맹자》《대학》과 더불어 사서의 자리로 굳힌 뒤부터 《중용》은 중국 지식인들에게 유가儒家의 한 보전寶典으로 널리 읽히게 되었다.

이 《중용》의 저작자 및 저작시기에 대해서는 여러 설이 있다. 종래에는 공자의 손자인 자사子思의 저작으로 알려져왔다. 그것은 사기史記의 공자세가孔子世家에서 자사가 《중용》을 지었다 했고, 공영달孔穎達의 예기정의禮記正義에 인용된 정현鄭玄의 예기목록禮記目錄에도 자사가 《중용》을 지어 성조聖祖의 덕을 소명히 했다고 전거典據하고 있기 때문이다. 그러나 이런 여러 설을 거쳐 지금은 자사 한 사람의 저서라기보다 자사에게서 나온 저본底本을 바탕으로 그 이후의 유학자儒學者들이 상당기간 가필하여 첨가 발전시킴으로써 현재의 《중용》이 편찬, 성서成書되었다고 보는 견해가 많다.

《중용》은 한 사람에 의한 한때에 저술된 저작이라기에는 한 책 안에 사상의 시대적인 발전과 변모의 흔적이 엿보이기도 한다. 《중용》의 저작자가 누구이든 간에 유교사상의 정수精髓가 담긴 책으로 주역周易과 함께 유교사상의 철학적인 해명이 기도된 것으로 후세 성리학을 열어준 기틀이 된 책이다.

《중용》이란 주희朱熹의 설명에 따르면, 중中이란 한쪽으로 치우치지도 않고 기울어지지 않으며 지나침도 미치지 못함도 없는 것이고 용庸은 떳떳함平常을 뜻하는 것이라 하였다. 또한 정자程子는 기울어지지 않는 것不偏을 중이라 하고 바꾸어지지 않는 것不易을 용이라 하였다.

《중용》은 내용에 있어 33장으로, 전반부와 후반부로 구분되어 있는데 전반부에서는 주로 중용中庸 또는 중화사상中和思想을 말하고 후반부에서는 성誠에 대하여 설명하고 있다.

《중용》의 첫머리에 '하늘이 명命한 것을 성性이라 하고 성을 따르는 것을 도道라 하고 도를 닦는 것을 교敎라 한다' 고 하였는데 이 말은 유교철학의 출발점이며 지향점이다. 사람이 사람답게 살자면 배워야 하고 그 배움에는 길이 있고 그 길은 바로 본성本性에 바탕을 두어야 하며 본성은 태어나면서 저절로 갖추어진다는 것이다.

이러한 사상은 우리나라에도 크나큰 영향을 주었다. 이렇게 영향을 준 《중용》은, 우리나라에는 신라 원성왕 4년(788) 관리등용법인 독서삼품과를 태학太學에 설치할 때 예기禮記가 포함되어 있는 것을 보면, 이미 삼국시대에 《예기》의 한 편에 속했던 《중용》을 접하게 되었을 것이다.

그뒤 고려말 정주학을 수용한 이후에는 사서의 하나로 《중용》을 중요시 여겼다. 그후 권근權近이 사서에 구결口訣을 하였다고 하며 조선조에 와서는 성리학이 《중용》에 근거를 두었기 때문에 더욱 연구가 활발하여 중용적 철학사상이 우리나라 전통사회에 큰 영향을 끼쳤다. 특히 퇴계 이황李滉의 '이기호발설理氣互發說' 이나 이율곡李珥의 《성학집요聖學輯要》, 정약용의 《중용자잠中庸自箴》 등은 《중용》의 영향이 큰 것으로 본다.

《중용언해》본은 다른 사서의 언해본과 마찬가지로 여러 본 찍어내어 이본異本들이 많다. 1590년(선조23)에 교정청에서 간행한 금속활자본과 그후 갑인자로 찍어낸 금속활자본 그리고 1693년에 간행한 원종목활자본元宗木活字本 이외는 모두 목판본이다.

목판본으로는 ① 전주하경룡장판본(1810년) ② 경진신간내각장판본(1820년) ③ 무자신간영영장판본(1828년) ④ 임술계춘영영중간본(1862년) ⑤ 병오맹추함경감영개간본 등이 있다.

《맹자언해》본과 같이 선조본만 방점傍點이 표기되어 있고 ㅿ과 ㆁ은 선조본, 광해군본에만 사용되었으며 인조본과 숙종조본은 혼용하여 사용하였다. 이후의 여러 판본에서는 모두 ㅿ과 ㆁ이 사용되지 않았다.

그 가운데 내각장판본에서 몇 가지 표기상 특징이 나타난다. 전주하경룡장판본의 표기가 일부 광해군 4년 본을 따르고 일부는 내각장판본과 같은 모습을 보인다. 그러나 이들 모두는 언해문의 한글표기에만 약간의 차이가 있을 뿐 어휘나 문법상의 차이는 거의 보이지 않는다. 그래서 표기법이나 음운사音韻史 연구의 대상은 될 수 있으나 문법어휘 연구에는 도움이 되지 않는다.

그러나 이율곡이 언해한 《중용율곡언해》와는 어휘나 문법상 차이를 보인다. 그래서 《중용언해》와 《중용율곡언해》를 비교하면 국어사 연구에 도움이 된다. 《중용언해》의 원간본인 도산서원본은 방점을 표기한 마지막 문헌이며 성조聲調의 붕괴과정을 볼 수 있는 귀중한 자료가 된다. 《중용언해》는 중세국어와 근대국어의 분기점에서 일어나는 여러가지 언어사실이 반영되어 있어 국어사 자료의 중요한 자료라 볼 수 있는 것이다.

범우사 자료실에는, ① 갑인자체 금속활자본 1책 ② 전주하경룡장판본 1책(1810년) ③ 전주하경룡장판본을 전주 창남서관昌南書館에서 발간한 것 1책(1916년) ④ 내각장판본 1책(1820년) ⑤ 무자신간영영장판본 1책(1828년) ⑥ 임술계춘영영중간본 1책(1862년) ⑦ 간기가 없는 고판본 1책 ⑧ 소자小字본 1책 ⑨ 중용언해와 대학언해가 합본되어 있는 고판본 1책이 있다.

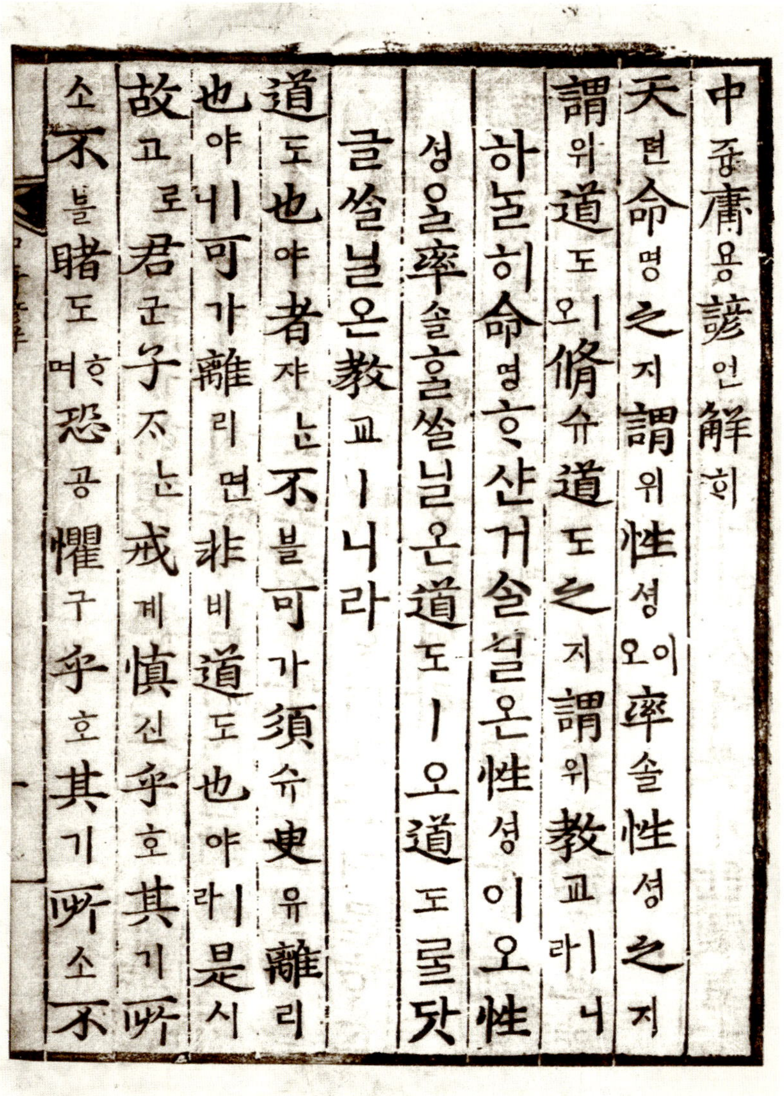

中듕庸용諺언解해
天텬命명之지謂위性셩이오率솔性셩之지
謂위道도ㅣ오脩슈道도之지謂위教교ㅣ니라
하ᄂᆞᆯ히命명ᄒᆞ샨거ᄉᆞᆯ닐온性셩이오性
셩을率솔ᄒᆞᆯᄊᆞᆯ닐온道도ㅣ오道도ᄅᆞᆯ닷
글ᄊᆞᆯ닐온教교ㅣ니라
道도也야者쟈ᄂᆞᆫ不블可가須슈臾유離리
也야ㅣ니可가離리면非비道도也야ㅣ라是시
故고로君군子ᄌᆞᄂᆞᆫ戒계愼신乎호其기所
소不블睹도ᄒᆞ며恐공懼구乎호其기所소不

갑인자본 첫 장

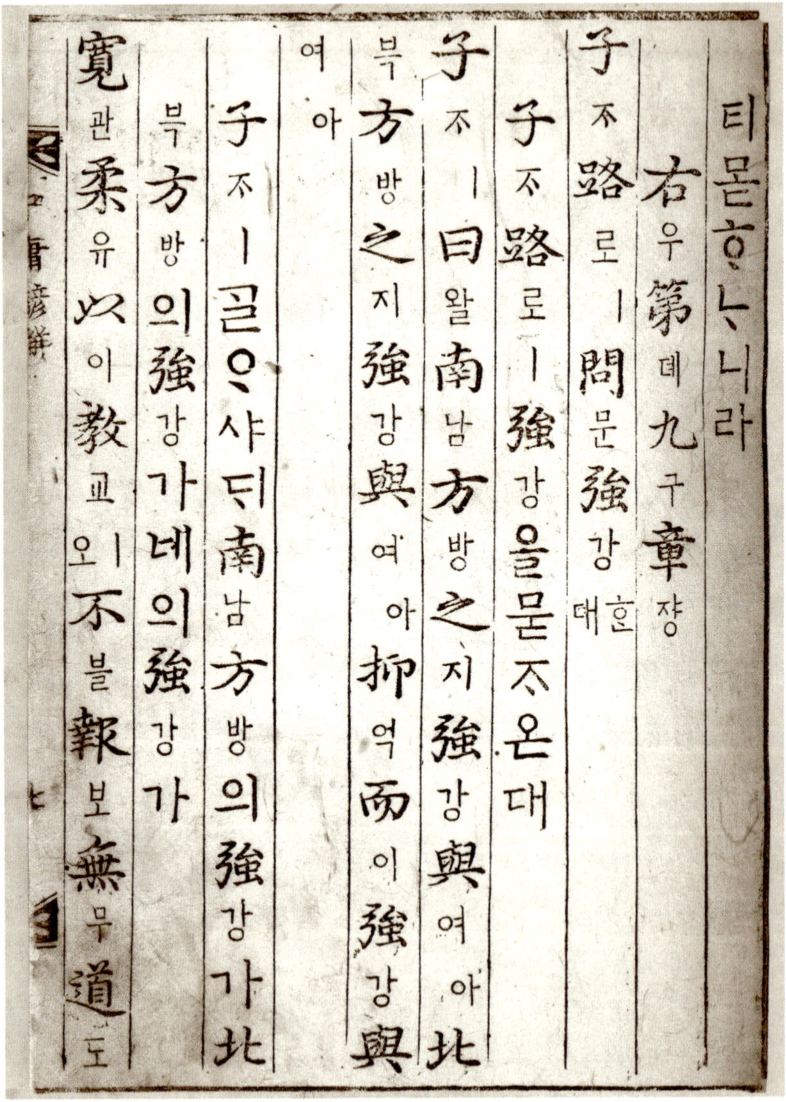

티몯ᄒᆞᄂᆞ니라
右우第뎨九구章쟝
子ᄌᆞ路로ㅣ問문強강ᄒᆞᆫ대
子ᄌᆞ路로ㅣ強강을묻ᄌᆞ온대
子ᄌᆞㅣ曰왈南남方방之지強강與여아北
북方방之지強강與여아抑억而이強강與
여아
子ᄌᆞㅣᄀᆞᆯᄋᆞ샤ᄃᆡ南남方방의強강가北
북方방의強강가뎨의強강가
寬관柔유以이教교오ㅣ不블報보無무道도

갑인자본 본문

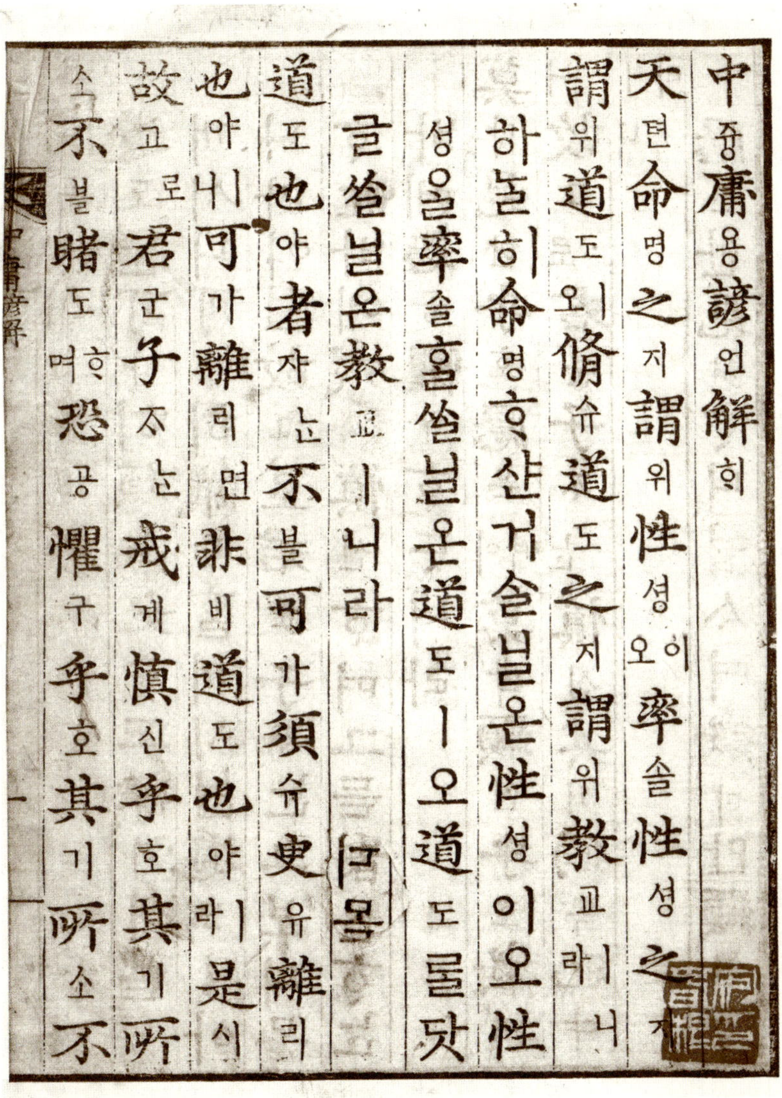

中듕庸용諺언解해

天텬命명之지謂위性셩이오率솔性셩之지謂위道도ㅣ오脩슈道도之지謂위敎교ㅣ니라

하ᄂᆞᆯ히命명ᄒᆞ샨거ᄉᆞᆯ닐온性셩이오性셩을率솔ᄒᆞ욤을닐온道도ㅣ오道도ᄅᆞᆯ닷ᄀᆞᆯ욤을닐온敎교ㅣ니라

道도也야者쟈ᄂᆞᆫ不블可가須슈臾유離리也야ㅣ니可가離리면非비道도也야ㅣ라是시故고로君군子ᄌᆞᄂᆞᆫ戒계愼신乎호其기所소不블睹도ᄒᆞ며恐공懼구乎호其기所소不

中庸諺解 一

경진내각장판본 책머리

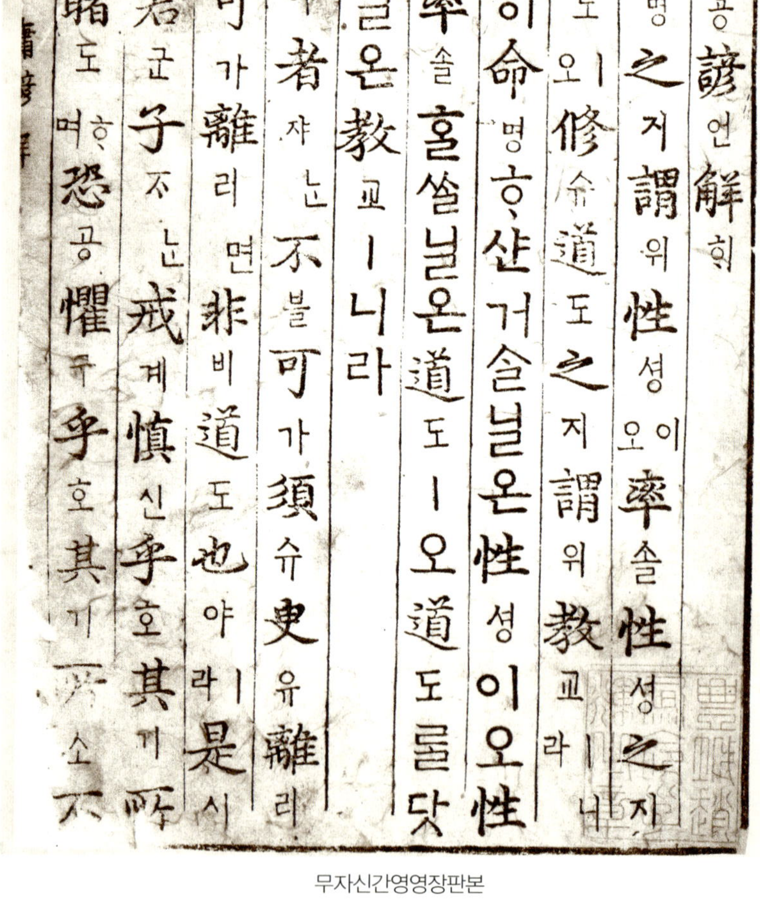

中듕庸용諺언解ᄒᆡ

天텬命명之지謂위性셩이오率솔性셩之지謂위道도ㅣ오修슈道도之지謂위敎교ㅣ니라

하ᄂᆞᆯ히命명ᄒᆞ샨거ᄉᆞᆯ닐온性셩이오性셩을率솔홈을닐온道도ㅣ오道도ᄅᆞᆯ닷교ᄆᆞᆯ닐온敎교ㅣ니라

道도也야者쟈ᄂᆞᆫ不블可가須슈臾유離리也야ㅣ니可가離리면非비道도也야ㅣ라是시故고로君군子ᄌᆞᄂᆞᆫ戒계愼신乎호其기所소不블睹도ᄒᆞ며恐공懼구乎호其기所소不

무자신간영영장판본

中듕庸용諺언解ᄒᆡ

天텬命명之지謂위性셩이오率솔性셩之지謂위道도ㅣ오修

슈道도之지謂위敎교ㅣ니

하ᄂᆞᆯ히命명ᄒᆞ샨거ᄉᆞᆯ닐온性셩이오性셩을率솔홈ᄋᆞᆯ

닐온道도ㅣ오道도ᄅᆞᆯ닷ᄀᆞᆷᄋᆞᆯ닐온敎교ㅣ니라

道도也야者자ᄂᆞᆫ不블可가須슈臾유離리也야ㅣ니可가離

리면非비道도也야ㅣ라是시故고로君군子ᄌᆞᄂᆞᆫ戒계愼신

乎호其기所소不블睹도ᄒᆞ며恐공懼구乎호其기所소不블

聞문이니라

道도ᄂᆞᆫ可가히須슈臾유도離리티몯ᄒᆞᆯ꺼시니可가히

離리ᄒᆞᆯ꺼시면道도ㅣ아니라이런故고로君군子ᄌᆞᄂᆞᆫ

그보디몯ᄒᆞᄂᆞᆫ바에戒계愼신ᄒᆞ며그듣디몯ᄒᆞᄂᆞᆫ바에

庸解 一

임술영영중간본 책머리

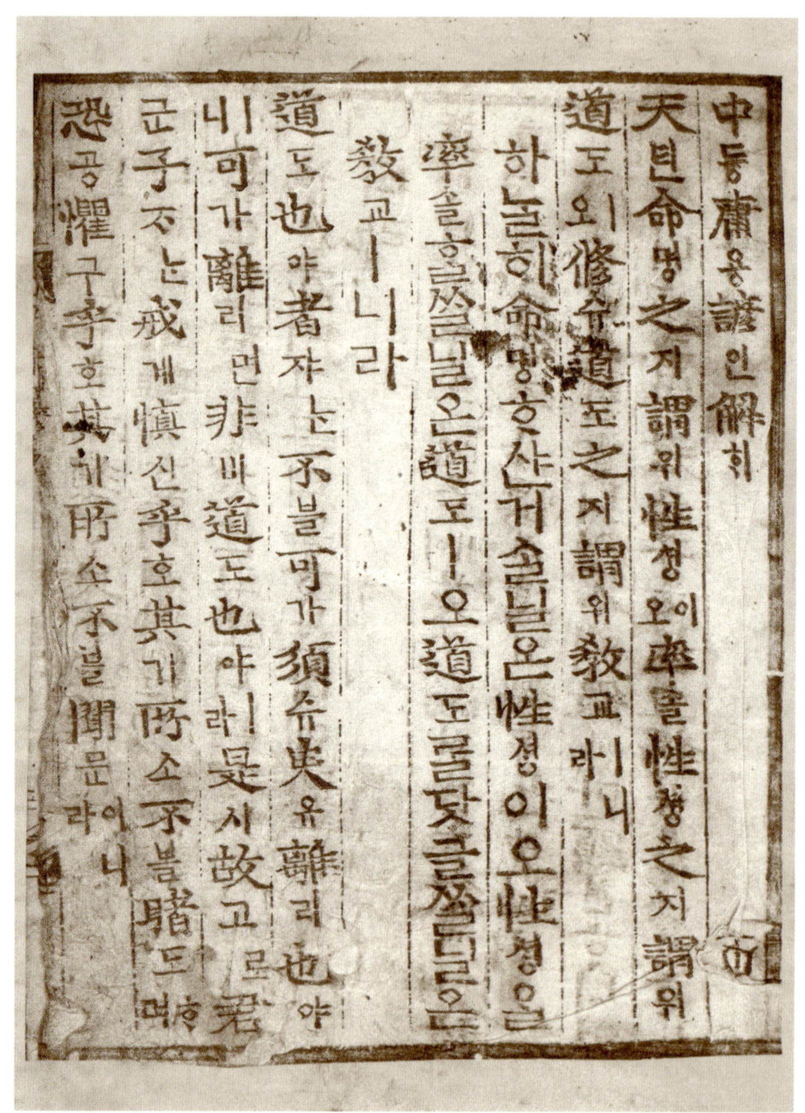

中듕庸용諺언解해
天텬命명之지謂위性셩이오率솔性셩之지謂위
道도ㅣ오修슈道도之지謂위敎교ㅣ니
하ᄂᆞᆯ히命명ᄒᆞ샨거ᄉᆞᆯ닐온性셩이오性셩을
率솔ᄒᆞᆷᄋᆞᆯ닐온道도ㅣ오道도ᄅᆞᆯ닷ᄀᆞᆷᄋᆞᆯ닐온
敎교ㅣ니라
道도也야者쟈ᄂᆞᆫ不블可가須슈臾유離리也야
ㅣ니可가離리면非비道도也야ㅣ라是시故고로君
군子ᄌᆞᄂᆞᆫ戒계愼신乎호其기所소不블睹도ᄒᆞ며
恐공懼구乎호其기所소不블聞문이니라

중용언해 고판본 책머리

中듕庸용諺언解해

天텬命명之지謂위性셩이오 率솔性셩之지謂위道도ㅣ오 脩슈道도之지
謂위教교ㅣ니라
하ᄂᆞᆯ히 命명ᄒᆞ샨 거ᄉᆞᆯ 닐온 性셩이오 性셩을 率솔ᄒᆞᆷ을 닐온 道도ㅣ
오 道도ᄅᆞᆯ 닷ᄀᆞ믈 닐온 教교ㅣ니라
道도也야者쟈ᄂᆞᆫ 不블可가須슈臾유離리也야ㅣ니 可가離리면 非비道
도也야ㅣ라 是시故고로 君군子ᄌᆞᄂᆞᆫ 戒계愼신乎호其기所소不블睹도
ᄒᆞ며 恐공懼구乎호其기所소不블聞문이니라
道도ᄂᆞᆫ 可가히 須슈臾유도 離리티 몯ᄒᆞᇙ 꺼시니 可가히 離리ᄒᆞᇙ 꺼시
면 道도ㅣ 아니라 이런 故고로 君군子ᄌᆞᄂᆞᆫ 그 보디 몯ᄒᆞᄂᆞᆫ 바에 戒계
愼신ᄒᆞ며 그 듣디 몯ᄒᆞᄂᆞᆫ 바에 恐공懼구ᄒᆞᄂᆞ니라
莫막見현乎호隱은이며 莫막顯현乎호微미니 故고로 君군子ᄌᆞᄂᆞᆫ 愼신
其기獨독也야ㅣ니라

中庸諺解 一

중용언해 소자본 책머리

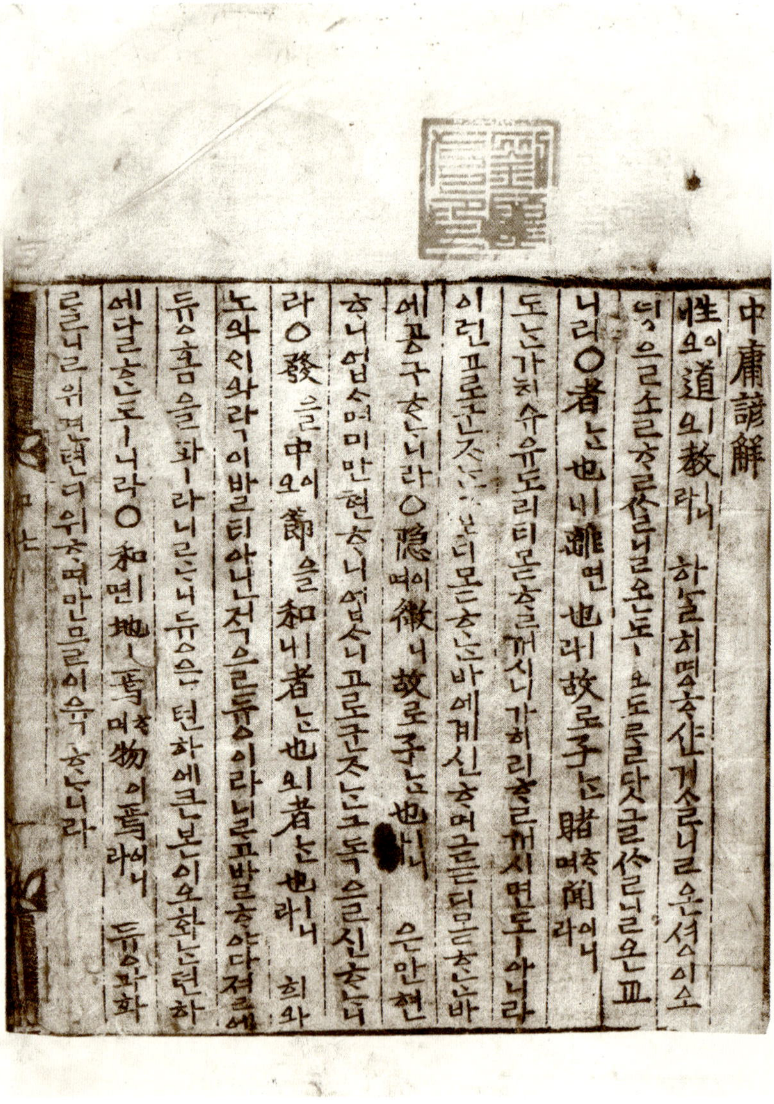

중용언해 · 대학언해 합본 책머리

13. 서전언해書傳諺解
- 중국 상고시대의 정치적 기록

서전書傳이란 당唐요제堯帝에서 진秦목공穆公까지 역대 제왕帝王의 가언嘉言, 선정善政을 모은 삼경三經의 하나인 서경書經을 주석한 책이다.

이 《서경》을 언해한 책이《서전언해》로 5권 5책으로 엮어져 있으며, 원문에 토吐를 달고 다시 우리말로 언해한 것이다. 이 《서전언해》도 다른 삼경三經 언해서와 같이 교정청校正廳(선조18~21)에서 언해가 되어 원고본만 있었으나 임진왜란이 일어나는 바람에 바로 찍지 못하고 그후 손질하여 간행된 것으로 보고 있다.

이 《서전》의 서문에 있는 채심蔡沈의 글은 명문으로 알려져 있는데 1199년(송宋, 영종寧宗5) 겨울에 스승인 주자朱子로부터 서집전書集傳을 지으라는 명을 받고 10년 만에 이 책을 완성하였다는 내용이 포함되어 있다. 이 책의 내용은 중국 상고시대上古時代의 정치적 기록이 중심이다. 중국의 고대에도 사관史官이 있어 모든 정치적 상황이나 사회변동, 문물제도 등을 문자로 기록하였다. 이 기록들은 서書라고 일컬었으며 왕조의 이름을 앞에다 붙여 우서虞書, 하서夏書 등으로 일컫기도 하였다.

공자는 이 서書를 대단히 중히 여겨 번잡한 것을 다시 정리하여 편찬하였다는 설도 있으며, 시詩와 더불어 제자들의 교육에 핵심적인 교과

과정으로 삼았다고 한다. 한대漢代 이후에는 상서尙書라 일컬었는데 상尙은 상上과 같아 상대上代의 서書라는 뜻이라고 한다. 송대宋代에 와서는 다시 서경書經이라 불리게 되었으며 경經이란 경전經典이란 말로 존중의 뜻도 포함되어 있다. 지금에 와서는 《상서》와 《서경》의 두 명칭이 같이 통용되고 있으며 고증이 어렵고 난해한 글로 알려져 있다. 전통적으로 《서경》은 요순堯舜 이제二帝와 우禹 · 탕湯 · 문文 3왕三王의 치세治世가 후세의 귀감이 될 만하다고 서술되어 있다.

《서전언해》본 5권 5책 중 권1은 우서虞書와 하서夏書, 권2는 상서商書, 권3은 주서周書 가운데 태서상泰誓上에서 강고康誥까지, 권4는 주서 가운데 주고酒誥에서 채중지명蔡中之命까지, 권5는 주서 가운데 다방多方에서 태서泰誓까지의 순으로 구성되어 있다.

지금까지 나타난 《서전언해》본 가운데에는 초간본初刊本이나 초간본을 복각한 복각본覆刻本은 없다. 선조대宣祖代나 광해군대光海君代에 간행된 다른 경서언해들은 표기법상의 특징인 ㅿ이나 ㆁ이 한자의 주음注音에서나마 나타나지만 《서전언해》 가운데에는 그러한 예를 보이는 파본이 없다. 1820년에 간행된 것으로 추정되는 경진신간庚辰新刊 내각장판內閣藏板과 발간일을 알 수 없는 개주갑인자본改鑄甲寅字本은 내용뿐만 아니라 표기상으로도 경신년 내각장판본과 완전히 일치한다.

현재로서는 지금 나타나 있는 《서전언해》를 국어자료로 이용할 수밖에 없지만 《시전언해》 등 다른 경서에 대한 언해를 참조함으로써 16세기 초의 언어상言語相을 약간은 엿볼 수 있다. 이 내각장판본도 관판본官板本의 하나로 어휘선택이나 문체에 있어서는 초간본의 내용을 그대로 따랐을 것이라는 점을 감안한다면 문제가 되는 것은 표기와 조사助詞와 활용어미活用語尾의 변화일 것이다. 현존하는 《서전언해》도 19세기 국어

자료로서는 귀중한 자료라 볼 수 있다.

범우사 자료실에는, 상하3엽 화문어미上下三葉花紋魚尾 개주갑인자본 권41과 상하2엽화문어미上下二葉花紋魚尾 개주갑인자본 5권 5책 1질과 권1, 3, 4, 5의 4책이 있다. 또한 목판본으로 임술계춘영영중간壬戌季春嶺營重刊본 5권 5책 완질과 병술신간영영장판丙戌新刊嶺營藏板본 5권 5책 완질본 등이 있다.

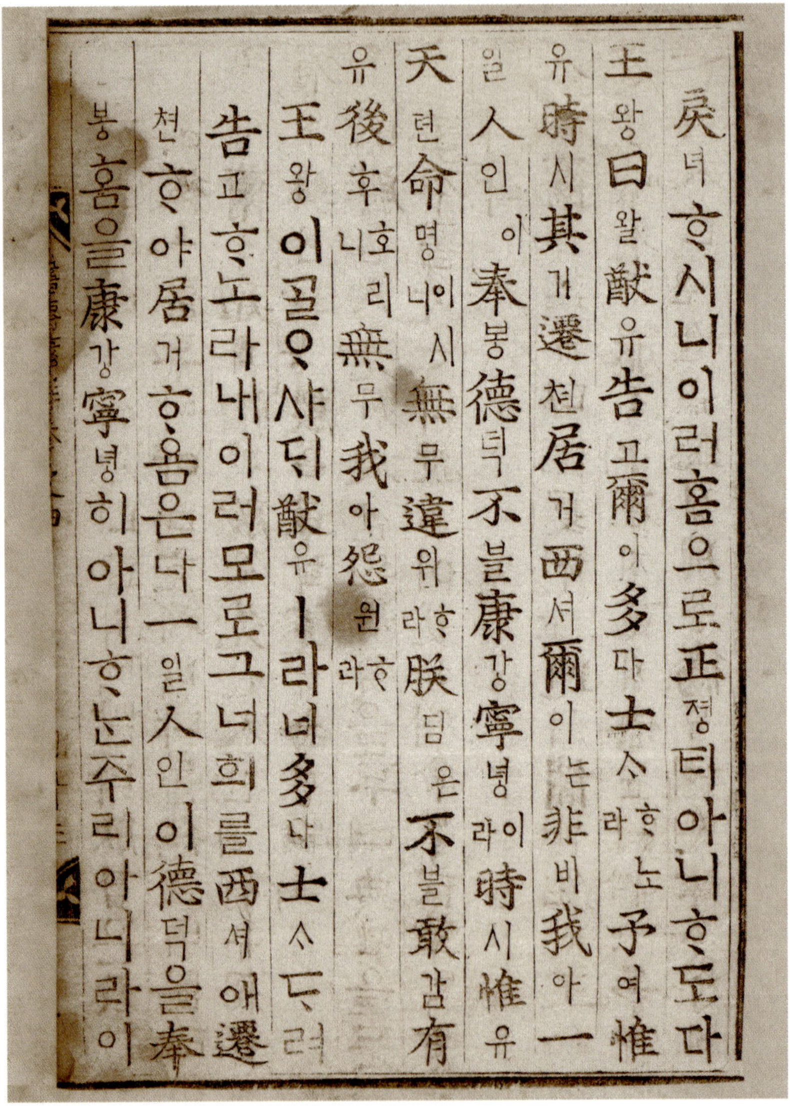

戾녀ᄒᆞ시니이러홈으로正뎡티아니ᄒᆞ도다
王왕曰왈猷유告고爾이多다士ᄉᆞᄒᆞ노라予여惟
유時시其거遷쳔居거西셔爾이논非비我아一
일人인이奉봉德덕不블康강寧녕이라時시惟유
天텬命명이시니無무違위ᄒᆞ라朕딤은不블敢감有
유後후ᄒᆞ리니無무我아怨원ᄒᆞ라
王왕이ᄀᆞᄅᆞ샤ᄃᆡ猷유ㅣ라너多다士ᄉᆞ려
告고ᄒᆞ노라내이러모로그너희를西셔애遷
쳔ᄒᆞ야居거ᄒᆞ욤은다一일人인이德덕을奉
봉홈을康강寧녕히아니ᄒᆞ논주리아니라이

상하3엽 화문어미 개주갑인자본

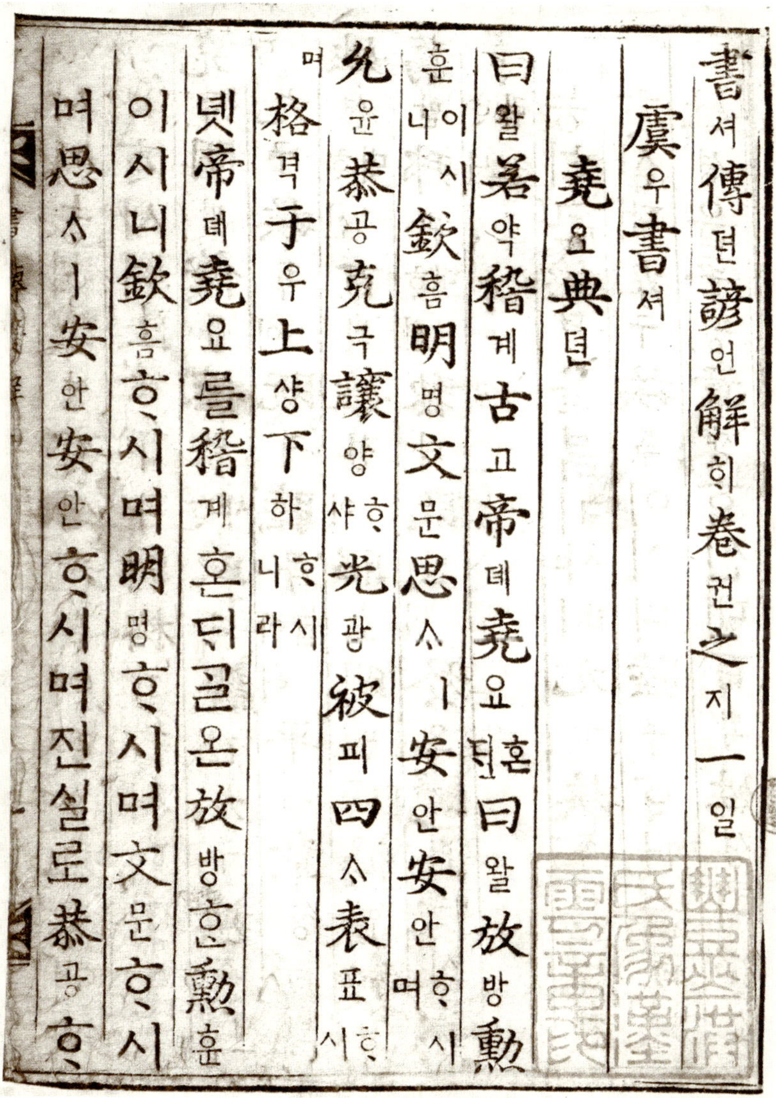

書셔傳뎐諺언解ᄒᆡ卷권之지一일

虞우書셔

堯요典뎐

曰왈若약稽계古고帝뎨堯요혼ᄃᆡ曰왈放방勳
훈이시니欽흠明명文문思ᄉᆞㅣ安안安안ᄒᆞ시며
允윤恭공克극讓양ᄒᆞ샤光광被피四ᄉᆞ表표ᄒᆞ시
며格격于우上샹下하ᄒᆞ시니라
녜帝뎨堯요ᄅᆞᆯ稽계혼ᄃᆡᄀᆞᆯ온放방ᄒᆞᆫ勳훈
이시니欽흠ᄒᆞ시며明명ᄒᆞ시며文문ᄒᆞ시
며思ᄉᆞㅣ安안安안ᄒᆞ시며진실로恭공ᄒᆞ

상하2엽 화문어미 개주갑인자본

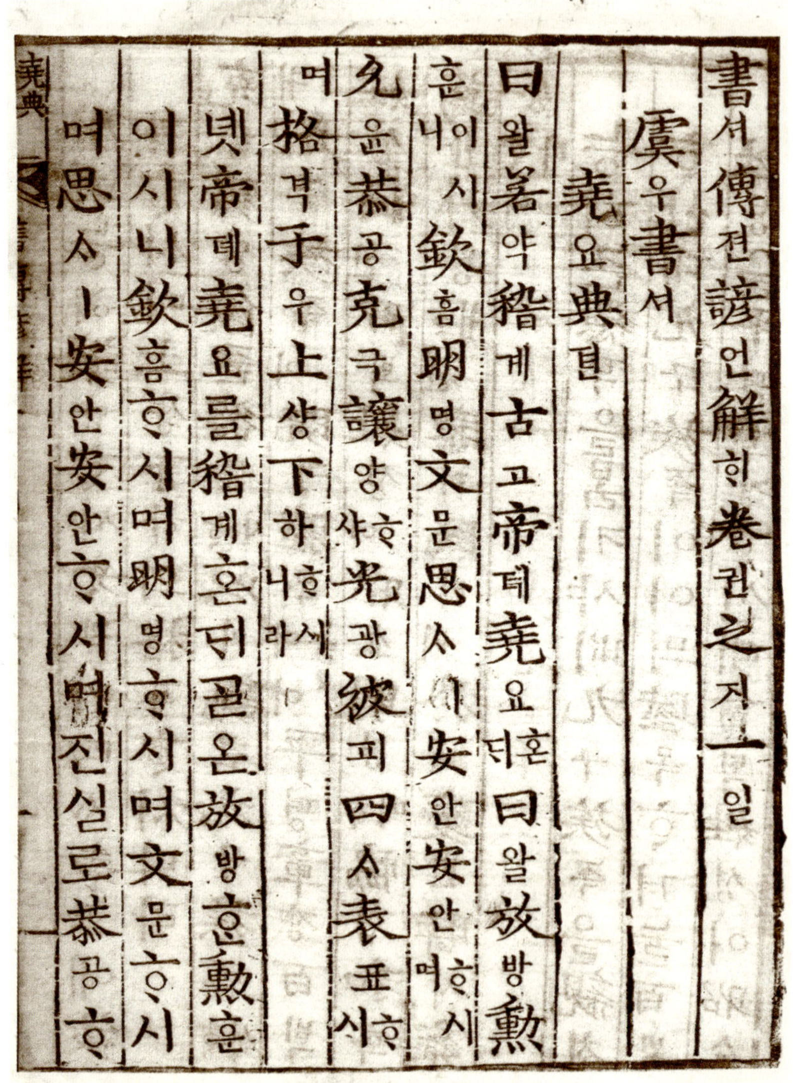

書셔傳뎐諺언解ᄒᆡ卷권之지一일

虞우書셔

堯요典뎐

曰왈若약稽계古고帝뎨堯요ᄒᆞᆫᄃᆡ曰왈放방勳훈

훈이시니欽흠明명文문思ᄉᆞㅣ安안安안ᄒᆞ시며

允윤恭공克극讓양ᄒᆞ샤光광被피四ᄉᆞ表표ᄒᆞ시

며格격于우上샹下하ᄒᆞ시니라

녯帝뎨堯요를稽계ᄒᆞᆫᄃᆡ ᄀᆞᆯ온放방ᄒᆞᆫ勳훈

이시니欽흠ᄒᆞ시며明명ᄒᆞ시며文문ᄒᆞ시

며思ᄉᆞㅣ安안安안ᄒᆞ시미진실로恭공ᄒᆞ

堯典

병술신간 영영장판본 권1 본문

書셔傳뎐諺언解ᄒᆡ卷권之지一일

虞우書셔

堯요典뎐

曰왈若약稽계古고帝뎨堯요ᄒᆞ온 曰왈放방勳훈이시 欽흠
明명文문思ᄉᆞㅣ安안安안ᄒᆞ며 允윤恭공克극讓양ᄒᆞ샤光
광被피四ᄉᆞ表표ᄒᆞ시格격于우上샹下하ᄒᆞ시라시
녯帝뎨堯요를稽계ᄒᆞ온ᄃᆡ 굴온放방勳훈이시니欽흠
ᄒᆞ시며明명ᄒᆞ시며文문ᄒᆞ시며思ᄉᆞㅣ安안安안ᄒᆞ시
며진실로恭공ᄒᆞ시며능히讓양ᄒᆞ샤光광이四ᄉᆞ表표
애被피ᄒᆞ시며上샹下하의格격ᄒᆞ시니라
克극明명俊쥰德덕ᄒᆞ샤以이親친九구族족ᄒᆞ신대九구族족
이既긔睦목ᄒᆞ이어平평章장百ᄇᆡᆨ姓셩ᄒᆞ신대百ᄇᆡᆨ姓셩이昭

書解一 一

임술계춘 영영중간본 권1 본문

14. 유합類合
- 동몽童蒙의 초학자 교육용으로

이 책은 천자문과 더불어 오래 전부터 아동들이나 초학자初學者의 교육용으로 쓰여왔던 책이다. 이 책의 초간본의 저자나 발행연대는 알 수 없고 그후 선조 9년(1576)에 유희춘柳希春에 의해 수정증보되어 발간된 《신증유합新增類合》이 전해지고 있다.

《유합》은 한자를 수량, 방위 등으로 분류하여 '하늘 천天' 하면 '하늘'을 가리키는 새김[訓]과 '천'을 뜻하는 독음讀音을 붙여 만든 1책 목판본이다. 《유합類合》이라고 하는 책이 오래 옛날부터 있어온 것은 기록을 통해 알 수 있다. 최세진의 《훈몽자회》에 천자문과 같이 동몽童蒙의 초학자에게 사용되었다는 기록이나 중종실록에도 1517년(중종12)에 원자元子가 천자문과 유합을 잘 읽었다는 기록 그리고 1529년 7월 3일에 천자, 유합 및 현토懸吐 소학小學을 인출하였다는 기록 등으로 보아, 그 당시 초독용初讀用으로 사용하였던 것은 사실인 것같다.

언해諺解를 한 유희춘은, 누구의 저서인지는 모르지만 《유합》을 가지고 새김과 독음을 달았다.

언해자인 유희춘은 전라도 해남 출신으로 1513년(중종8)에 태어나 1577년(선조10)에 죽었다. 본관은 선산이며 자는 인중仁仲, 호는 미암眉岩

이다. 1538년(중종33) 별시 문과에 급제하였으며 수찬, 정언 등의 벼슬길에 올랐다가 양재역良才驛의 벽서사건에 연루되어 제주도 유배와 함경도 종성의 안치 등 20여 년간 고초를 겪었다. 그후 선조가 즉위하자 대사성, 부제학, 공조 · 예조 · 이조참판을 지내다 사직하여 낙향하였다. 특히 만년에는 경서의 구결언해口訣諺解에 참여하여 대학을 완성하고 논어를 주해하다 죽었다. 한글공헌에도 공로가 큰 학자이다.

이규경李圭景의 《오주연문장전산고五洲衍文章箋散稿》에 의하면 이 《유합》을 서거정徐居正의 저작이라고 하였으나, 만약 서거정의 저작이라면 그의 문집文集이나 또 다른 기록에 있을 법한데 아직 신빙할 만한 기록이 없다.

여기에 수록된 한자는 1,515자인데 의미 내용에 따라 수목數目, 천문天文, 중색衆色 등으로 유별類別하되 4언으로 대구를 만들고 한글로 새김과 독음을 달았다. 이 책의 새김은 문맥에 크게 의존하여 정해진 것이 특색이다.

현재 전해오고 있는 판본 중 가장 오래된 것은 안성 칠장사七長寺판이며 그밖에 송광사, 선암사, 안심사 등 사찰판과 방각본 몇 종이 전해지고 있는데, 한자의 배열순서와 새김 등이 조금씩 다르다. 간기가 무신간판戊申刊板인 한 방각본은 한자 6자가 더 수록되어 있다.

모든 책들이 새김은 대체로 공통되나, 배경으로 하는 방언에 따라 구개음화 등 음운변화를 보이는 데는 큰 차이가 있다. 이 책의 새김에 대해서는 《신증유합》보다 오랜 어형이 아직 나타나지 않았으므로 그런 뜻에서도 근대국어 연구의 자료로서 큰 가치가 있다고 본다.

범우사의 자료실에는, 방각본인 신간新刊이라고 되어 있는 한말때로 추정되는 《유합》 1책과 1932년(소화昭和 7)에 경성부京城府, 화천정和泉町

우주서림宇宙書林에서 발행 · 인쇄한 책 한 권이 있다. 그리고 한글본이 아닌 천자본과 합본된 한문본 《유합》 한 권이 있다. 남애 안춘근 선생의 소장본이었던 것을 인수한 것으로 표제表題에 남애 선생께서 '임진난전판본壬辰亂前板本' 이라 명기해놓으셨다.

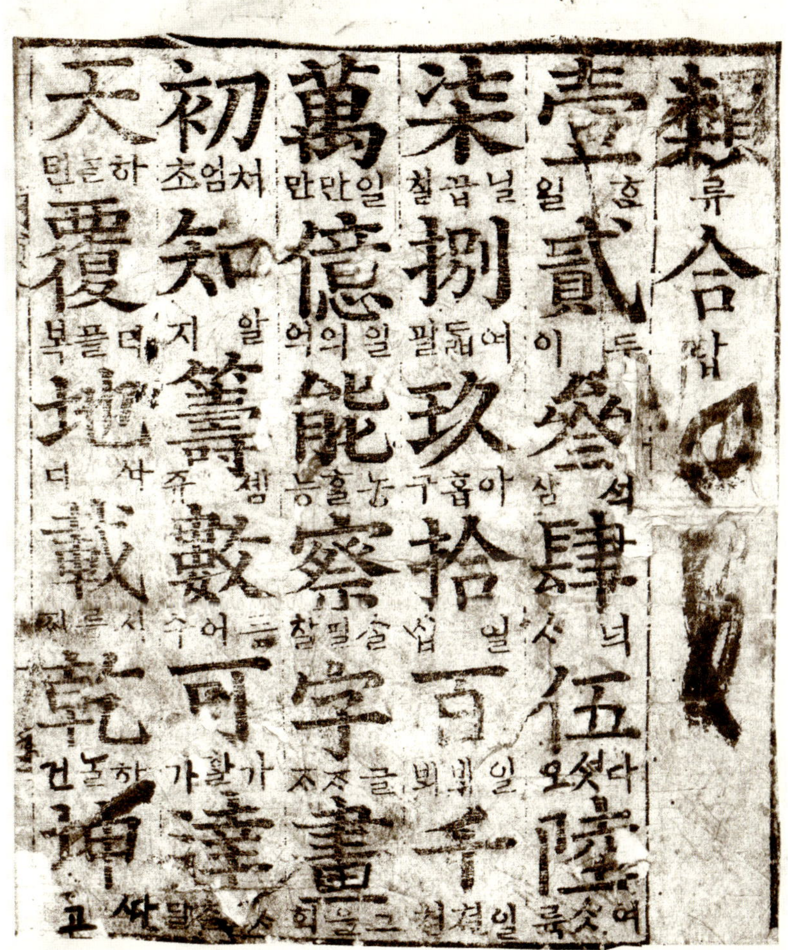
類合 류합
壹 ᄒᆞᆫ 일 貳 두 이 叁 석 삼 肆 너 ᄉᆞ 伍 다ᄉᆞᆺ 오 陸 여ᄉᆞᆺ 륙
柒 닐곱 칠 捌 여ᄃᆞᆲ 팔 玖 아홉 구 拾 열 십 百 일ᄇᆡᆨ ᄇᆡᆨ 千 일쳔 쳔
萬 일만 만 億 일억 억 能 능홀 능 察 ᄉᆞᆯ필 찰 字 글ᄌᆞ ᄌᆞ 畫 그을 획
初 처엄 초 知 알 지 籌 셈 주 數 혜어릴 수 可 가홀 가 達 ᄉᆞᄆᆞᆺ 달
天 하ᄂᆞᆯ 텬 覆 더플 복 地 ᄯᅡ 디 載 시를 ᄌᆡ 乾 하ᄂᆞᆯ 건 坤 ᄯᅡ 곤

한말 방각판본의 유합 첫 장

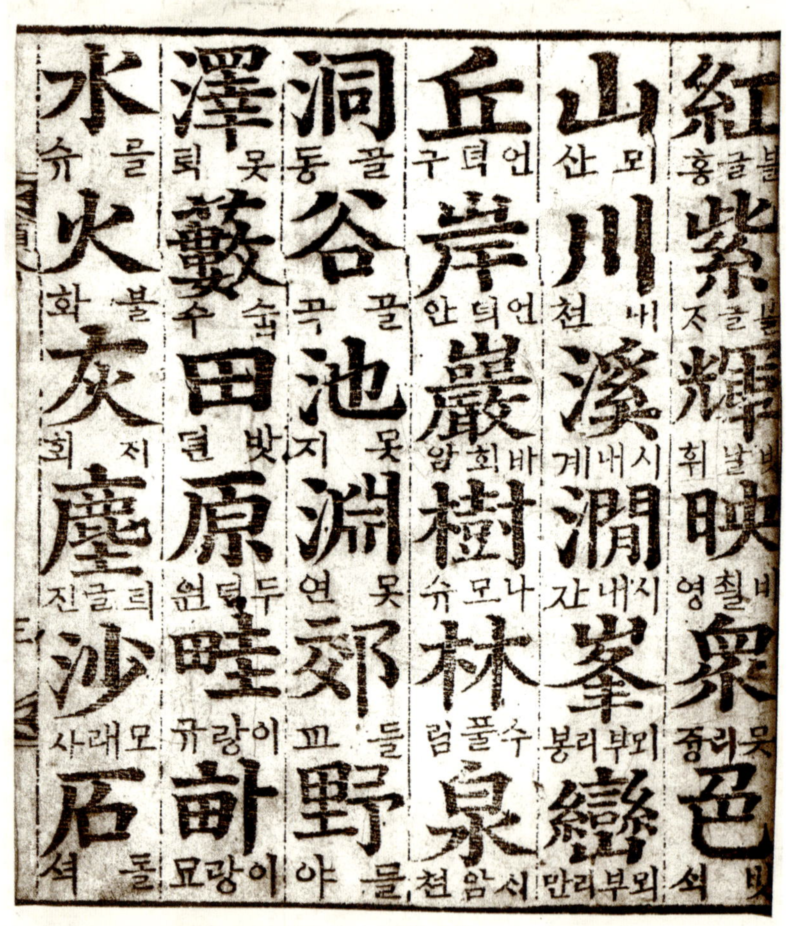

紅 불글 홍 紫 불글 즈 輝 빗날 휘 映 비췰 영 衆 뭇리 즁 邑 [illegible]

山 뫼 산 川 내 쳔 溪 시내 계 澗 시내 자 峯 뫼부리 봉 巒 뫼부리 만

丘 언뎍 구 岸 언덕 안 巖 바회 암 樹 나모 슈 林 수풀 림 泉 서암 쳔

洞 골 동 谷 골 곡 池 못 지 淵 못 연 郊 들 교 野 들 야

澤 못 퇵 藪 숩 수 田 밧 뎐 原 두뎍 원 畦 이랑 규 畝 이랑 묘

水 믈 슈 火 블 화 灰 지 회 塵 틔글 진 沙 모래 사 石 돌 셕

한말 판본의 본문

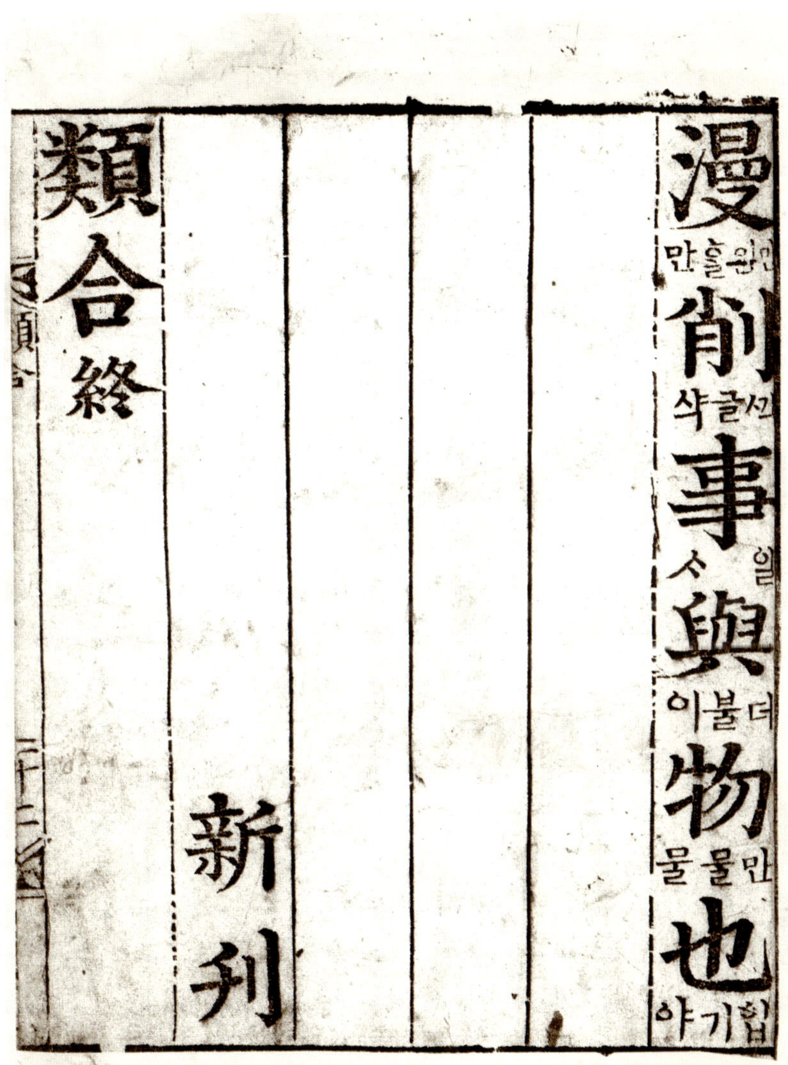

漫만홀원만削삭글설事ᄉ일與이불더物물물만也야기힙

新刊

類合終

類合 二十二

한말 방각본의 끝장

類合

壹 한 일 貳 두 이 參 셋 삼 肆 넉 사 伍 다섯 오 陸 여섯 륙 柒 닐곱 칠 捌 여덟 팔

玖 아홉 구 拾 열 십 百 일뵉 뵉 千 일쳔 쳔 萬 일만 만 億 일억 억 能 능홀 능 察 살필 찰

字 글자 자 畫 그을 획 初 처음 초 知 알 지 籌 쥬노을 쥬 數 두어 수 可 올홀 가 達 통달 달

天 하날 텬 覆 덥흘 복 地 따 디 載 시를 지 乾 하날 건 坤 따 곤 分 난흘 분 位 버살 위

東 동녁 동 西 셧녁 서 南 남녁 남 北 북녁 북 上 웃 상 下 아릭 하 中 가온딕 즁 外 밧 외

左 왼 좌 右 오른 우 前 압 젼 後 뒤 후 邊 갓 변 隅 모 우 裏 속 리 内 안 닉

1933년 간행본의 첫 장

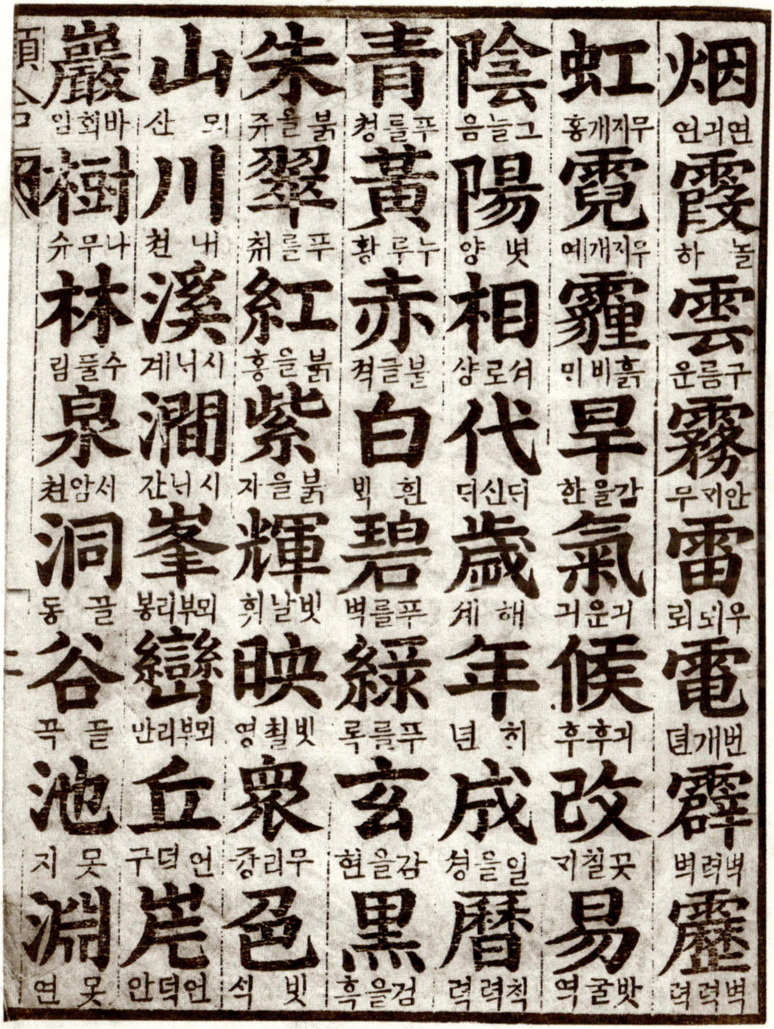

- 烟 연긔 연 · 霞 놀 하 · 雲 구름 운 · 霧 안개 무 · 雷 우뢰 뢰 · 電 번개 뎐 · 霹 벽력 벽 · 靂 벽력 력
- 虹 무지개 홍 · 霓 무지개 예 · 霾 흙비 미 · 旱 감을 한 · 氣 긔운 긔 · 候 긔후 후 · 改 곳칠 개 · 易 밧굴 역
- 陰 그늘 음 · 陽 볏 양 · 相 서로 샹 · 代 대신 대 · 歲 해 셰 · 年 히 년 · 成 일을 셩 · 曆 척력 력
- 靑 푸를 청 · 黃 누루 황 · 赤 붉을 젹 · 白 흰 빅 · 碧 푸를 벽 · 綠 푸를 록 · 玄 감을 현 · 黑 검을 흑
- 朱 붉을 쥬 · 翠 푸를 취 · 紅 붉을 홍 · 紫 붉을 자 · 輝 빗날 휘 · 映 빗칠 영 · 衆 무리 즁 · 色 빗 석
- 山 뫼 산 · 川 내 천 · 溪 시내 계 · 澗 시내 간 · 峯 뫼부리 봉 · 巒 뫼부리 만 · 丘 언덕 구 · 岸 언덕 안
- 巖 바회 암 · 樹 나무 슈 · 林 수풀 림 · 泉 시암 쳔 · 洞 골 동 · 谷 골 곡 · 池 못 지 · 淵 못 연

1933년 간행본의 본문

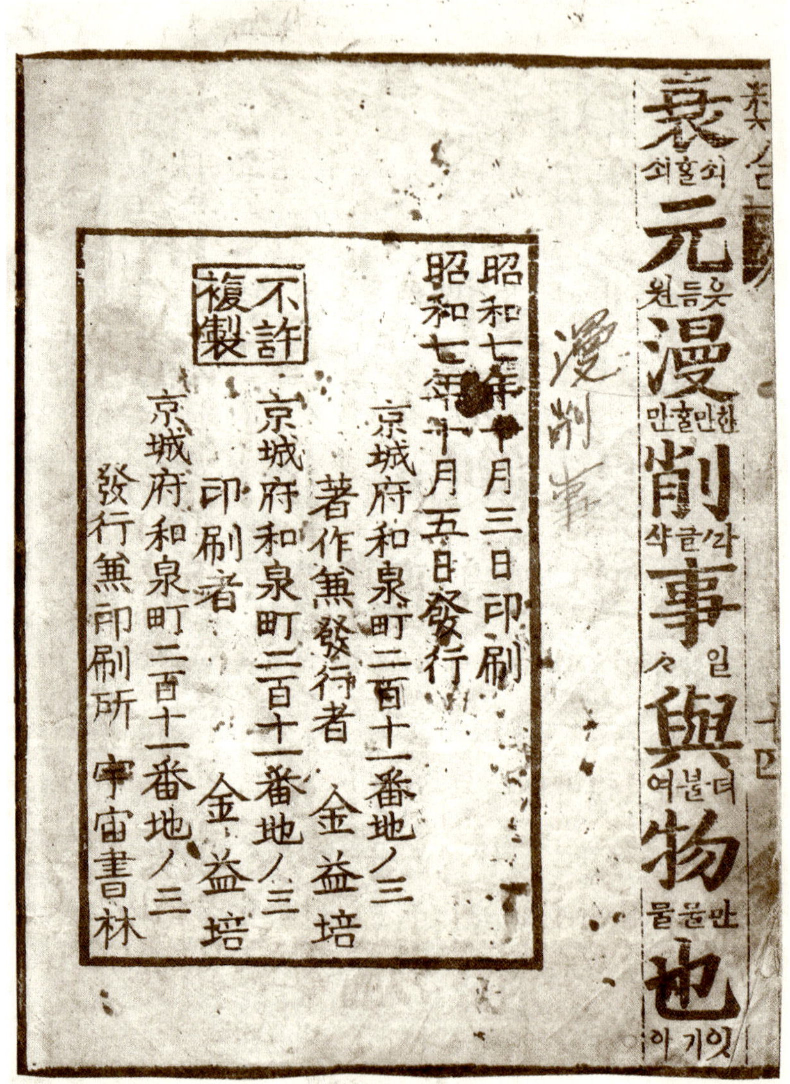
衰元漫削事與物也

昭和七年十月三日印刷
昭和七年十月五日發行

不許複製

京城府和泉町二百十一番地ノ三
著作兼發行者 金益培

京城府和泉町二百十一番地ノ三
印刷者 金益培

京城府和泉町二百十一番地ノ三
發行兼印刷所 宇宙書林

1933년 간행본의 판권란

15. 어록해語錄解

– 중국에서 통속적으로 쓰던 어록을 풀이한 책

이 책은 중국에서 통속적으로 쓰던 단어의 뜻을 풀이한 중국 속어사전俗語辭典이다. 중국에서 속인이 쓰던 백화문白話文으로 한자의 뜻만으로는 이해할 수 없으므로 중국서적이 우리나라에 들어온 뒤에 여러 학자들이 그 어록의 뜻을 주해하는 데 참고도서로 썼다.

이 《어록해》는 1657년(효종8)에 정양鄭瀁이 편찬한 1책 본과 1667년(현종10)에 왕명王命에 의하여 남이성南二星이 개수한 1책 본, 1919년 백두용白斗鏞이 편찬하고 윤창현尹昌鉉이 증정하여 한남서림翰南書林에서 간행한 1권 2책 목판본 그리고 다수의 이본異本과 필사본이 있다.

1657년(효종8)에 간행된 정양 편찬본은 우리나라 최초의 중국 속어사전이다. 권말에는 한어집람자해漢語集覽字解와 부록 및 저자의 발문이 붙어 있다. 저자의 발문에 의하면, 《어록해》란 본래 이황李滉의 문인들이 중국의 정자程子 · 주자朱子가 제자를 가르치기 위해 모은 어록을 해석한 것이라 했다. 이것은 주로 중국의 속어를 우리나라의 문인들에게 가르치기 위하여 주해한 것이다. 이 책은 퇴계退溪 이황의 주해서인 계훈溪訓 그리고 미암眉岩 유희춘柳希春의 주해서인 미훈眉訓이 주축이 되고, 그외 주해서에서 가려 뽑아 한글과 한자로 주해하여 편찬한 것이다.

책의 구성은 어록해, 한자집람자해, 부록, 발문 등으로 되어 있고 어휘는 자류字類로 배열하여 1자류字類는 183어語, 2자류는 831어, 3자류는 88어, 4자류는 65어, 5자류는 13어, 6자류는 2어로 총어휘는 1,182어로 되어 있다.

편자인 정양(1600~1668)은 조선 중기의 문신으로 1618년에 진사시에 합격하고 광흥창주부廣興倉主簿, 용인현감, 진천현감 등을 역임했다. 1661년 지평으로 발탁되었고 간성군수를 거쳐 1668년에 장령에 이르렀으나 이 해에 죽었다. 《어록해》를 중수 간행한 것이 큰 치적으로 기록되고 있다.

이 정양 편찬본은 17세기 중반의 근세국어의 표기 및 음운상의 특징을 보여주고 있다. 한국에는 서울대학교 가람문고에 있고 일본에 오쿠라小倉進平 소장본이 있는 것으로 되어 있다.

1669년(현종10)에 왕명에 의하여 남이성南二星이 정양의 《어록해》에 불충분한 부분을 여러 학자의 해설을 모아 증보하여 발행한 것이 있다. 이 책도 체재는 어록해범례, 어록해, 어록해발로 나뉘었고, 어록해의 편집순서도 초간본과 같이 한자의 획순劃順이나 음순音順에 의하지 않고 1자류字類에서 6자류字類까지 6종으로 분류하였다.

송준길의 발문에 의하면 이 책은 '어록이 깨치기 어려운 곳이 많으니 옥당관玉堂館에서 어록해를 수집하여 자세히 상고하고 조사하여 보기에 편하게 하라' 는 왕의 고시가 있어 관본官本으로 발간한다고 하였다.

오히려 이 관본에는 정양본보다 어휘가 줄어 1,050어휘이다. 줄어든 것은, 중복된 것을 빼고 차이가 나는 것 등을 바로잡고 해서 어휘의 정리와 삭제가 이루어졌다. 한글풀이는 정양본과 큰 차이가 보이지 않으나 다소 장음長音의 단음화短音化 경향과 경음화硬音化의 경향이 보인다.

이 판본은 규장각본, 일본의 천리대학본, 마에마본前間本 등이 기록에 보인다.

그리고 1919년에 간행된 한림서림본은 주해어록총람註解語錄總覽이라고도 한다. 남이성본을 토대로 하여 만들어졌고 여기에 소설어록小說語錄, 이문어록吏文語錄을 붙였다. 제1책에는 주자어록朱子語錄, 수호지어록水滸誌語錄이 실려 있고 제2책에는 서유기어록西遊記語錄, 서상기어록西廂記語錄, 삼국지어록三國志語錄, 이문어록吏文語錄 등이 실려 있다.

이 책은 1919년에 간행되었지만 근세국어의 표기가 많아 근세국어 연구에 귀한 자료가 되고 있다.

이 《어록해》는 다수의 이본異本과 필사본이 많이 있다. 중국 소설류를 읽을 때 요긴하게 사용하였던 책인 것같다.

범우사 자료실에는, 금강錦江 장진張璶 소장 서명과 수결이 있는 1669년에 발간한 남이성본 1책과, 목활자본으로 발간한 2책 그리고 다수의 필사본이 있다.

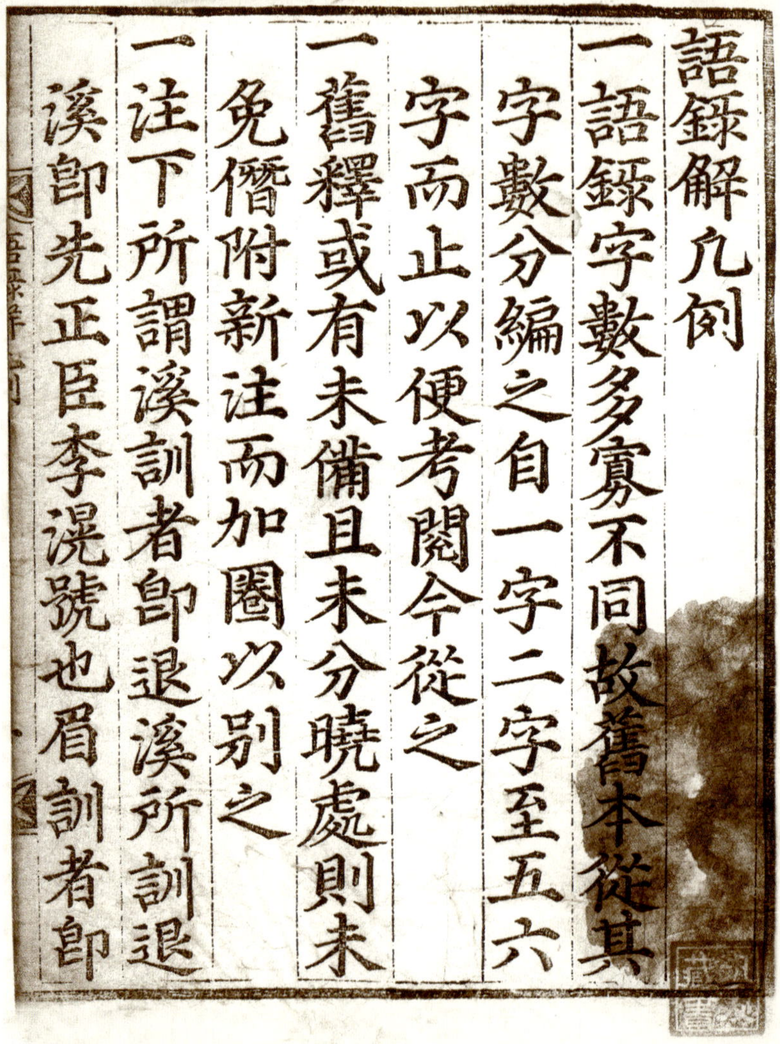

語錄解凡例

一語錄字數多寡不同故舊本從其字數分編之自一字二字至五六字而止以便考閱今從之

一舊釋或有未備且未分曉處則未免僭附新注而加圈以別之

一注下所謂溪訓者即退溪所訓退溪即先正臣李滉號也眉訓者即

1669년에 간행한 남이성 편찬본의 어해록 범례

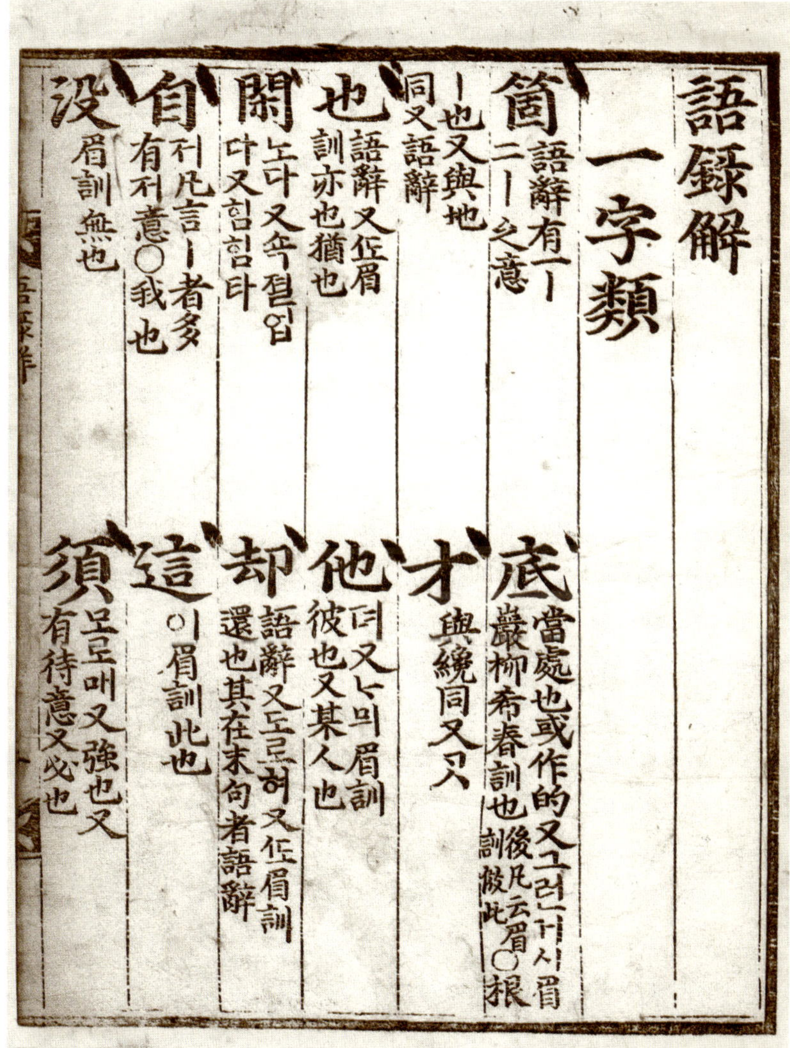
語錄解

一字類

箇 語辭有一丨二丨之意丨也又與地同又語辭

也 語辭又佂眉訓亦也猶也

閑 노다又쇽절업다又힘힘타

自 저凡言丨者多有저意○我也

没 眉訓無也

底 當處也或作的又그런디시眉巖柳希春訓也後凡云眉訓倣此○根

才 與纔同又갓

他 뎌又ᄂᆞᄆᆡ眉訓彼也又某人也

却 語辭又도로혀又佂眉訓還也其在末句者語辭

這 이眉訓此也

須 모로매又強也又有待意又必也

남이성 편찬본의 어록해 첫 장

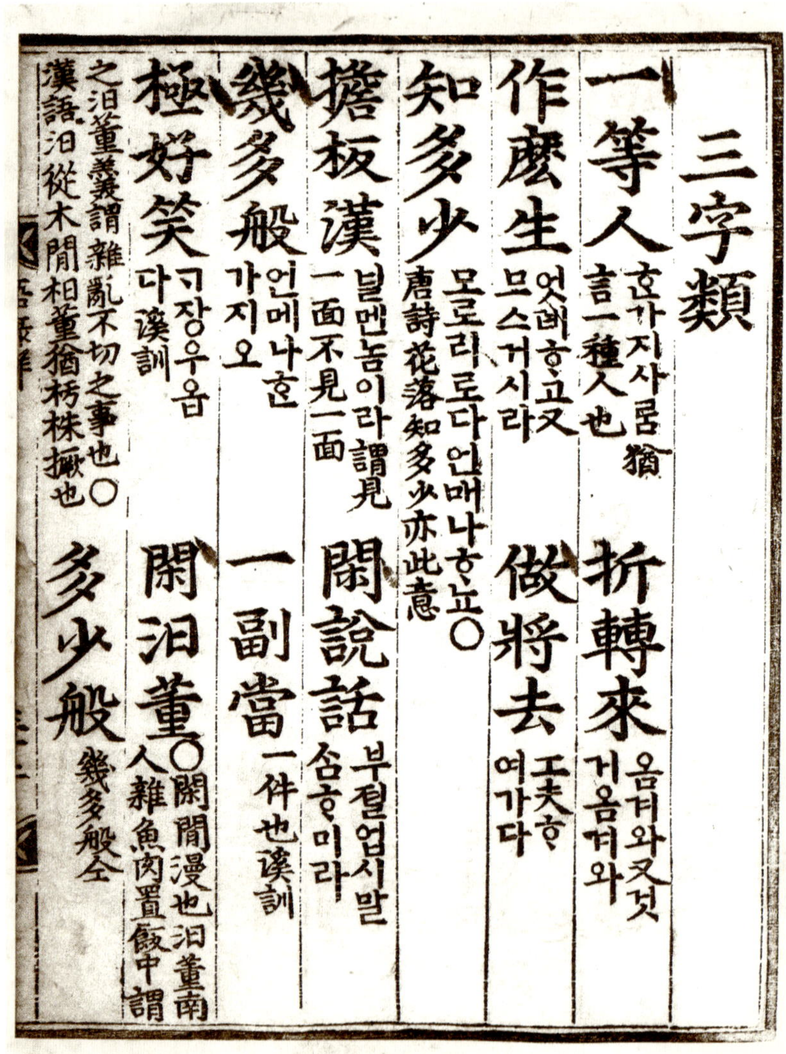

三字類

一等人 ᄒᆞᆫ가지사ᄅᆞᆷ 猶言一種人也

折轉來 옴겨와又것거옴겨와

作麼生 엇뎨ᄒᆞ고又므스거시라

做將去 工夫ᄒᆞ여가다

知多少 모로리로다언매나ᄒᆞ뇨○唐詩花落知多少亦此意

撘板漢 ᄂᆞᆺ멘놈이라謂見一面不見一面

閑說話 부졀업시말ᄉᆞᆷᄒᆞ미라

幾多般 언메나ᄒᆞᆫ가지오

一副當 一件也漢訓

極好笑 ᄀᆞ장우옵다漢訓

閑汩董○閑閒漫也汩董南人雜魚肉置飯中謂之汩董羨義謂雜亂不切之事也○漢語汩從木閒相董猶枒株擻也

多少般 幾多般仝

남이성 편찬본의 본문

其言又必體之於心行之於事
上達不已然則此解雖微亦可
爲摘葉尋根沿流窮源之一助
此實微臣區區所望之意也時
龍集己酉四月日正憲大夫議
政府左參贊兼世子贊善成均
館祭酒臣宋浚吉奉
敎敬跋

남이성 편찬본의 송준길 발문

語錄解

一字類

箇 語辭有一箇二箇之意

才 與纔同 又 又

閑 노다 又 쇽졀업 다 又 함 함 다

스러 소다

是 此也卽也近也 語辭○然也

也要也祭也以上平聲欠要 也要會也欲也以上去聲

如 다혀猶今鄕人有所歷擧則 必由다혀也○만일又가다

解 아다○解糧解銀押解 猶輸到卸下之意也

還 語辭又도로혀○다 猶又다시도로又갑다

慢 헐타

貼 브티다俗所謂稍貼亦此 意○貼將來츼혀갑ᄂᆞᆫ

這 시眉訓 此也

要 求也又브뒤又ᄌᆞ뇨커○ 音見平聲及去聲要約勤

敎 ᄒᆞ여곰

語錄解 一

후세본인 목활자본 어록해 첫 장

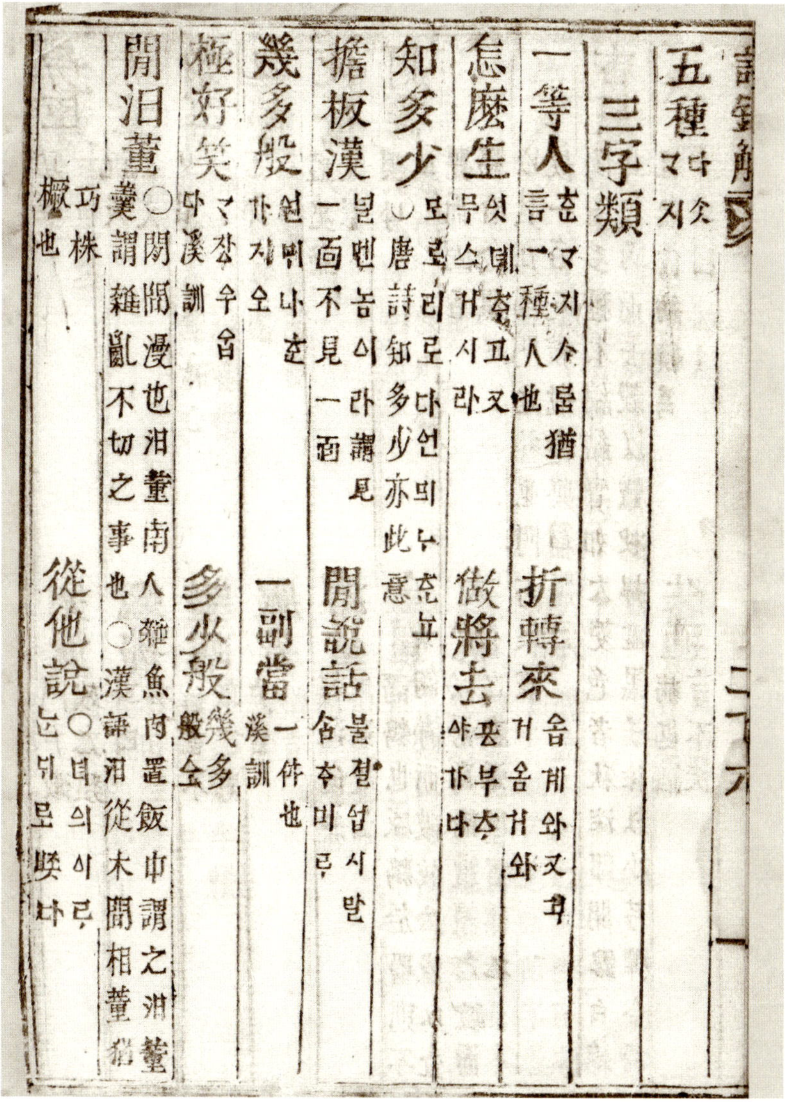

五種 다ᄉᆞᆺᄀᆞ지

三字類

一等人 ᄒᆞᆫᄀᆞ지ᄉᆞᄅᆞᆷ 猶言一種人也

怎麽生 엇뎨ᄒᆞ고 又므스거시라

知多少 모ᄅᆞ리로다 언머나ᄒᆞ뇨 ○唐詩知多少亦此意

揞板漢 널멘놈이라 謂見一面不見一面

幾多般 언머나ᄒᆞᆫ가지오

極好笑 ᄀᆞ장우ᄋᆞᆸ다 漢訓

閒汨董 ○閑閑漫也汨董南人雜魚肉置飯中謂之汨董羹謂雜亂不切之事也○漢語汨從木間相董猶巧株橛也

折轉來 옴겨와又 거옴거와

做將去 ᄒᆞ부ᄎᆞ야가다

閒說話 블졀업시말ᄉᆞᆷᄎᆞ미르

一副當 一件也 漢訓

多少般 幾多般全

從他說 ○너의이르논뒤로맛다

후세본인 목활자본 어록해 본문

語錄解一字類

箇 語辭有一丨二丨之意

才 與纔同 又 ᄀᆞᆺ

閑 노다 又 흐졀업다 又 힘ᄃᆞ타

這 이 眉訓此也

要 求也 又 브듸 又 ᄒᆞ고져 ○音見平声又去声要約勒也 要也察也以上平声久要也樞要也要會也欲也以上去声

如 다히 猶今鄕人有所歷求則 又由다히也 ○ 만일 又 가다

還 語辭 又 도로혀 ○ 도라 함 又 당시롱 又 갑다

慢 혈타

是 此也卽也近 語辭 ○ 然也

貼 브티다 俗所謂褶貼亦此意 ○ 貼將來 흥졍갑슬ᄂᆡ스려오다

鮮 ᄒᆞ다 ○ 解粮解銀押解 皆輸到卸下之意也

那 뎌 又 엇디 眉訓 彼也 又 어ᄃᆡ

어록해의 필사본

16. 박통사신석언해朴通事新釋諺解
- 풍속과 문물을 역사적으로 밝힌 중국어 교본

예로부터 중국말을 배우는 교본으로 편찬된 책 중 대표적인 것이 《노걸대老乞大》와 《박통사朴通事》라는 책이다.

여기에서 소개하고자 하는 《박통사신석언해》는 《박통사》를 언해한 《박통사언해》를 다시 손질하여 증보 보완한 책이다.

《박통사언해》는 고려말부터 사용되어온 대표적인 중국어 회화학습서인 《박통사》의 원문에 한글로 중국어의 독음을 달고 언해한 3권 3책 목판본이다.

서울대학교 도서관에 소장된 《박통사언해》본에도 발행날짜가 밝혀진 간기는 없으나, 1677년(숙종3)에 썼다는 숙종때의 문신 이담명李聃命의 서문과 같은 해 10월의 내사기內賜記를 봐서도 1677년에 간행된 것으로 볼 수 있다. 이담명의 서문에 의하면, 특히 외교분야에서 중국말의 교본으로 긴요하게 쓰였던 중종때의 최세진催世珍이 언해한 《박통사》가 난리통에 없어져서 아쉬워 하던 중 선천宣川의 역학자譯學者인 주중周仲이 민가에서 《노박집람老朴集覽》을 얻게 되자, 사역원제조司譯院提調 권대웅權大雄이 역관 변섬邊暹, 박세화朴世華 등을 시켜 《노박집람》을 참고하여 《박통사언해》를 편찬하게 하였다고 한다.

《노박집람》이란 중국말 교본으로 쓰이던 《노걸대》와 《박통사》에서 중요한 어구語句를 골라 주해한 것으로서 원문의 어려운 부분을 쉽게 해명해주어 사역원의 중국어 학자들이 쉽게 《박통사언해》를 편찬할 수 있었다.

이 《박통사언해》가 100년 가까이 중국어 학습서로 사용되어오던 중 원문인 중국어가 시기적으로 많은 변화가 있어 사용하기에 맞지 않고 중국사람과의 대화에 불편한 점이 많았다. 이에 역관인 김창조金昌祚 등이 《박통사》를 《박통사신석》 1권으로 만들고 이를 언해한 《박통사신석언해》를 3권 3책으로 만들어 1765년(영조 41) 평양감영에서 한문본과 언해본을 동시에 간행하였다. 《박통사신석언해》의 체재는 《박통사언해》와 같으나 주석으로 수용되었던 '박통사집람'이 '박통사신석'의 주석으로 일부 옮겨지면서 삭제되고 '노걸대 집람' 등 부록이 없어진 점이 다르다.

《박통사신석언해》는 지난 시기의 중국어 학습서이지만 지금에 있어서도 중국어의 역사연구에 귀중한 자료가 된다. 언해본은 《번역박통사》와 함께 비슷한 내용의 번역이나, 둘을 대조함으로써 국어사의 변천과 번역양식의 차이를 알게 되며 원문의 한자에 병기된 정음正音과 속음俗音은 중국어 음운사 연구에도 중요한 자료가 되고 있다.

내용면에 있어 《노걸대》는 상인들의 무역활동을 주제로 하고 있는 데 반하여 《박통사》는 일상생활에 관한 것을 위주로 한 실용성을 중요시 한 점이 다르다. 《박통사신석언해》는 지난날의 중국어 학습서의 모습을 보여주고 있다는 점과 당시 중국말과 우리말의 생생한 모습과 풍속 및 문물을 역사적으로 밝히기 위한 기초자료로서의 가치도 있다고 보겠다.

《박통사신석언해》는 서울대학교 도서관과 연세대학교, 장서각, 간송미술관 등에 전해지고 있으며 1985년에 홍문각에서 영인본을 발간하였다.

범우사 자료실에는, 목판본 《박통사신석》 1책과 《박통사신석언해》 3권 3책이 있다.

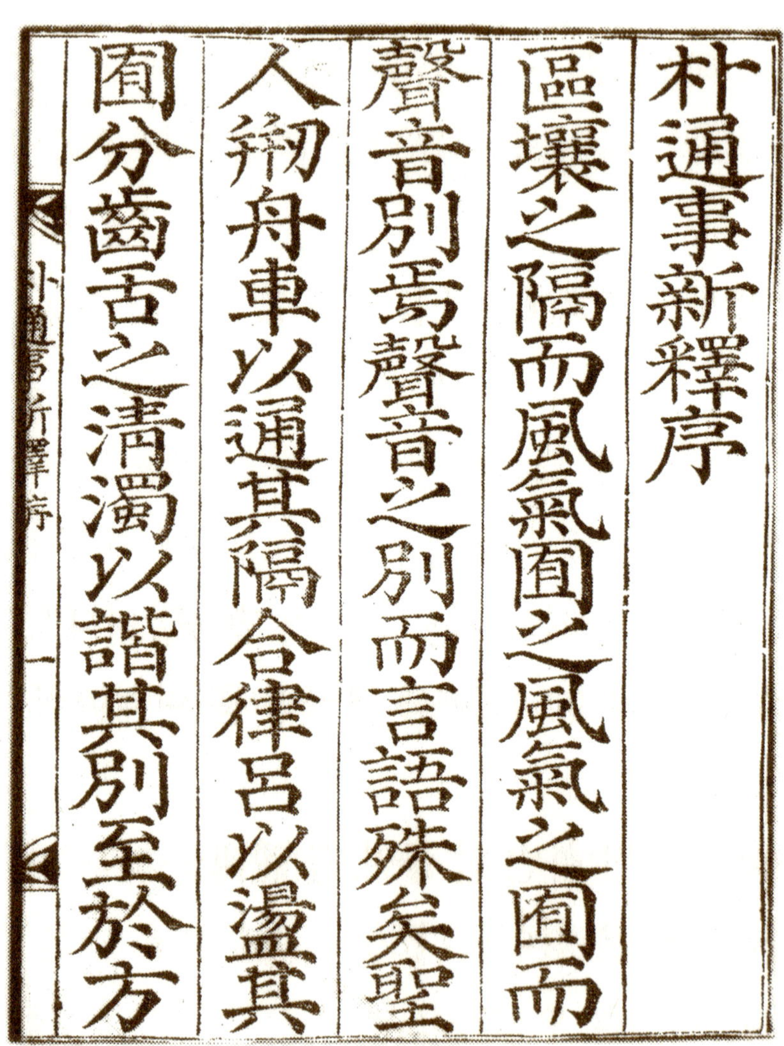

朴通事新釋序

區壤之隔而風氣囿之風氣之囿而
聲音別焉聲音之別而言語殊矣聖
人刱舟車以通其隔合律呂以盪其
囿分齒舌之清濁以諧其別至於方

朴通事新釋序 一

박통사신석 서문

書寫官

通訓大夫前行司譯院僉正趙東洙 諺解正 書入梓

通訓大夫行漢學訓導張允慶

通訓大夫行清學訓導金履瑞 諺解正 書入梓

朝散大夫前行司譯院直長金益瑞

朝散大夫前行司譯院直長崔國樑 大全正 書入梓

朝散大夫前行司譯院奉事金漢謙 諺解正 書入梓

將仕郎漢學權知高師信

監印官

通訓大夫行平壤譯學慎在忠

박통사신석 서사관, 감인관 명단

朴通事新釋終

檢察官

資憲大夫前行同知中樞府事邊 憲

嘉善大夫行忠武衛副司直李 湛

校正官

折衝將軍行龍驤衛副護軍申漢楨

通訓大夫前行司譯院主簿洪愼憲

通訓大夫行漢學訓導卞先寶

通訓大夫前行司譯院僉正李運成

通訓大夫前司譯院正金復熙

朴通事新釋 六十六

박통사신석 검찰관, 교정관 명단

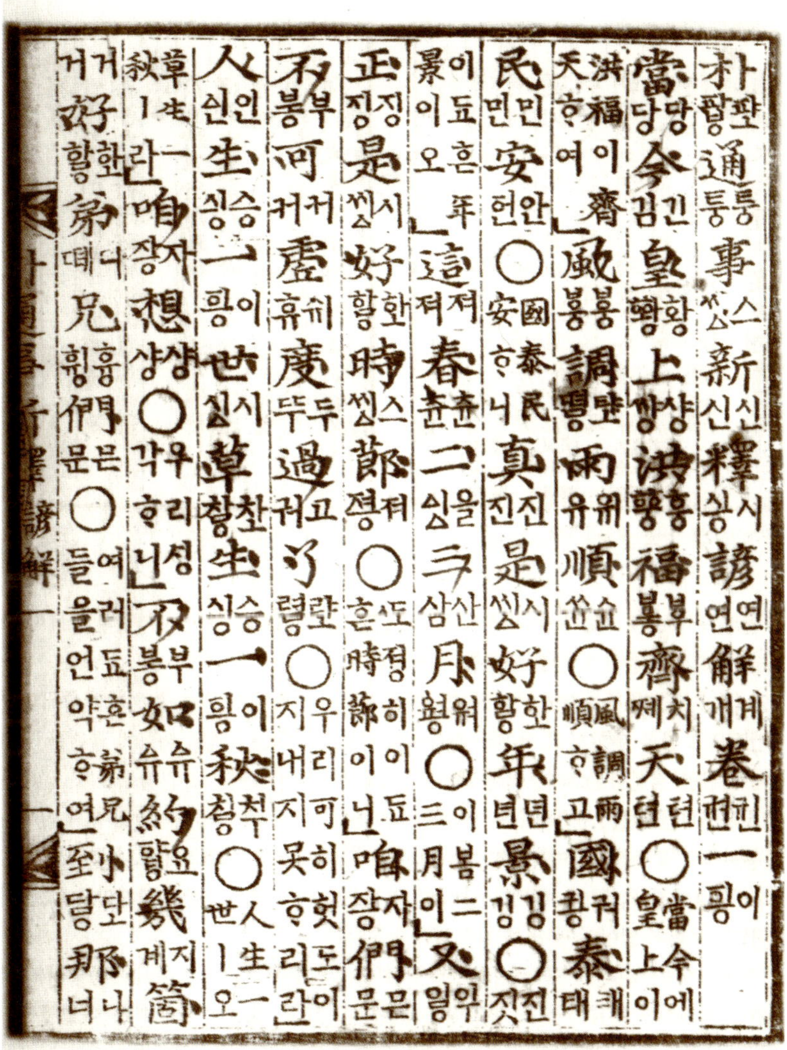

박통사신석언해 본문 첫 장

朴通事新釋諺解卷二

那裏有賣的好馬 ㊀

大街東市上馬牙子家有 ㊁

你代我打聽

一打聽 ○

你要買甚麽馬 ○

我要打圍去騎坐 ○

你須要走快的 ㊂

你用多少銀子買呢 ○

我情愿費二十兩價銀 ○

銀을 情愿으로 三十兩

박통사신석언해 권2

多謝了 ○ 多謝ᄒᆞ여라 這正是難得之物 ○ 이 졍히 엇기 어려온 거시오 又正是咱秀才們必需之物 ○ ᄯᅩ 졍히 우리 秀才들의 반ᄃᆞ시 ᄡᅳᆷ즉ᄒᆞᆫ 거시로다 古人道 ○ 古人이 니ᄅᆞ되 寶劍贈與烈士 ○ 寶劍은 烈士를 주고 紅粉付與佳人 ○ 紅粉은 佳人을 주다 ᄒᆞ니라

朴通事新釋諺解卷三終

박통사신석언해 권3 끝장

17. 이문대사吏文大師와 이문吏文
- 이두문吏讀文연구에 중요한 자료

이 한글본 두 책은 조선시대에 관청에서 주고 받은 문서의 서식을 이두吏讀로 표기해놓은 책이다.

이두는 한자의 음과 뜻을 빌려서 우리나라 말로 표기하는 데 쓰이던 문자로 신라의 설총薛聰이 처음 지었다 하나 그 기록은 확실하지 않고 삼국시대부터 이토吏吐, 이투吏套, 이찰吏札 등으로 불리면서 사용되어왔다.

《이문대사》는 엮은이는 알 수 없으나 그 동안 발행연대가 밝혀지지 않았는데 범우사 자료실에서 강희 18년(1679 숙종5)에 발간하였다는 간기가 뚜렷한 책이 나왔다.

이 책은 8매짜리 목판본으로 흔하지 않은 옛책인 것같다. 현재 기록으로는 서울대학교 도서관의 가람문고와 고려대학교 도서관에 소장되어 있다는 두 책도 판이 다른 이판본異板本이며 간기가 없는 것같다. 그리고 필사본筆寫本으로 연세대학 도서관과 이겸로 개인소장본이 있다.

책의 내용은 첫째 이두문吏讀文으로 된 각종 서식書式의 서두와 결말부분을 보인 것, 둘째 문서의 본문부분에 나타나는 한자성어漢字成語와 이두를 발췌하여 보이고, 셋째 흔히 쓰는 이두만을 나열하고, 넷째 공문서의 결사結辭의 형식을 《경국대전》 권3에 있는 예전禮典의 첩정식牒呈式,

평관식平關式, 첩식帖式에 따라 각각 2행으로 써놓았다. 수록된 이두吏讀는 약 240 항이나 중복된 것이 있으므로 실제로는 약 200항쯤 된다.

《이문吏文》도 엮은이는 알 수 없고 발행연도는 1658년(효종9)에 강행된 목판본 한 책이다.

기록에 나타난 바로는 이두 학습서 중에서는 발행연도가 가장 빠른 책이 아닌가 본다. 대체로 《이문대사》의 첫째부분과 둘째부분은 내용이 같으나 한자성어까지 한글로 독법讀法을 보인 점이 다르다.

《이문대사》와의 관계는 기록으로 전해지지는 않았지만 《이문》을 보완하여 《이문대사》가 발간된 것이 아닌가 본다. 《이문》에는 구구九九 육갑六甲 등의 부록이 붙어 있으며 17장으로 묶어져 있다.

이들 두 책은 원래는 이두문으로 문서를 주고 받은 지방관리들을 위한 학습참고용으로 편찬하여 발행하였으나 오늘날에는 이두연구에 없어서는 안될 자료적 가치가 높은 책이다. 특히 이두독법의 한글표기는 《유서필지》, 《이문잡려》 등 이두문헌의 어떤 것보다 빠른 시기의 것이기에 더욱 중요하다.

그리고 옛책 중에는 여기에서 소개한 이문과 같은 책명의 《이문吏文》이 있다. 이 책은 한문본으로 중국과 주고 받은 외교문서 및 우리나라 관청 공문서를 작성하는 데 참고도서로 사용하였다. 독특한 한문의 문체, 한문의 골격에 중국의 속어俗語 또는 특수한 용어 등을 섞어 쓴 공문서식을 엮어놓은 책이다.

이 책은 원래 4권 4책으로 기록상 나와 있는데, 권 1은 내용이 한문인 선유성지宣諭聖旨로서 이문을 익히는 데 필요하지 않으므로 간행하지 않은 것같다.

범우사 자료실에는, ①《이문대사》 한 책과 ②《이문》 한 책이 있다.

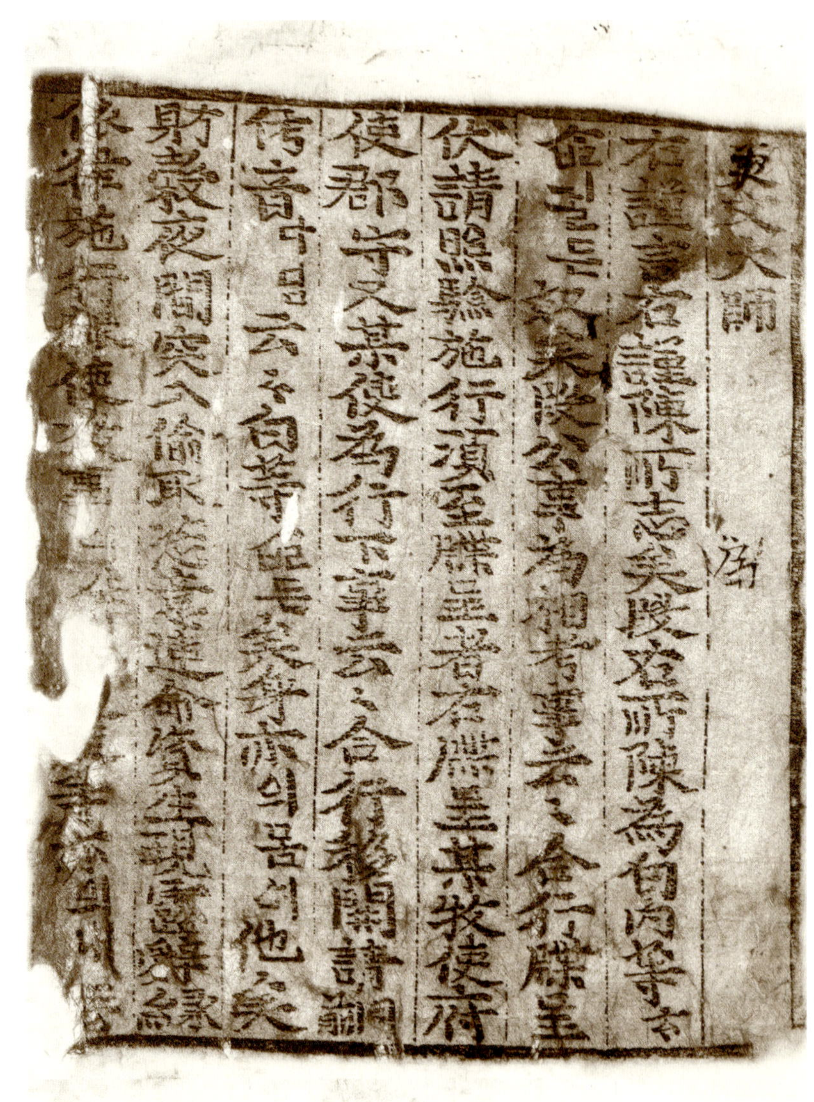

吏文大師 序
右謹言右謹陳所志矣段右所陳爲白內等[illegible]
右[illegible]矣段[illegible]爲[illegible]者事云云合行牒呈
伏請照驗施行須至牒呈者右牒呈某牧使府
使郡守又某從爲行下事云云合行[illegible]關請[illegible]
[illegible]音[illegible]云云白等[illegible]長[illegible]行[illegible]他矣
財穀[illegible]闕[illegible]入論取[illegible]
[illegible]施行[illegible]

이문대사 첫 장

이문대사 본문

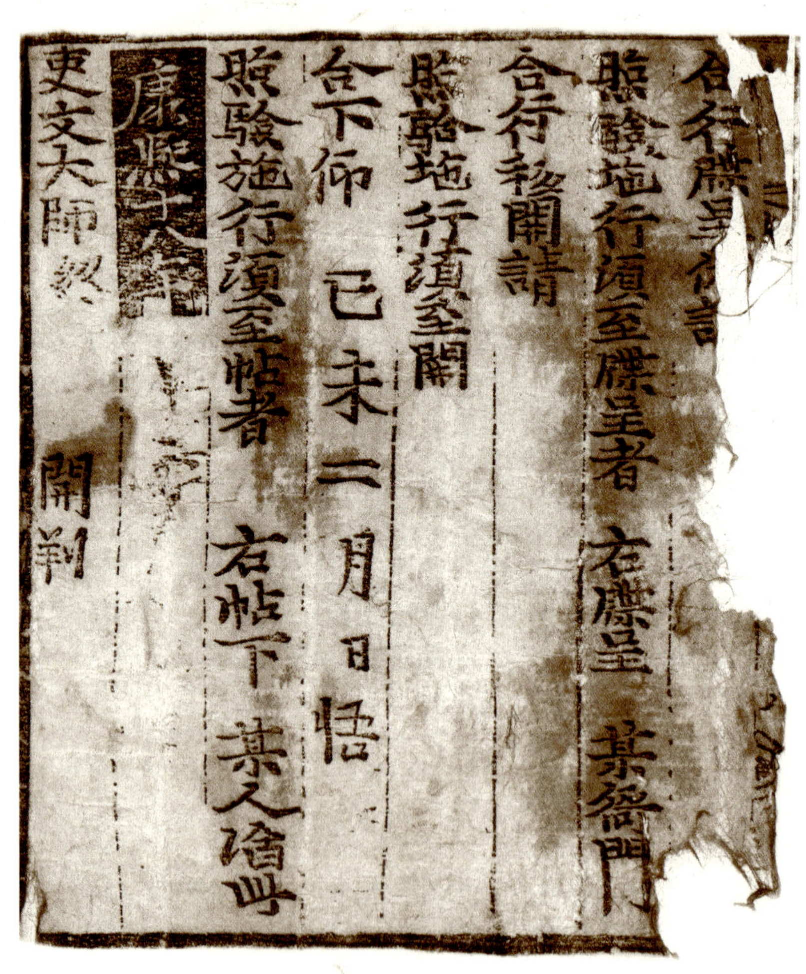

合行牒呈伏請

照驗施行須至牒呈者 右牒呈 某衙門

合行移關請

照驗施行須至關

合下仰 己未二月日帖

照驗施行須至帖者 右帖下 某人准此

康熙十八年

吏文大師終 開判

이문대사 끝장

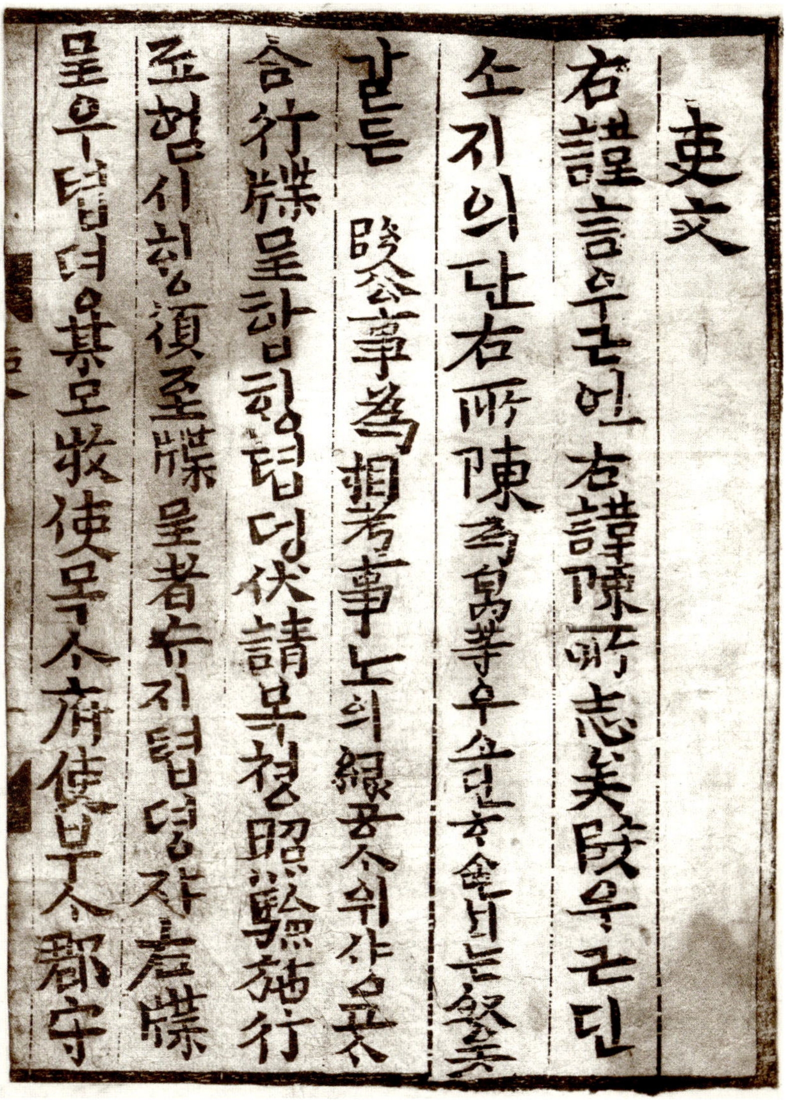

吏文

右謹言우근언 右謹陳所志矣段우근딘소지의단 右所陳爲白等우소딘ᄒᆞᄉᆞᆲ든 ᄒᆞᄉᆞᆲᄂᆞᆫ 矣

갈ᄃᆞᆫ 叱段公事爲相考事노의 緣故쉬야 ᄋᆞᄅᆞᆫ

合行牒呈합힝텹뎡 伏請복쳥 照驗施行

죠험시힝 須至牒呈者슈지텹뎡쟈 右牒

呈우텹뎡 其모 牧使목ᄉᆞ 府使부ᄉᆞ 郡守

이문 첫 장

身耳亦의몸 乍러 易亦아냐 허事亦祀허便亦ᄉ
귀여先可아직最只안직敎是이시物〻갓
白活발괄 這〻 오근 追于조조 別乎벼린
맛쓴不喩안디帖字톄ᄌ件記볼긔置簿
틔부除良더러捧上밧자고絲如시우려初亦초
허後음ᄉ뎌ᄀ導良드듸야舍音므롬擬只이
기삐只마기爲只ᄒ기삼ㅏ是지댱是齊

이문 본문

火煨燼훗화외仙陷其及坐공기반좌擣成
虛事구딩희ᄉ暗然還放삼연환방知非
誤決다비오뎔姑此書塡고ᄎᆞ셔뎐

九九

九〻八十一 八九七十二 七九六十三 六九五十四
五九四十五 四九三十六 三九二十七 二九十八
八〻六十四 七八五十六 六八四十八 五八四十

이문 부록

18. 어제상훈언해御製常訓諺解
- 영조가 세자와 후왕들을 위해 지은 교훈서

조선조 후기 영조(英祖, 1694~1776)가 세자와 후대의 임금들을 위해 지은 교훈서인 《어제상훈御製常訓》의 언해본이다. 이 책은 한글로 음과 토를 달고 한 항목마다 한자 본문 뒤에 한글 번역문을 싣고 있다.

이 한글본은 《어제상훈》 한문본과 같이 1745년(영조21)에 간행되었으나 한문본은 목판본으로 한 책 22장이며 한글판본은 금속활자인 갑인자체 무신자본으로 한 책이 46장으로 보기 드문 금속활자체 한글판본이다.

이 책의 머리말과 책끝 발문에 보면 영조가 아버지인 숙종의 제삿날 아버지의 성덕을 추모하면서 그 뜻을 기리기 위하여 양정각養正閣에 앉아 헌관獻官으로 하여금 말을 받아쓰게 하여 간행한 것으로 되어 있다.

내용은 목록, 수서首序, 본문, 후발後跋로 되어 있으며 모두 간결한 문체로 쉽게 풀이하였다. 본문은 '경천敬天' '법조法祖' '돈친惇親' '애민愛民' '거당祛黨' '숭검崇儉' '여정勵精' '근학勤學'의 8항목으로 되어 있다.

'경천'이란 하늘의 이치를 공경하라는 뜻으로, 땅 위에서는 더할 나위 없이 부유하고 고귀한 임금이나 경외할 것은 오직 높고 높은 하늘뿐이니 이 도리를 아는 이는 어진 임금이 되고 모르는 이는 용렬한 임금이 될 수밖에 없다는 가르침이다. '법조'는 선왕과 조상의 가르침을 이어받으라는 뜻으로 날로 변질하는 습속과 나빠지는 민심을 돌이키기 위해서는 선조들의 심법心法과 정교政教를 이어받아야 한다는 것이다.

'돈친'은 친척끼리 정답게 지내라는 것으로 나라의 금지옥엽金枝玉葉이라 할 구족九族과 화목하게 지낼 것을 강조하면서 9대 10대가 친하게 동거同居한 당나라의 장공예張公藝 등의 예를 들고 있다.

'애민'은 나라의 근본이 백성이므로 백성을 보살피고 사랑함으로써 사직社稷이 보존되고 나라가 편안할 수 있다고 가르쳤으며, '거당'이란 무리를 짓고 편을 가르는 것을 경계하고 현명한 자에게 정사政事를 맡기어 불편부당함을 없애게 하고, '숭검'이란 근검절약하여 임금이 백성의 모범이 되어 국토의 한정된 소산을 가지고 먼저 임금이 아껴야 백성이 힘을 덜게 된다고 가르쳤다.

'여정'은 정신을 가다듬으라는 뜻으로 임금의 책무가 막중하므로 정사에 게을리 하지 말고 신하들의 모범이 되어야 한다는 것이다. '권학'은 학문에 힘쓰라는 말로 모든 덕목德目이 학문 없이는 이루어질 수 없다는 뜻이다. 앞에 열거한 일곱 항목보다 가장 강조하는 항목이다.

이외에도 현명하고 능력 있는 인물을 등용하라는 임현사능任賢使能, 속임수를 분별하라는 변참辨讒, 곧은 말로 간언하는 것을 받아들이라는 용직납간容直納諫, 대신을 공경하고 군신을 가까이 하라는 경대신체군신敬大臣体群臣, 유교를 숭상하고 도리를 존중하라는 숭유중도崇儒重道 등의 5항목도 덧붙여서 실제로는 13항목인 셈이다.

이 본문의 서술은 주로 유교경전에서 필요한 부분을 인용하고 열조列朝의 행적과 중국의 역대 임금 및 고사를 인용한 뒤 직접적인 훈계를 펴는 것으로 그 체제를 삼고 있어 아버지인 숙종을 추모하는 뜻을 충분히 담고 있다.

이 교훈서는 영조英祖 개인의 인품을 잘 나타내고 있을 뿐만 아니라 18세기 봉건사회의 해체가 본격화되는 상황에서 영조가 성리학을 다시 세워 무너져가는 사회기강을 바로잡고 지배체제를 공고히 하기 위하여 후손들에게 경각심을 불어넣고 또한 일반백성에게도 큰 가르침을 주고자 했던 것같다.

이 책은 18세기 국어자료로서 다른 자료와는 다른 특색을 가지고 있다. 이 책에 쓰인 말들은 궁중에서 쓰였던 말이 중심이 되어, 발간될 당시보다는 좀 보수적인 일면을 보여주고 있다.

첫째, 경어법의 체계나 인칭활용의 용법 등이 15세기 국어의 경우와 비슷하게 나타나고 있는데 이것은 궁중에서 사용된 언어의 특성 때문인 것으로 보인다.

둘째, 활용어미도 특징적인 것이 나타나며 삽입모음은 비교적 혼동된 용법을 보이고 있다.

셋째 'ㆍ'음은 제2음절 이하에서 소실된 듯하나 보수적인 일면도 보이고 혼합된 표기도 나타난다.(예: 집의 안ᄌᆞ)

넷째, 구개음화는 대부분 일어나지 않고 있으나 간혹 보인다.(예: 맛져란)

다섯째, ㅎ곡용체언의 경우 ㅎ을 잘 유지하고 있으나 ㅎ이 유지되지 않는 '하ᄂᆞᆫ과'와 같은 경우도 있다.

여섯째, 전위현상轉位現象도 일어나고 있으며(예: -더시-, -시더-), 원순모음화圓脣母音化의 예도 보인다(므슨-무ᄉᆞᆷ).

일곱째, 어간과 어미의 구별표기 의식이 강하게 나타난다. 이런 현상 등은 전통적으로 내려오던 궁중에서 쓰이던 말과 18세기에 쓰였던 말들이 공존하고 있음을 말해주고 있는 것같다.

이 《어제상훈언해》는 국어학적으로 중요한 책이지만 한문본과 한글본이 동시출간되었다는 점과 또 한문본은 목판본인 데 반하여 당시 천시하였던 언문본인 한글본을 귀한 금속활자본으로 발간하였다는 점으로도 출판인쇄사상 중요한 자료라 볼 수 있다.

범우사 자료실에는, 갑인자체, 무신자본 《어제상훈언해》 2책이 있다.

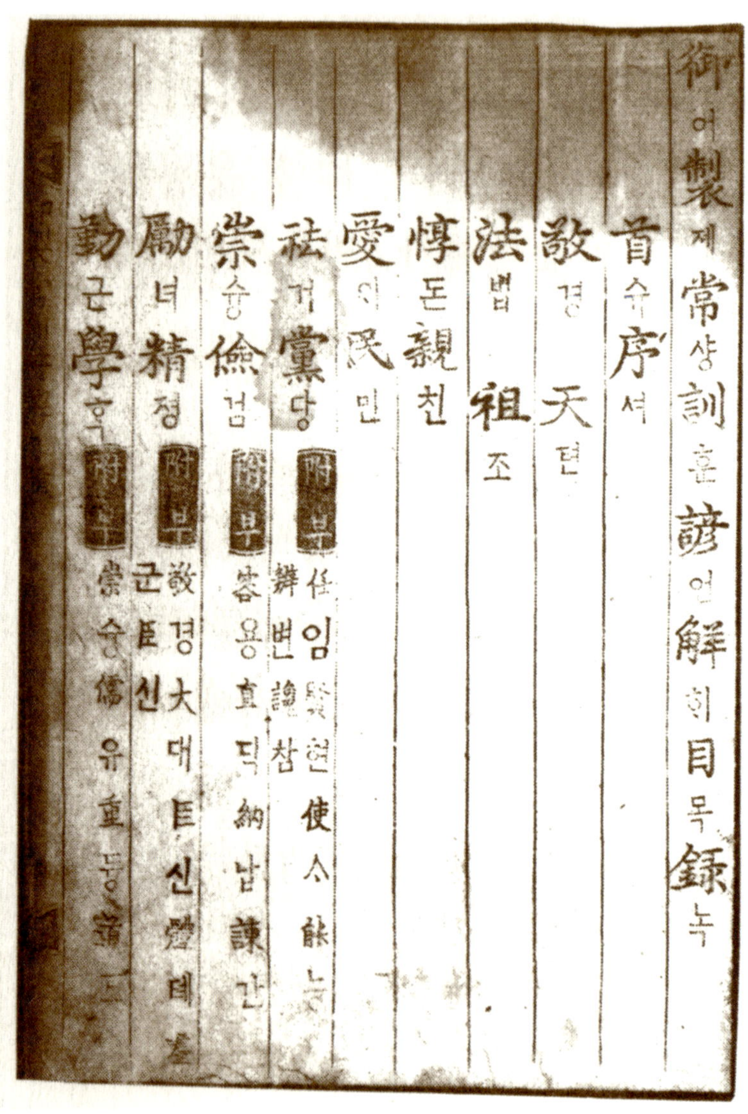

御어製제常상訓훈諺언解해目목錄녹
首슈序서
敬경天텬
法법祖조
惇돈親친
愛이民민
祛거黨당 附 任임賢현使ᄉᆞ能능 辨변讒참
崇숭儉검 附 容용直딕納납諫간
勵녀精정 附 敬경大대臣신體톄羣군臣신
勤근學혹 附 崇숭儒유重듕道

목록

御어製제常샹訓훈諺언解ᄒᆡ

噫희라 以이予여涼량德덕菲비才ᄌᆡ로 承

승

列렬祖조艱간大대之지業업ᄒᆞ니 心심常샹懍

늠惕텩ᄒᆞ야 若약隕운淵연谷곡ᄒᆞ고 加가以이

誠셩孝효ㅣ淺쳔薄박ᄒᆞ야 龍룡髯염을 莫

막攀반ᄒᆞ고 徒도抱포感감懷회러니 況황値티

此ᄎᆞ辰신ᄒᆞ야 三삼復복蓼륙莪아ᄒᆞ고 一일倍

비追튜慕모ᄒᆞ라 祭제義의애 豈긔弗블云운

乎호아 齊ᄌᆡ三삼日일애 乃내見견其긔所

수서 본문 첫 장

呼호ㅣ라그힘쓰며嗚오呼호ㅣ라그힘
쓰면邦방國국이그거의ᄒᆞ리며吾오東
동이그거의ᄒᆞ린뎌
敬경天텬
하ᄂᆞᆯ을공경ᄒᆞᆷ이라
噫희라爲위人인君군者쟈ㅣ貴귀在지億
억兆됴之지上샹ᄒᆞ고富부有유八팔域역之
지庶셔而이其기所소敬경畏외者쟈ㅣ惟
유高고高고蒼창穹궁이라歷력代ᄃᆡ賢현君
군은知디此ᄎᆞ義의ᄒᆞ고庸용君군은弗블知

경천 편

유 天텬暨계

祖조宗종而이已이라 可가弗블敬경也야ㅣ며

可가弗블敬경也야哉지아

噫희라 人인君군 되온이 貴귀홈이 德억

兆됴의 우희잇고 富부홈이 八팔域역의

만홈을 두어시되 그 敬경畏외홀 빼오직

高고高고훈 蒼창穹궁이라 歷력代ᄃᆡ賢

현君군은 이 義의를 알고 庸용君군은 이

義의를 아디몯ᄒᆞ니 나라희 治티ᄒᆞ며 亂

란홈이 오직 일로 말미암ᄂᆞᆫ디라 可가히

본문

공族족과本본支지百빅世셰읫효험이
읫고古고人인이ᄯᅩ닐오ᄃᆡ關관雎져와
麟린趾지엣ᄠᅳᆮ이이신然연後후에아可
가히周쥬官관읫法법度도ᄅᆞᆯ行ᄒᆡᆼᄒᆞ리
라ᄒᆞ니이내깁히後후王왕의게ᄇᆞ람을
두노라

愛ᄋᆡ民민

ᄇᆡᆨ셩을ᄉᆞ랑홈이라

噫희라民민惟유邦방本본이니本본固고라ㅣ
사邦방寧녕ᄒᆞ니이라自ᄌᆞ古고賢현君군之지

애민 편

인버티몸ᄒᆞ야이집의안자이訓훈을
일우고특별히ᄃᆞᆯ과날을아래쓰니嗚
오呼호ㅣ라後후王왕은이날을보와
내ᄆᆞ옴을싱각ᄒᆞ고이글을보와내ᄠᅳᆺ
을體톄ᄒᆞ야孜ᄌᆞ孜ᄌᆞᄒᆞ며兢긍兢긍
ᄒᆞ야버訓훈을替톄티말올ᄯᅵ어다
旹시歲셰乙을丑튝季계夏하八팔日일 애
題뎨ᄒᆞ노라
새歲셰乙을丑튝季계夏하八팔日일애
쓰노라

후발 끝장

19. 화동정음통석운고華東正音通釋韻考
- 한자음의 오음청탁을 바로잡은

《화동정음통석운고》는 1747년(영조23)에 2권 1책으로 간행한 운서韻書이다.

음운학에 조예가 깊었던 박성원朴性源은 발문에서 밝혔듯이 우리나라 한자음이 체계화되지 못하고 혼란함을 부끄러이 여기고 이를 바로잡고자 이 책을 저술한다고 하였다. 그는 이어 이언용李彦容과 더불어 삼운통고三韻通考를 바탕으로 하여 최세진의 사성통해의 음에 의거, 글자에 중국음을 달고 또 널리 자서字書를 수집하여 중국음에 따라 우리나라 한자음의 오음청탁을 바로잡고 책명을 《화동정음통석운고》라 한다고 하였다.

책에는 한자음이 같은 글자마다 오른쪽에는 중국음(華音)을 표기하고 왼쪽에는 우리나라 음(東音)을 병기하였다. 심음審音과 작문을 위하여 중국음과 한국음을 동시에 찾아볼 수 있도록 일원화한 특이한 운서이며, 이런 류의 운서로는 가장 오래된 것이다.

이 운서는 2종이 전해내려오고 있는데, 박성원이 1747년에 저술한 《화동정음통석운고》는 《화동정음》이라 약칭되어 전해오다가 41년 뒤인 1787년(정조11)에 비각秘閣에서 왕명으로 인쇄하여 간행할 때, 정조가 책머리에 정음통석서正音通釋序를 써서 수록하였기 때문에, 이 책을 《정음통석正音通釋》이라 부른다. 이 두 책은 책의 크기와 순서가 약간 다르기는 하나 내용은 같다.

체재와 표음방식은 한자를 운에 따라 평성, 상성, 거성의 순서로 3단에 안배하고 입성은 권말에 1단으로 몰아놓았는데, 이것은 《삼운통고》의 배열방식과 같다. 그리고 한자 밑에 좌우로 우리나라 음과 중국음을 한글로 표음하였는데, 이것은 《사성통해》의 방식을 취한 것이다.

그리고 이 책에서는 저자의 음운관과 국문자에 대한 견해가 언급되어 있어서 국어학사 고찰의 대상이기도 하다. 즉, 음운이 있어야 그뒤에 문자가 따르게 되는 것으로 문자란 소리를 싣고 있는 그 뜻에 지나지 않는 것이다. 그 그릇을 알고자 한다면 그 소리를 분별하지 않고서야 어찌 가능하겠는가. 그래서 정음正音이란 소리와 문자와의 일원화一元化를 말하는 것으로, 곧 현실적으로 우리의 언어와 문자생활이 서로 일원화되는 상황에서 이의 시정을 도모한 것이 이 책의 저술동기라고 저자는 말했다.

또 내용 중 책머리의 범례凡例에는 오음초성五音初聲이 표기되어 있으며 권말에는 언문초중종성변諺文初中終聲辯이 실려 있다. 이는 《훈몽자회》에서 취한 '초성 종성 통용 팔자'와 중성독용십일자中聲獨用十一字를 예시하였으며 각운중성各韻中聲의 항에서는 운의 순서에 따라 우리나라 음과 중국음의 중성(모음)의 차이를 한글로 표음하였다.

이 책에는 '범례'와 '언문초중종성변'이 실려 있어 국어학 연구에 있어서 그 가치가 높이 평가되고 있는 책이다.

범우사 자료실에는, ① 1747년 간본이 아깝게도 서문 첫 장 한 장과 끝에서 두 번째 장이 찢겨나간 상 · 하권 한 책과 ② 1841년에 내각장 판본인 어제본 2권 1책이 있다.

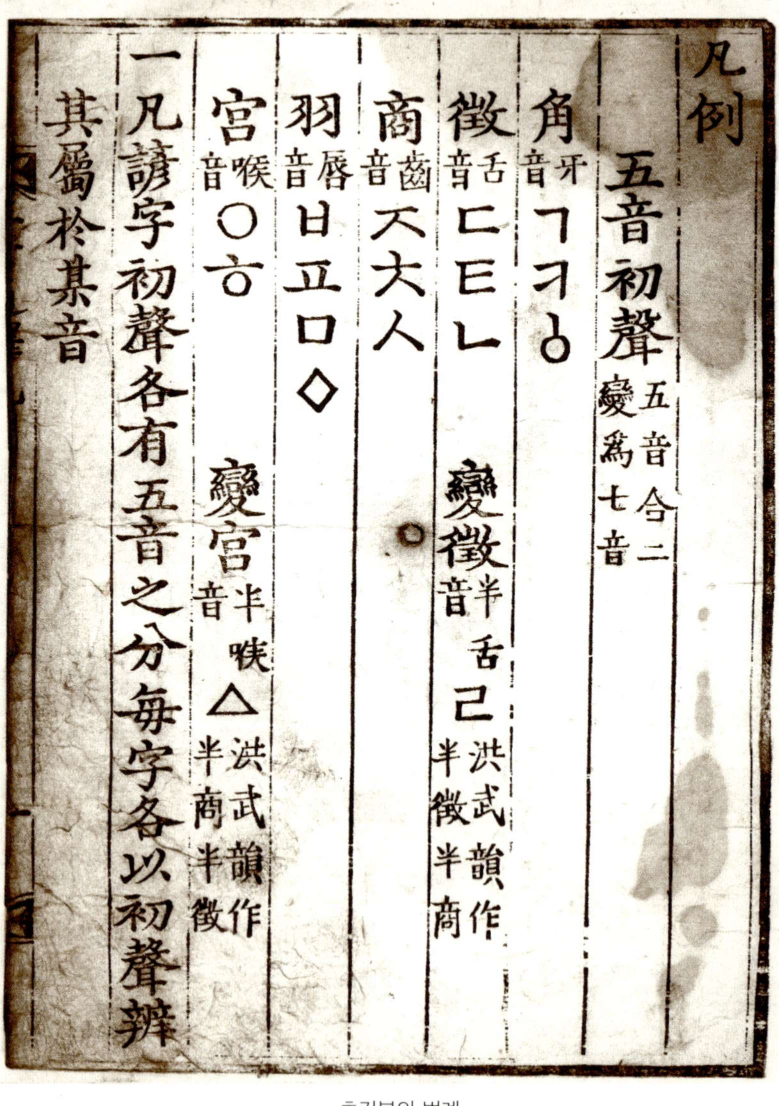

凡例

五音初聲 五音合二變爲七音

角 牙音 ㄱㅋㆁ

徵 舌音 ㄷㅌㄴ 變徵 半舌音 ㄹ 洪武韻作半徵半商

商 齒音 ㅈㅊㅅ

羽 脣音 ㅂㅍㅁ ◇

宮 喉音 ㅇㅎ 變宮 半喉音 △ 洪武韻作半商半徵

一凡諺字初聲各有五音之分每字各以初聲辨其屬於某音

초간본의 범례

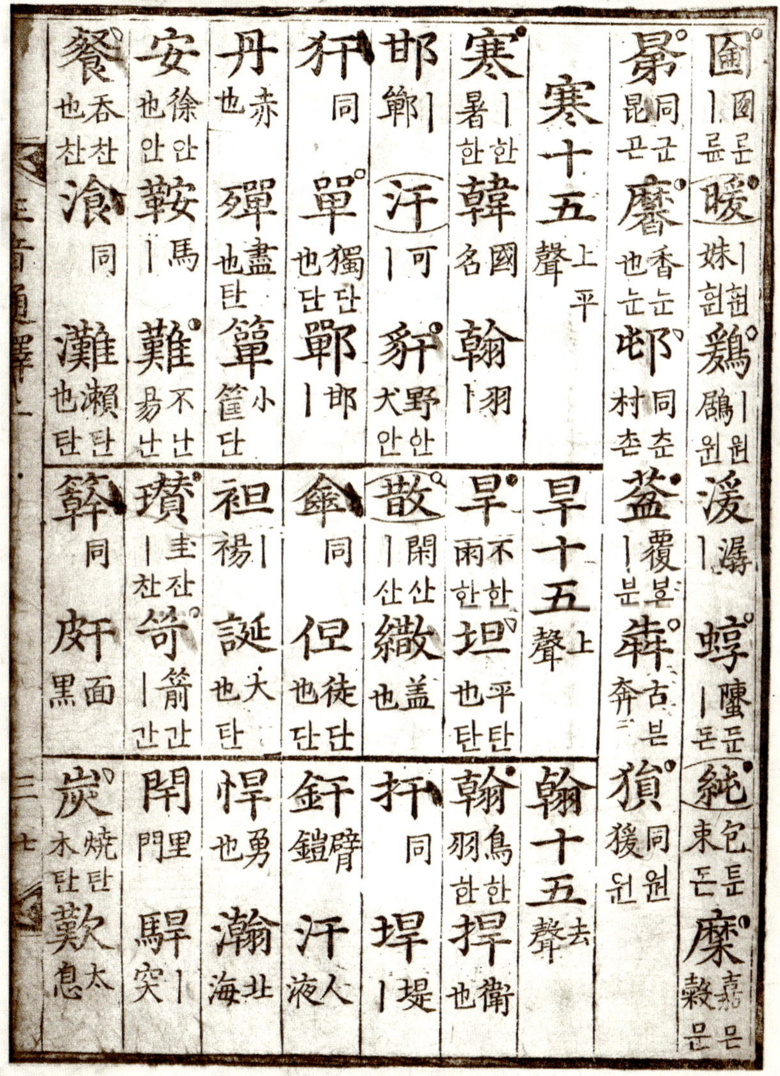

圂 圂ㅣ 룬 룬 暖 姝ㅣ 훤 훤 鵷 鶢ㅣ 원 원 湲 潺ㅣ 蜳 㦃ㅣ 둔 둔 純 包束 둔 둔 麇 嘉穀 문 문

鶤 同昆 균 곤 馚 香也 눈 눈 邨 同村 춘 춘 盆 覆ㅣ 분 분 犇 古奔 븐 猿 同獲 원 원

寒十五 上平聲

寒 ㅣ暑 한 한 韓 國名 翰 羽ㅣ

邯 ㅣ鄲 汗 可ㅣ 豻 野犬 안 안

犴 同 單 獨也 단 단 鄲 邯ㅣ

丹 赤也 殫 盡也 단 簞 小筐 단

安 徐也 안 안 鞍 馬ㅣ 難 不易 난 난

餐 呑也 찬 찬 飡 同 灘 瀨也 탄 탄

旱十五 上聲

旱 不雨 한 한 坦 平也 탄 탄

散 閑ㅣ 산 산 繖 盖也

傘 同 但 徒也 단 단

袒 ㅣ裼 誕 大也 탄

瓚 圭ㅣ 잔 찬 笴 箭ㅣ 간 간

皯 同 皯 面黑

翰十五 去聲

翰 鳥羽 한 한 捍 衛也

扞 同 垾 堤ㅣ

釬 臂鎧 汗 人液

悍 勇也 瀚 北海

閈 里門 骭 ㅣ突

炭 燒木 탄 탄 歎 太息

초간본의 본문

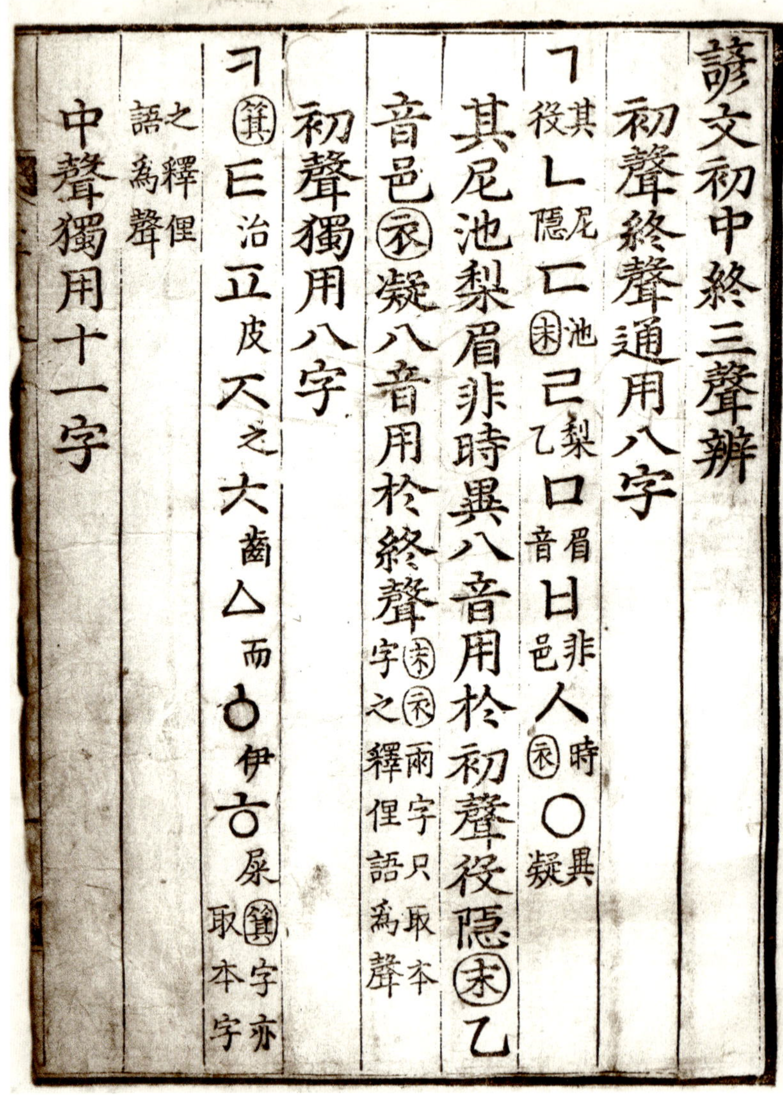
諺文初中終三聲辨

初聲終聲通用八字

ㄱ其役 ㄴ尼隱 ㄷ池(末) ㄹ梨乙 ㅁ眉音 ㅂ非邑 ㅅ時(衣) ㅇ異凝

其尼池梨眉非時異八音用於初聲役隱(末)乙

音邑(衣)凝八音用於終聲(末)(衣)兩字只取本字之釋俚語爲聲

初聲獨用八字

ㅋ(箕) ㅌ治 ㅍ皮 ㅈ之 ㅊ齒 ㅿ而 ㆁ伊 ㅎ屎 (箕)字亦取本字之釋俚語爲聲

中聲獨用十一字

초간본의 언문초중종삼성변

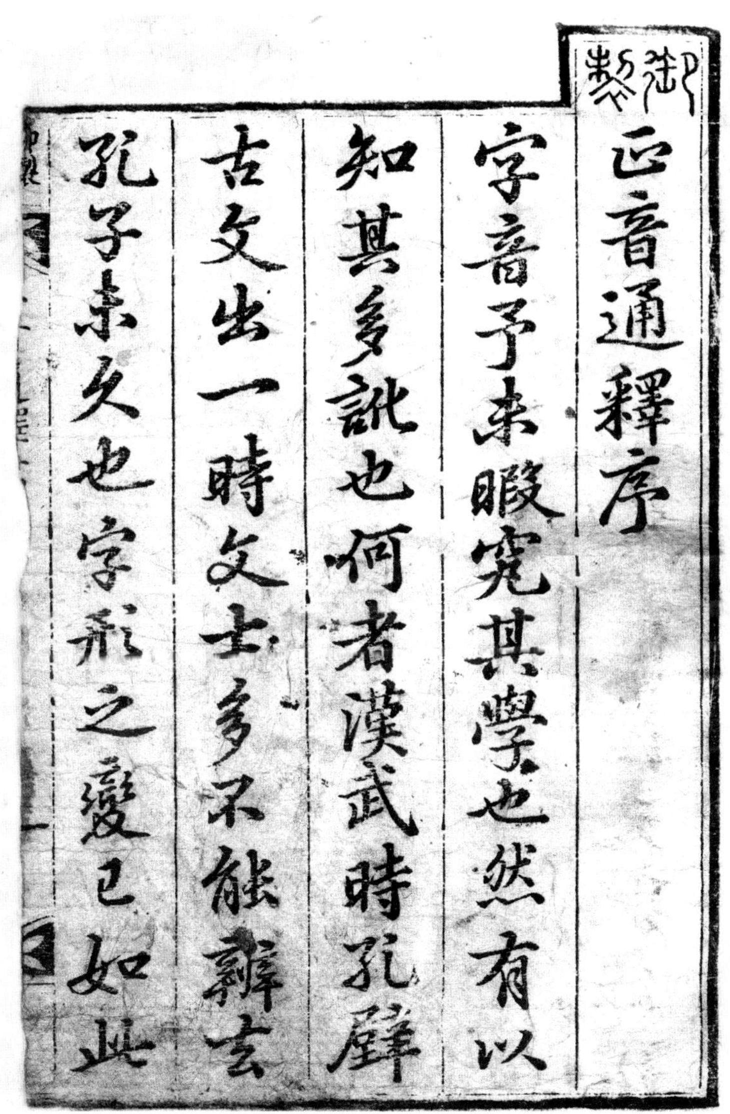
御製

正音通釋序

字音予未暇究其學也然有以
知其多訛也何者漢武時孔壁
古文出一時文士多不能辨去
孔子未久也字形之變已如此

어제본의 서문

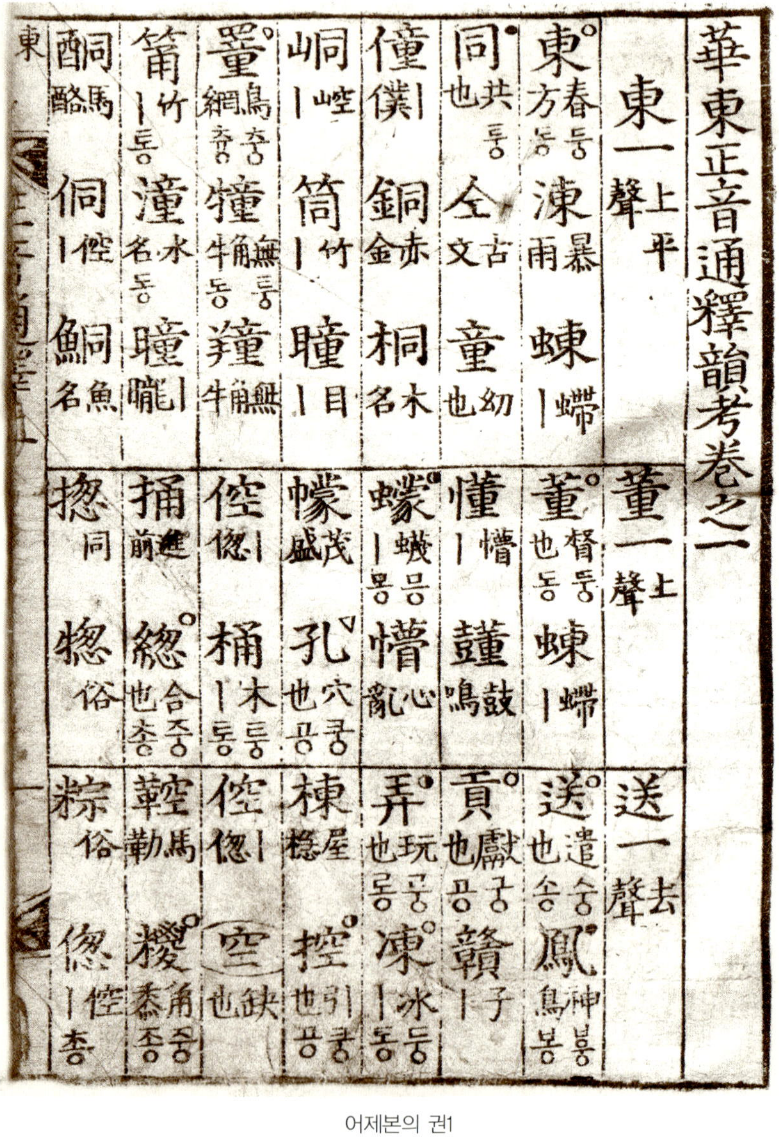

華東正音通釋韻考卷之一

東一 上平聲

東 春方 둥 동 ; 涷 暴雨 ; 蝀 螮丨
同 共也 퉁 ; 仝 古文 ; 童 幼也
僮 僕丨 ; 銅 赤金 ; 桐 木名
峒 崆丨 ; 筒 竹丨 ; 瞳 目丨
罿 鳥網 츙 츙 ; 犝 無角牛 퉁 동 ; 䍶 無角牛
筩 竹丨 동 ; 潼 水名 동 ; 曈 曨丨
酮 馬酪 ; 侗 倥丨 ; 鮦 魚名

董一 上聲

董 督也 둥 동 ; 蝀 螮丨
懂 懵丨 ; 蓳 鼓鳴
蠓 蠛丨 뭉 몽 ; 懵 心亂
幪 茂盛 ; 孔 穴也 쿵 공
倥 傯丨 ; 桶 木丨 퉁 통
捅 進前 ; 總 合也 중 총
揔 同 ; 緫 俗

送一 去聲

送 遣也 숭 송 ; 鳳 神鳥 붕 봉
貢 獻也 궁 공 ; 贛 子丨
弄 玩也 룽 롱 ; 凍 冰丨 둥 동
棟 屋棟 ; 控 引也 쿵 공
倥 傯丨 ; 空 缺也
鞚 馬勒 ; 糉 角黍 중 종
粽 俗 ; 傯 倥丨 총

어제본의 권1

ㅏ阿 ㅑ也 ㅓ於 ㅕ余 ㅗ吾 ㅛ要 ㅜ牛 ㅠ由 ㅡ應不用

終聲 ㅣ伊只用中聲 ㆍ思不用初聲

各韻中聲 各韻上去同平聲

東 華ㅜㅠ東ㅗㅛㅜㅠ ○屋同上

冬 同東洪武韻附東 ○沃同上

江 華ㅏㅑ東ㅏㅘ ○ 華从ㅘ者ㅏ之變洪武韻附陽 ○覺同上 ○ 華从ㅛ者ㅑ之變

支 華ㅣㅡㅟ東ㅣㅓㆌㅣ ○ 華从ㅟ即洪武韻灰隊賄之雜从ㅣ或齊薺霽之雜

微 同支洪武韻附支

魚 華ㅜㅠ東ㅓㅕ ○ 華从ㅜ者洪武韻附虞

어제본 각운중성

20. 삼운성휘三韻聲彙
- 우리나라 음을 표준으로 지은 운서

《삼운성휘》는 1746년 겨울 병조판서인 홍계희洪啓禧가 원고를 완성하고 1751년 여름에 당시 영의정이었던 김재로金在魯의 서문을 붙여 운각芸閣에서 판을 새겨 출판한 책이다.

이 책은 2권 2책으로 된 목판본인데 보편補篇으로 자획순字劃順으로 된 옥편玉篇이 한 권 더 붙어 3권 3책을 완질로 하고 있다.

《삼운성휘》는 중국의 《홍무정운》과 우리나라의 《사성통해》 《삼운통고》 등을 참고하여 한자漢字를 운韻에 따라 평 · 상 · 거 · 입의 사성四聲으로 나누어 실었다. 그리고 그 배열도 당시 한글 자모字母의 순서에 따라 우리나라 사람이 이용하기 쉽게 편찬하였다.

이 책의 상권에는 평성平聲 16운韻, 상성上聲 16운, 거성去聲 17운이 실려 있다. 서술방법은 평성은 상단에, 상성은 중단에, 거성은 하단에 실었는데 위에는 우리나라 한자음을 크게 쓰고 그 아래에 중국음을 썼다. 같은 운韻에 같은 음音을 가진 한자는 유별類別로 하여 차례로 실었는데 한자 아래에는 한자로 뜻을 풀이하여 실었다. 하권에는 평성 14운, 상성 13운, 거성 13운, 입성入聲 17운이 실려 있다.

상하권에 실려 있는 자수字數는 평성 30운에 5,062자, 상성 29운에

2,556자, 거성 30운에 2,961자, 입성 17운에 2,386자 등 합계 12,965자가 실려 있다.

보편인 옥편은 1획에서부터 17획까지 224부에 《삼운성휘》에 수록된 한자가 획수별로 실려 있으며 한자 밑에는 운자만을 표시했을 뿐 한글은 한자도 없다.

또한 《삼운성휘》의 범례에는 언자초중종성지도諺字初中終聲之圖가 실려 있어 18세기에 쓰이고 있던 한글의 자모수字母數 등을 보여주고 있으며 한글자모 하나하나를 《훈민정음》 예의편에 있는 한자들을 그대로 이용하여 초성, 중성을 설명하였으며 8종성은 최세진崔世珍의 훈몽자회訓蒙字會 범례에 실려 있는 초성종성통용팔자初聲終聲通用八字에 한자로 설명하였다. 이 표에서는 한글자모의 배열순서는 오늘날과 같이 ㄱ, ㄴ, ㄷ, ㄹ, ㅁ, ㅂ…… ㅏ, ㅑ, ㅓ, ㅕ, ㅗ, ㅛ……로 하였는데 다른 모음들의 뒤에 결합하여 중모음을 형성하는 'ㅣ' 모음을 중중성重中聲이라고 한 것이 특색이다.

이 책은 한자의 우리나라화를 확인시켜 재래의 우리나라 운서韻書가 한갖 중국음을 맹종하는 잘못을 바로잡아 우리나라 사람들에게 적절하도록 우리나라 음을 표준하여 지은 우리나라식 운서이다. 이로써 우리나라 음의 본을 보이는 동시에 우리말의 권위를 세웠다고 할 수 있다.

특히, 이 책의 범례凡例인 '언문초중종성지도'는 국어학사상 그 가치가 높이 평가되고 있다. 즉, 한글자모의 배열순서가 거의 오늘날과 일치하고 자모의 수효도 'ㆁ'만 제외하면 현대와 같은 점 등이 범례에서 확인되고 있다.

일부 규범적規範的인 것이 있다고는 하나 대체로 현실 한자음을 표준으로 한 점에서 한자음 연구의 좋은 자료가 되고 있으며 한자의 자의字

意 풀이는 자학연구字學硏究에 많은 도움이 된다. 또한 '언자초중종성지도'에 실린 한글자모의 배열순은 한글자모 배열순서 변천사를 연구하는 데 중요한 자료적 가치도 있다.

범우사 자료실에는, ① 신미계하辛未季夏 운각芸閣 개판본 1질과 ② 기축초추己丑初秋 영영(嶺營=대구) 개판본 1질 ③ 기축계추己丑季秋 완영(完營=전주) 개판본 1질이 있다.

(末)二用釋聲加以之
(衣)字俾爲故圈別

諺字初中終聲之圖

初終聲通用八字	ㄱ 君初聲 役終聲	ㄴ 那初聲 隱終聲	ㄷ 斗初聲 (末)終聲	ㄹ 閭初聲 乙終聲	ㅁ 彌初聲 音終聲	ㅂ 彆初聲 邑終聲	ㅅ 戌初聲 (衣)終聲	ㆁ 業初聲 凝終聲
初聲獨用六字	ㅈ 卽初聲	ㅊ 侵初聲	ㅌ 呑初聲	ㅋ 快初聲	ㅍ 漂初聲	ㅎ 虛初聲		
中聲十一字	ㅏ 覃中聲	ㅑ 穰中聲	ㅓ 業中聲	ㅕ 彆中聲				
	ㅗ 洪中聲	ㅛ 欲中聲	ㅜ 君中聲	ㅠ 戌中聲	ㅡ 卽中聲	ㅣ 侵中聲	ㆍ 呑中聲	
合中聲二字	ㅘ 光合中聲		ㅝ 月合中聲					
重中聲一字	·					ㅣ 橫重中聲		

三韻聲彙 上 六 圖

언자초중종성지도

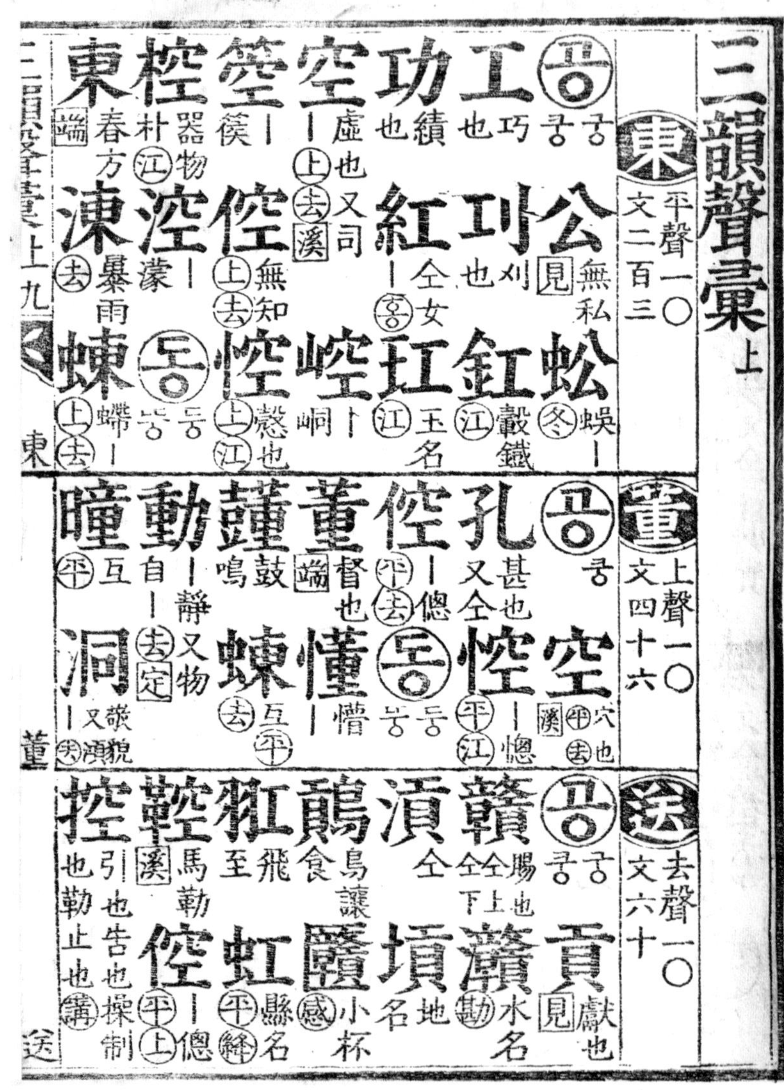

삼운성휘 본문

洪武韻字母之圖

字母本三十六而知徹澄孃敷併於照穿牀泥非今爲三十一

五音	五行	七音	全清	次清	全濁	不清不濁	全清	全濁
角	木	牙音	見 ㄱ견	溪 ㅋ키	羣 ㄲ뀬	疑 ㆁᅌᅵ		
徵	火	舌頭音	端 ㄷ뒨	透 ㅌ투	定 ㄸ띵	泥 ㄴ니		
羽	水	脣音重 脣音輕	幫 ㅂ방 非 ㅸᄫᅵᆼ	滂 ㅍ팡	並 ㅃ뼝 奉 ㅹᄬᅮᆼ	明 ㅁ밍 微 ㅱᄝᅵᆼ		
商	金	齒頭音 正齒音	精 ㅈ징 照 ㅈ쟌	清 ㅊ칭 穿 ㅊ쳔	從 ㅉ쭝 牀 ㅉ쫭		心 ㅅ심 審 ㅅ심	邪 ㅆ쎠 禪 ㅆ쎤
宮	土	喉音	影 ㆆᅙᅵᆼ	曉 ㅎ햔	匣 ㆅᅘᅣᆼ	喩 ㅇ유		
半徵半商	半火半金	半舌半齒				來 ㄹ래 日 ㅿᅀᅵ		

三韻聲彙 上 五 圖

홍무운자모지도

目錄

東冬江陽庚青蒸ㅇ終聲眞文元寒刪先ㄴ終聲侵
覃鹽咸ㅁ終聲 終聲所屬上去聲並同 屋沃覺藥陌錫職ㄱ終聲
質物月曷黠屑ㄹ終聲緝合葉洽ㅂ終聲 入聲亦有所屬故不
別行而與所屬之平上去通作四層 其餘無終聲而中聲則每韻各異
故懸註於韻字之下 正音中聲散見諸音故目錄中不得著見

平聲 共三十

東 ㅗㅛㅜㅠ
冬 ㅗㅛㅠ
江 ㅏ

上聲 共二十九

董 ㅗㅛ
腫 ㅗㅛㅠ
講 ㅏ

去聲 共三十

送 ㅗㅜㅠ
宋 ㅗㅛㅠ
絳 ㅏ

入聲 共十七

屋 ㅗㅜㅠ
沃 ㅗㅛㅜ
覺 ㅏ

三韻聲彙上 七 目錄

목록

義與形亦未嘗不致力而學者皆病之[illegible]故合之曰三韻聲彙丙寅冬因儒臣言有刊行之
命秘閣索草本而職務倥傯未暇整頓典籍鄭忠彥明於韻學樂助成之往復編摩閱半歲而卒業甚可喜也第此區區纂輯只欲藏之巾衍自附於歐陽子無事好看韻書之意而猥被 筵白至入鋟梓實不勝其愧恧之私云尒
上之二十七年辛未六月朔日資憲大夫兵曹判書兼知義禁府事洪啓禧跋

홍계희 발문

21. 불설천지팔양신주경佛說天地八陽神呪經
- 기복적인 면이 강하고 토속 신앙자들이 애용

이 책은 당나라 때의 삼장법사三藏法師 의정義淨 역으로 되어 있으나 범어의 원본이나 티벳 번역본도 없거니와 인도에서 발간된 어떤 경론에도 이 경에 대한 언급이 없다. 그래서 이 경은 중국에서 만들어진 위경僞經으로 의심받기도 한다.

《천지팔양경》은 다른 불경에 비해 기복적인 면이 강하고 또 무당을 중심으로 한 토속신앙을 가진 사람들이 특히 이 경을 애용하였다.

이 경을 '불설천지팔양신주경' 이란 긴 이름 대신 '천지팔양경', 더 줄여 '팔양경' 이라고 많이들 불리고 있다.

이 《천지팔양경》은 단권으로 만들어진 경우가 드물다. 기록상 초간본으로 볼 수 있는 효종孝宗 8년(순치14년) 전라도 장흥長興 천관산天冠山 개판본도 불설광본대세경佛說廣本大歲經, 불설지심다라니경佛說地心陀羅尼經과 같이 묶어 간행되었다.

조선조 시대 중에서도 효종조에 언해사업이 활발하였던 것같다. 당시 한의서인 《벽온신방辟瘟新方》, 농서인 《농가집성農家集成》, 《악학궤범樂學軌範》, 《경민편언해警民編諺解》 등 많은 책을 한글본으로 엮어내었다. 이 '팔양경' 도 그때 사찰에서 한글 목판본으로 간행한 것이다.

그 다음 1769년(영조45년 건융34년)에 안동부安東府 봉정사鳳停寺 개판본도 다른 경과 합본되어 있고 1791년(정조15년 건융56년) 전라좌도 순천順天 송광사松廣寺 판본도 불설조왕경佛說竈王經과 같이 인쇄되어 있다. 1795년(정조19년 건융60년) 양주楊州 천보산 불암사佛岩寺에서 발행한 《팔양경》에도 '불설환희조왕경' '불설장수멸죄호제동자다라니경'이 뒤에 붙어 있다. 그리고 1839년(도광19년) 철원鐵原 보개산 석대암石臺岩에서 발간한 목판본 1책과 1908년(융희2년)에 발행한 《팔양경》에도 참선곡參禪曲과 권선곡勸禪曲이 같이 붙어 있다. 이 모든 책들이 한글 언해본으로 간행된 것은 일반백성들 사이에서 폭넓게 애독되었음을 뜻하는 것이 아닌가 본다.

이《천지팔양경》에서는 여덟이라는 숫자를 중요시 여기고 있다. 부처님은 음양을 설명하면서 네 쌍의 음양이 우주를 이루는 기본이라 설명하였다. 하늘은 양이요 땅은 음이며, 해는 양이요 달은 음이다. 또 물은 음이요 불은 양이며, 여자는 음이며 남자는 양이다. 하늘과 땅의 기운이 합하여 온갖 풀과 나무가 나고 해와 달이 서로 걸림 없이 오고 가면서 절기가 뚜렷해지고 물과 불이 서로 도와 만물이 무르익고 남자와 여자가 어울려 자손이 번성하는 것이 자연의 이치요, 세상의 진리라 하였다. 그러므로 세상의 삼라만상을 일으키고 생성하는 것이 하늘과 땅, 해와 달, 불과 물, 남자와 여자 이 여덟 가지 음양의 법칙이 조화를 이룰 때 만물이 소생하고 유지된다는 것이다.

그리고 이 경은 다분히 기복신앙과 토속신앙적인 요소를 많이 가미하고 있다. 내용 중 세상일을 할 때 먼저 이 경을 세 번 읽고 담을 쌓거나 터를 세우고 편안한 집을 지으라 하였고 갖가지 용도를 위해 건물 등을 지을 때 이《천지팔양경》을 세 번만 읽으면 모든 잡귀들이 다 도망가고 해치지 못한다고 했다.

이 경은 백성들이 필요한 경우 간단히 읽을 수 있고, 또한 부처님을 모시는 불경의 구실을 할 수 있었기 때문에 많은 서민들이 애용하였던 것이 아닌가 본다.

이 경은 거의 전문에 걸쳐 선한 일을 권장하면서도 어떤 중생이 음탕한 욕심, 시기, 질투, 성냄 등 못된 짓을 하였더라도 이 경을 보고 받들어 공양하고 이 경을 세 번만 읽으면 악이 없어지고 자비를 베풀게 되어 부처님의 가르침을 얻게 된다는 것이다.

이 《천지팔양경》은 여러 번 간행되었고 또 《금강경》《지장경》《법화경》《관음경》《화엄경》《보현행원품》과 같이 불자들이 가장 많이 읽었던 불경으로 전해지고 있으나 고서목록 등을 봐서는 현재 전해내려오고 있는 책들이 그리 많지 않은 것같다.

범우사 자료실에는, ① 1791년(정조15년 건융56년) 순천 송광사 판본과 ② 1795년(정조19년 건융60년) 양주 불암사 판본 ③ 1839년(헌종5년 도광19년) 철원 보개산 석대암본 ④ 1908년(순종2년 융희2년) 간행본과 한글 필사본 한 책이 있다.

佛說天地八陽神呪經

불셜텬디팔양신주경

唐三藏法師義淨奉 詔譯

당삼장법ᄉᆞ의졍봉 죠역

聞如是一時佛在毗耶達摩城寥廓宅中十方相隨四衆

문。여시일시불。ᄌᆡ비야。달마셩。료확ᄐᆡᆨ즁。십방샹슈。ᄉᆞ즁

圍繞爾時無礙菩薩在大衆中卽從座起合掌向佛而白

위요。이시。무애보살。ᄌᆡ대즁즁。즉죵좌긔。합쟝향불。이ᄇᆡᆨ

佛言世尊此閻浮提衆生遞代相生無始已來相續不絶

불언。셰존。ᄎᆞ염부뎨。즁ᄉᆡᆼ。톄ᄃᆡ샹ᄉᆡᆼ。무시이ᄅᆡ。샹쇽부단

有識者少 無智者多 念佛者少 求神者多

1795년 양주 불암사 판본

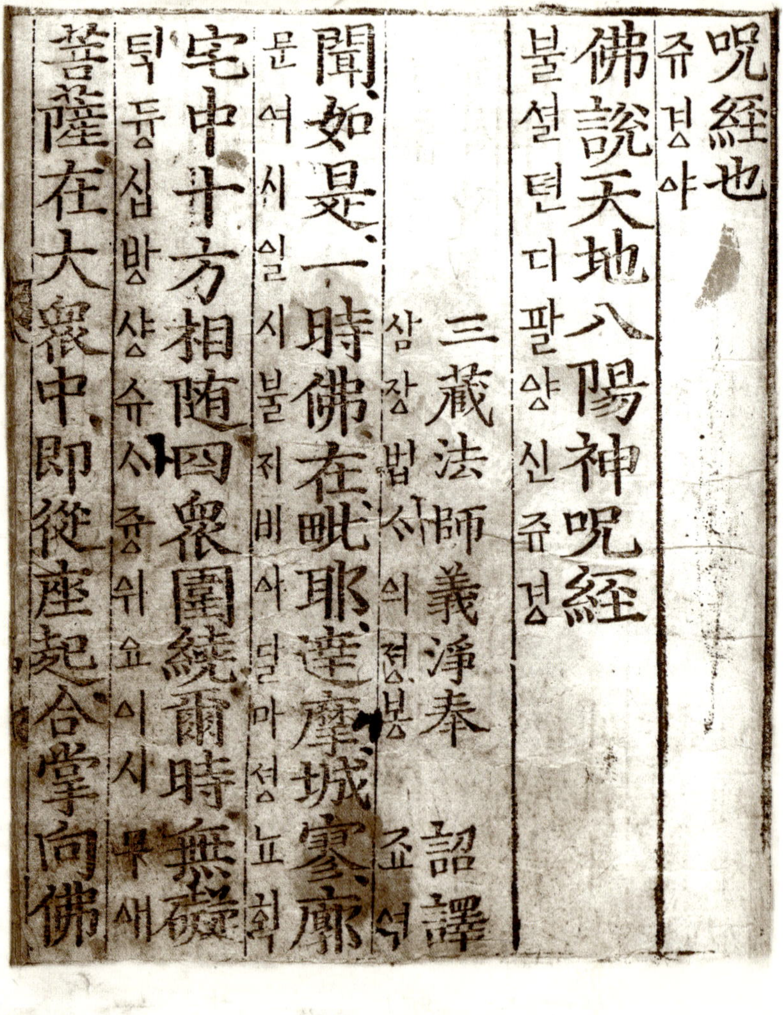

呪經也
쥬경야
佛說天地八陽神呪經
불셜텬디팔양신쥬경
三藏法師義淨奉 詔譯
삼장법ᄉᆞ의졍봉 죠역
聞如是一時佛在毗耶達摩城寥廓
문여시일시불재비야달마셩뇨확
宅中十方相隨四衆圍繞爾時無礙
퇴듕십방샹슈ᄉᆞ즁위요이시무ᄋᆡ
菩薩在大衆中即從座起合掌向佛

1791년에 간행한 송광사 판본

佛說天地八陽神呪經

불셜텬디팔양신주경

唐三藏法師義淨奉　詔譯

당삼장법ᄉᆞ의졍봉　죠역

聞如是一時佛在毗耶達摩城寥廓宅中十方相隨四衆

문。여시일시불。ᄌᆡ비야。달마셩。료확ᄐᆡᆨ즁。십방샹슈。ᄉᆞ즁

圍繞爾時無礙菩薩在大衆中卽從座起合掌向佛而白

위요。이시。무애보살。ᄌᆡ대즁즁。즉죵좌긔。합쟝향불。이ᄇᆡᆨ

佛言世尊此閻浮提衆生遞代相生無始已來相續不斷

불언。세존。ᄎᆞ염부뎨。즁싱。톄ᄃᆡ샹ᄉᆡᆼ。무시이ᄅᆡ。샹쇽부단。

有識者少　無智者多　念佛者少　求神者多

1908년에 간행한 판본

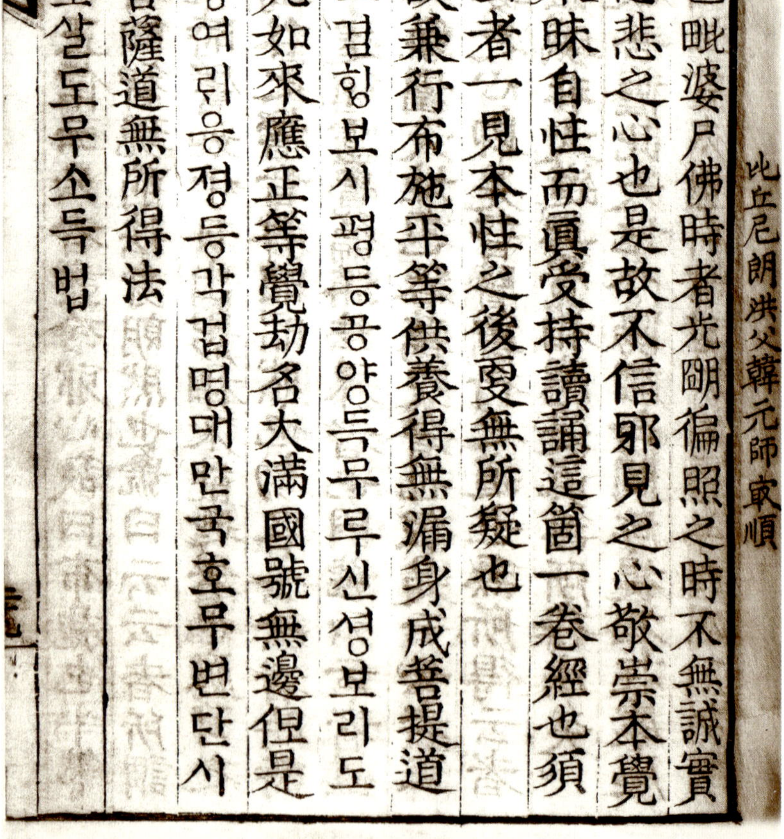

比丘尼朗洪父韓元師㪨順

有情也毗婆尸佛時者光明徧照之時不無誠實
之心慈悲之心也是故不信邪見之心敬崇本覺
之心不昧自性而眞受持讀誦這箇一卷經也須
作云云者一見本性之後更無所疑也
以正信故兼行布施平等供養得無漏身成菩提道
이정신고겸힝보시평등공양득무루신셩보리도
號曰普光如來應正等覺劫名大滿國號無邊但是
호왈보광여리응정등각겁명대만국호무변단시
人民行菩薩道無所得法
인민힝보살도무소득법

1839년에 간행한 철원 석대암 판본

불셜텬디팔량신쥬경

이러ᄒᆞ신텬디팔량경법문을늬듯사오니
일시에부텨님이비야달마셩노확텩즁에
계시니시방셰계즁싱이셔로슈죵ᄒᆞ고비구
비구니우바셕우바니사즁이부텨님을사면
으로위요ᄒᆞ여시위ᄒᆞ여엿ᄌᆞᆺ시니잇ᄯᅢ에무의
보살즁즁에계시다가일러나합장ᄒᆞ고부
텨님을힝ᄒᆞ여삽사오ᄃᆡ셰존ᄒᆞ이셰계즁싱
이무량겁이릭로죽고살기을상속부단ᄒᆞᆯ
되

22. 송담선생유사松潭先生遺事
- 임진왜란때 일본에 끌려가서 쓴 회한의 가사

이 책은 1782년 7월에 양산梁山의 송담서원에서 간행한 백수회白受繪의 문집이다.

한국의 옛책 판본들을 간행한 곳에 따라 분류하자면, 크게 관판본官板本과 사판본私板本으로 분류할 수 있다. 그리고 또 더욱 세분하자면, 관판본 중에는 서적원書籍院이라든지 내각內閣 등 중앙관서와 현, 군 등 지방관서 그리고 특정기능을 가지고 있는 관상감觀象監이나 훈련도감訓練都監, 내의원內醫院 등에서 관판본 등을 간행하였다.

사판본私板本은 또 사찰판본寺刹板本과 서원판본書院板本, 사가판본私家板本 등으로 나뉜다. 그리고 일반판매용으로 만든 방각본坊刻本이 있다.

그런데 옛책 중에 한글본은 극히 드문데, 그 중에서도 사판본 중 사찰판본을 제외한 한글본을 찾기란 참으로 어렵다.

개화기 이후, 서원판본과 방각본이 서당 등의 교육용으로 한글판본이 간행되기 시작하였으나, 그 전에는 정철鄭澈과 박인로朴仁老, 윤선도尹善道의 문집에 들어 있는 가사歌辭 정도가 고작이었다.

이 《송담선생유사》에도 조선 중기의 문신文臣인 백수회의 시문詩文과 사적을 기록한 문집 중에 한글로 된 가사 5편이 들어 있다. 이 책은 송담 백수회(1547~1642)가 돌아간 후, 정조 6년(1782)에 송담서원에서 정상례鄭尙禮와 여러 유생儒生들이 편집한 목판본 1권 1책이다.

백수회의 자는 여빈, 호는 송담, 본관은 부여이다. 그는 12세에 부모를 잃고 14세에 현감 석지의 딸을 아내로 맞아 경남 양산군 불금면 가촌리 산방에서 글을 읽다가 19세 되던 해인 1592년(선조 25) 임진왜란때 포로가 되어 일본에 잡혀갔다. 9년 동안 일본에 억류되어 갖은 고통을 겪으면서도 절개를 굽히지 않았다.

그래서 이 문집 속에 들어 있는 시 11수와 가사 5편 그리고 부록에 있는 사적기 등은 임진왜란때 일본에 끌려가 억류되었던 9년 동안의 회한과 고국을 그리워 하는 피맺힌 정을 비장한 어조로 읊은 글들이다.

이 책의 권두에는 이사렴李師濂의 서문과 정상례의 발문이 있고 크게 본문과 부록으로 구분되어 있다. 본문에는 연보와 시 11수, 서書 1편, 가사 5편이 들어 있으며 '역대충신표제' 라는 우리나라 신라의 박제상, 백제의 성충, 고려의 정몽주와 중국 상商나라의 기자箕子, 한나라의 소무蘇武 등의 충신들 100명의 이름을 넣은 것과 임진왜란때 일본으로 함께 붙잡혀갔던 유학생 8명에 관한 기록인 '동시피부인성명록同時被俘人姓名錄' 과 소疏 1편, 부록에 사적기, 행장, 묘갈명과 그의 충절을 기린 절사가節士歌 등이 있다.

이 중에서 한글로 된 글은 가사 5편이다. 가사는 모두 일본에서 지은 글로 《도대마도가到對馬島歌》는 '해운대 여흰 날의 대마도 도라드러 눈믈 베셔고 좌우롤 도라보니 창파만리滄波萬里롤 이 어딕라 홀 게이고 두어라 천심조순天心助順ᄒᆞ면 사반고국使返故國ᄒᆞ리라' 는 가사를 담고 있다. 그리고 《재일본장가在日本長歌》《단가短歌》《화경도인 안인수가和京都人安仁壽歌》《부안인수가附安仁壽歌》 등인데 모두가 고국을 그리는 애끓는 심정을 노래했다.

《재일본장가在日本長歌》는 '어와 이 내 몸이 일일一日도 삼추三秋로다. 해동이역海東異域을 이 어ᄃᆡ라 ᄒᆞᆯ게이고 천심天心이 부조不助하니 만리표림萬里漂臨이라 눈믈을 베셔고 좌우左右를 도라보니 어음語音이 부동不同하고 풍속風俗이 상위相違로다. 청의靑衣를 메앗고 성단腥膻에 절ᄒᆞ며 이제夷齊의 채미采薇와 소무蘇武의 한절漢節과 천상天祥의 위국단심爲國丹心을 닛디 아닌 이 내 ᄆᆞᄋᆞᆷ 조조모모朝朝暮暮의 서산西山을 창망悵望ᄒᆞ니 일촌간장一寸肝腸이 ᄢᅳᆫᄂᆞᆫᄃᆺ 닛ᄂᆞᆫᄃᆺ 건곤乾坤을 부앙俯仰ᄒᆞ고 고사古事를 사량思量ᄒᆞ니 부모父母의 은덕恩德과 형제兄弟의 우애友愛를 못다 갑흔 잔구殘軀로다. 침상枕上의 ᄭᅮᆷᄭᅮ어 고국故國의 도라오니 궁실宮室이 여전如前하고 송국松菊이 황무荒蕪로다. 부모父母ᄭᅴ에 절ᄒᆞ며 이제二弟를 더위잡고 중년불견中年不見ᄒᆞ여 양생상비兩生相悲 니ᄅᆞ며 무르며셔 체루涕淚를 상휘相揮ᄒᆞ고 적적전정積積前情을 못내 베픈 ᄉᆞ이예 이요란이夷擾亂耳ᄒᆞ니 원접경회遠蝶驚廻ᄒᆞ도다' 는 총 39구句의 몽환夢幻가사로 고국에 돌아와 부모형제를 만나 회포를 나누는 꿈을 꾸면서 충절과 고국의 부모형제에 대한 그리움을 표현하고 있는 가사이다.

'단가' 는 '어와 하도할샤 이내 분별分別 하도할샤 놈 모ᄅᆞᄂᆞᆫ 근심을 못내 ᄒᆞ야 셜운지고 언제사 하놀이 이 ᄯᅳᆺ 아ᄅᆞ샤 사반고국使返故國ᄒᆞ련이고' 로 끝나는 짧은 가사이며 '화경도인 안인수가' 는 '한등객창寒燈客窓의 벗 업시 혼자 안자 님 ᄉᆡᆼ각ᄒᆞ며셔 좌우左右을 도라보니 북해산北海山가 연옥燕獄인가 이 어ᄃᆡ라 ᄒᆞᆯ쎄이고 청풍淸風과 명월明月을 벗 삼은 몸이 위국단심爲國丹心을 못내 슬허ᄒᆞ노라' 고 읊었고, '부안인수가' 는 '어와 셜온지고 ᄉᆡᆼ가ᄒᆞ니 더옥 슬픠 만리萬里외이 어이 어ᄃᆡ라 혼자 와셔 ᄆᆞᄋᆞᆷ의 ᄆᆡ친 님을 ᄭᅮᆷ의나 보려 ᄒᆞ여 객창客窓을 지혀시니 헌ᄉᆞ로온 청풍淸風은 벽해碧海를 지내 불고 외로온 명월明月은 판옥板屋의 빗거시니 ᄆᆞᄋᆞᆷ이 한가閑暇ᄒᆞ여 ᄌᆞᆷ이조차 아니 온다. 아니 오ᄂᆞᆫ 님은 ᄏᆞ니와 오던 ᄌᆞᆷ은 어ᄃᆡ 간고 ᄌᆞᆷ조차 무정無情히 되니 더옥 슬퍼ᄒᆞ노라.'

위의 가사 5편 중에서도 대표작이라 볼 수 있는 '재일본장가'는 4음보격으로 가사 율격을 준수하고 있으나 1행만 6음보로 늘어난 곳이 있다. 작품의 형식에 있어서 시조보다는 길고 가사보다는 짧은 것이 특징인데 가사의 율격적 특성과 진술방식을 그대로 지니고 있으므로 가사작품이라 볼 수 있다. 또한 이 작품들은 가사문학이 시조로 이양되어가는 과도기적 면모를 보여주는 특이함도 나타나고 있다.

백수회는 9년 동안 일본에 억류되었다가 고국으로 돌아온 후 광해군의 난정亂政으로 민심이 흉흉함을 보고 여러 번 상소를 올려 그릇된 정치의 시정是正을 요구하였다. 1623년 인조반정仁祖反正 후, 백수회는 예빈사禮賓寺 참봉, 자여도찰방自如道察訪을 역임하고, 사후 호조참의戶曹參議에 추증되어 양산의 송담서원에 배향配享되었다.

이 문집 끝에는 1782년 7월에 이 책을 송담서원이 중심이 되어 펴낼 때 정상례의 지識와 별유사, 서사, 선생의 후손 · 주사 · 도유사의 성명과 '세임인칠월일歲壬寅七月日 양산송담서원장판梁山松潭書院藏板'이란 간기가 있어서 간행사실 등에 대한 출판자료로서도 중요한 가치를 지니고 있다.

범우사 자료실에는, 1782년(정조6) 양산 송담서원에서 간행한 초간본 《송담선생유사松潭先生遺事》 2권 1책 목판본 한 책이 있다.

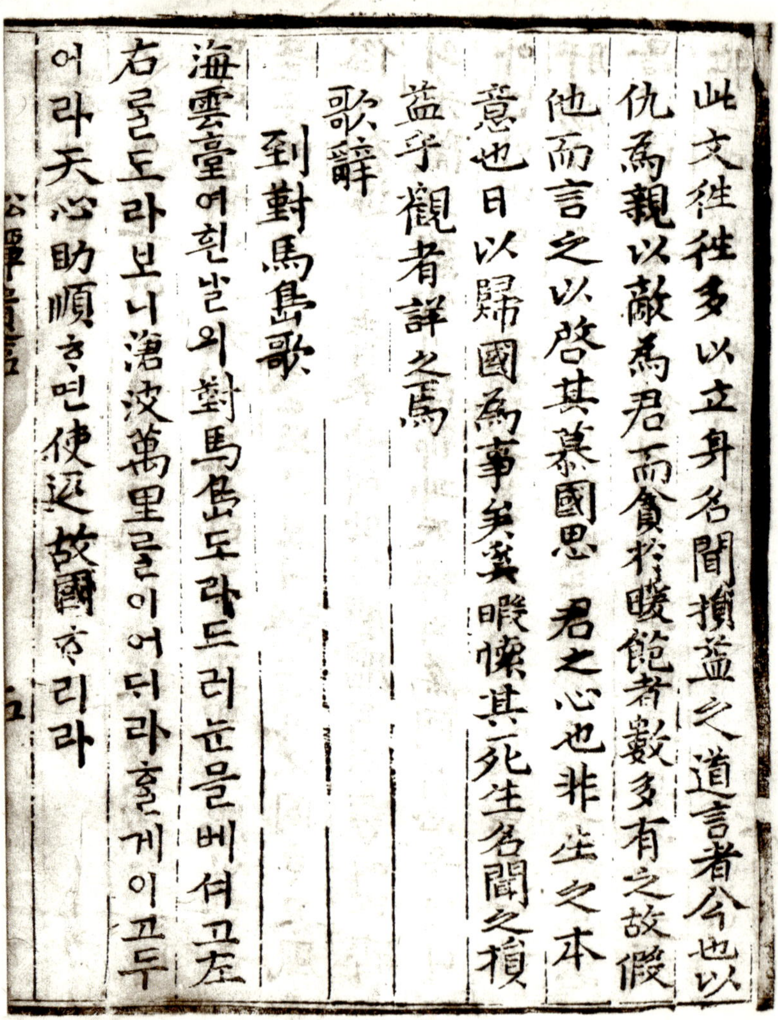

此文往往多以立身名聞損益之道言者今也以
仇爲親以敵爲君而貪於暖飽者數多有之故假
他而言之以啓其慕國思　君之心也非生之本
意也日以歸國爲事矣冀暇慄其死生名聞之損
益乎觀者詳之焉

歌辭

到對馬島歌

海雲臺여흰날의對馬島도라드러눈믈베셔고左
右롤도라보니滄波萬里롤이어더라홀게이끄두
어라天心助順ᄒᆞ면使返故國ᄒᆞ리라

도대마도가

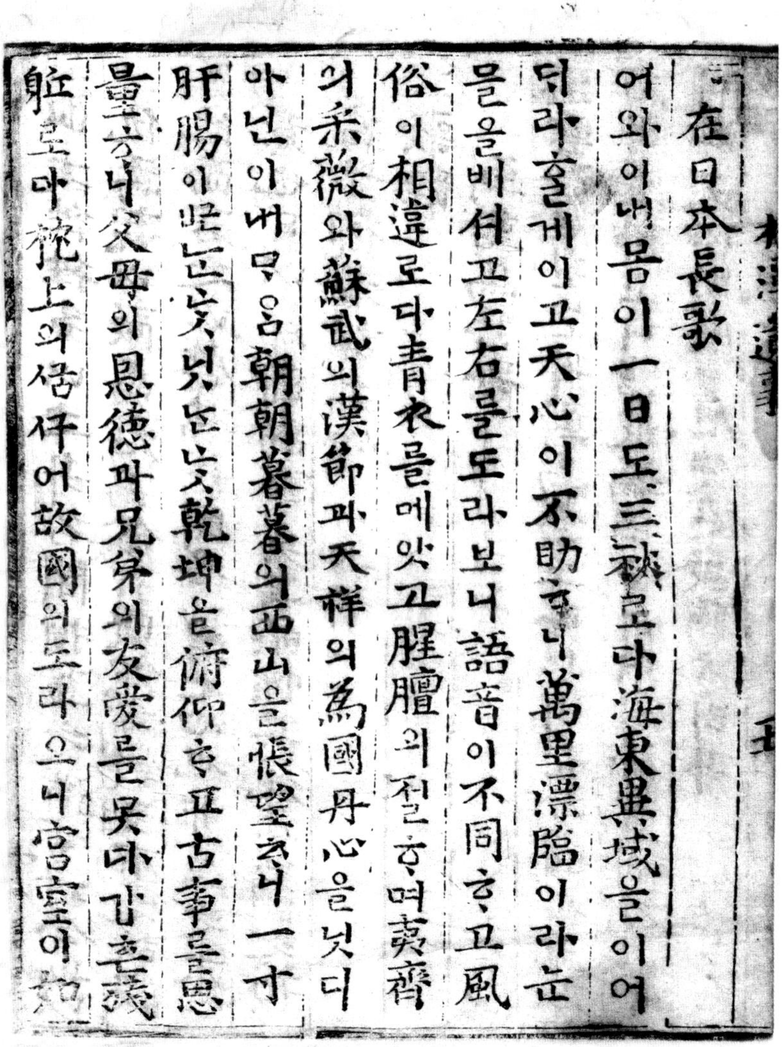

在日本長歌

어와이내몸이一日도三秋로다海東異域을이어
뎌라호게이고天心이不助ᄒᆞ니萬里漂臨이라눈
물을베셔고左右를도라보니語音이不同ᄒᆞ고風
俗이相違로다青衣를메앗고腥膻의절ᄒᆞ여夷齊
의采薇와蘇武의漢節과天祥의爲國丹心을닛디
아닌이내ᄆᆞ음朝朝暮暮의西山을悵望ᄒᆞ니一寸
肝腸이몃근ᄂᆞᆺ닛ᄂᆞᆫᄂᆞᆺ乾坤을俯仰ᄒᆞ고古事를思
量ᄒᆞ니父母의恩德과兄弟의友愛를못다갑흔義
軀로다枕上의ᄭᅮᆷᄭᅮ어故國의도라오니宮室이如

재일본장가

前ᄒᆞ고松菊이荒蕪로다父母셰뎔ᄒᆞ며二弟를디
위잡고中年不見ᄒᆞ여兩生相悲나ᄅᆞ며무르며셔
滂淚를相揮ᄒᆞ고積積前情을못내베픈ᄉᆞ이예夷
謠亂耳ᄒᆞ니遠蝶驚廻ᄒᆞ도다

短歌

어와하도할샤이내分別하도할샤ᄂᆞᆷ모ᄅᆞ논근심
을못내ᄒᆞ야셜운지고언제사하ᄂᆞᆯ이이ᄯᅳᆺ아ᄅᆞ샤
使送故國ᄒᆞ련이고

和京都人安仁壽歌

寒燈客窓의벗업시혼자만자넘ᄉᆡᆼ각ᄒᆞ여付左右

단가 · 화경도인 안인수가

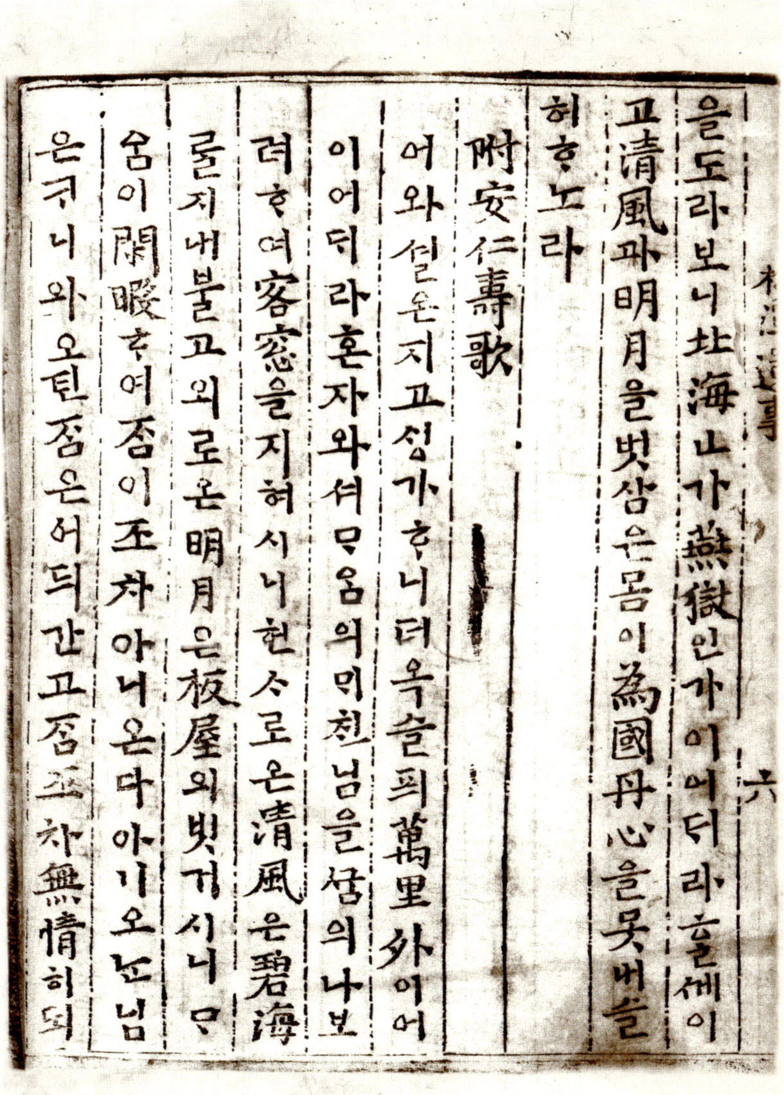

을도라보니北海ㅣ가燕獄인가이어듸라ᄒᆞᆯ셰이
고淸風과明月을벗삼은몸이爲國丹心을못버슬
허ᄒᆞ노라

附安仁壽歌

어와셜운지고셩가ᄒᆞ니더옥슬픠萬里外이어
이어듸라혼자와셔ᄆᆞᄋᆞᆷ의미친님을ᄭᅮᆷ의나보
려ᄒᆞ여客窓을지혀시니헌ᄉᆞ로온淸風은碧海
룰지내불고외로온明月은板屋의빗겨시니ᄆᆞ
ᄭᅮᆷ이閑暇ᄒᆞ여ᄌᆞᆷ이조차아니온다아기오는님
은ᄭᅴ니와오던ᄌᆞᆷ은어듸간고ᄌᆞᆷ조차無情히되

부안인수가

竊顧吾鄉之後學瞻仰先生之風於開
卷之初興起感歎有似乎私淑之不衰
也歲壬寅七月上澣鄉後生蓬萊鄭尙
禮謹識

別有司 幼學 裵德柱
書寫 幼學 徐孝聞
先生裔孫 幼學 白元洙
主事 都有司 幼學 鄭尙禮

歲壬寅七月 日 梁山松潭書院藏板

간기가 있는 끝장

23. 증수무원록언해增修無寃錄諺解
- 법의학서로서 한글연구에도 중요한 자료

이 책은 법의학서法醫學書로서 정조正祖때 구윤명具允明 등에 의하여 편찬된 《증수무원록대전》을 1790년(정조14)에 정조의 명에 의하여 서유린徐有隣 등이 언해를 하여 1792년에 간행한 3권 2책의 운각활자본芸閣活字本이다.

원래 《무원록》은 명나라의 책인데 우리나라에서 일찍이 세종世宗이 최치운崔致雲에게 명하여 주註를 달게 하고 보완한 다음에 영조가 구택규具宅奎에게 명하여 다시 증보增補를 하게 하였다. 그후 정조가 구택규의 아들인 구윤명에게 명하여 보완하고 손질하여 정조 20년에 《증수무원록대전》을 간행하였는데, 그보다 먼저 언해본이 간행되었다.

정조가 원문原文에 앞서 정조16년(1792)에 언해본을 간행케 한 것은 형률관刑律官에게 검험檢驗에 관한 지식을 정확하게 알리고자 한 때문이다. 언해본이 원문原文에 앞서 간행된 것은 그 당시 구택규具宅奎의 증수본增修本이 필사筆寫 등의 방법으로 널리 알려져 있었던 것같다.

어쨌든 언해본이 간행됨으로써 알기 어려운 한자를 사용하는 것보다 그 지식의 응용이 더욱 보편화되고 정확성을 기할 수 있었을 것이다.

1792년 운각芸閣에서 감인監印 완성된 언해본은 관서關西, 양남兩南, 감영에도 명하여 발행하게 하고 1797년에는 영영嶺營(대구)에서 《증수무원록대전》과 함께 목판본으로 간행하였다.

이 《증수무원록언해》는 시체屍体현상의 시기적인 변화로부터 화소사火燒死, 자사自死, 피사被死, 사전死前 사후死后의 가작假作 또는 병환사病患死, 동사凍死, 아사餓死, 압사壓死 등의 사인死因의 규명에 이르기까지의 법의학적 감정을 필요로 하는 각종 사항과 검사종류의 재료 또는 검안서식檢案書式의 수속절차에 대한 기록까지 취급하고 있는 법의학적 재판의 전문서로서 현대법의학現代法醫學에 비하여 크게 손색이 없을 정도로 비교적 상세히 기술되어 있다.

이 책은 세종대왕의 3대 업적의 하나인 《신주무원록新註無冤錄》의 조條에 열거된 목록과 비교하여보면 원나라의 왕여王與의 《무원록》을 거의 그대로 중간한 《신주무원록》보다 실용에 중점을 두었으며 우리의 실정에 적합한 검험檢驗의 방법을 취하는 데 얼마나 노력하였는가를 잘 알 수 있다.

이 책은 검험檢驗을 담당한 형률관刑律官들의 유일한 교서敎書로서 널리 이용되었을 뿐만 아니라 갑오개혁甲午改革 이후 서구식 제도에 의하여 재판소가 구성되고 치명致命에 관한 재판에 있어 근대의 법의학적 지식을 요구하게 된 광무11년(1907)까지도 이 책이 사용되었다.

그 이유는 이 책의 실용적 가치가 근대의 법의학서에 비하여 손색이 없음을 인정하였기 때문이다.

《증수무원록언해》를 편찬한 서유린徐有隣은 증수무원록대전의 차례대로 언해하여 앞에 본문을 현토懸吐해서 싣고 뒤에 주註까지를 포함하여 언해하였다. 언해는 국한문 혼용으로 하였으며 한자漢字 바로 아래에 한글로 음音을 달았다.

편찬자인 서유린은 교리校理 서효수徐孝修의 아들로 1766년 정시문과庭試文科에 급제하여 도승지都承旨, 충청감사, 대사헌大司憲을 지낸 뒤 1781년에 호조판서戶曹判書에 올랐으며 1788년에는 공시당상貢市堂上으로 국경무역을 관장하였고 1790년에는 왕명에 의하여 《증수무원록언해》를 편찬하였다. 그 뒤에 선혜청당상, 판의금부사, 한성부판윤, 수원유수 등을 지냈다. 1801년(순조1) 정조가 돌아가자 사도세자를 동정하였던 남인南人인 시파時派가 몰락하고, 순조가 즉위하자 노론老論 중심의 벽파僻派가 집권하게 되었다. 이때 시파에 속했던 서유린은 경흥慶興에 유배된 후 유배지에서 죽었다. 당쟁의 희생물이 된 것이다.

이 책은 법의학서를 연구하는 데 중요한 자료일 뿐만 아니라 18세기 말의 국어를 연구하는 데도 《증수무원록언해》본에 있는 신체도는 중요한 자료가 된다. 특히 신체어휘身体語彙의 좋은 자료를 제공하여준다.

본서는 정조때 초간된 후, 운각활자와 목판본으로 발간되었고, 고종高宗 초기에 전사자全史字 활자본과 광무11년(1907)에 연활자본鉛活字本으로도 개간되었다.

범우사 자료실에는, 함풍咸豊 10년(1860) 4월에 판부사判府事 박해수朴海壽에게 내사內賜한 전사자본全史字本 《증수무원록대전》 한자본 1책과 《증수무원록언해》(권1-2) 1책에 (권3) 1책 합하여 3책이 있다.

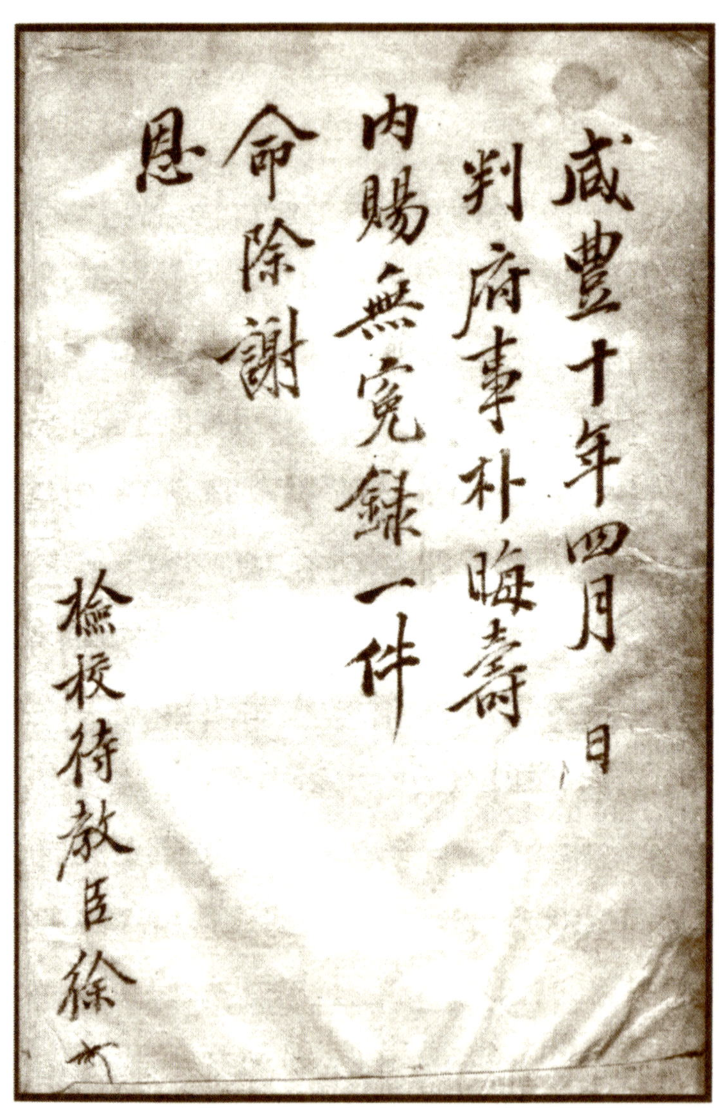

咸豐十年四月 日
判府事朴晦壽
內賜無冤錄一件
命除謝
恩
檢校待敎臣徐

판부사 박해수에게 내린 내사기

增修無冤錄凡例

無冤錄與洗冤平冤[illegible]結案程式等書類聚成書者

而編次[illegible]疊文誤字不勝其多文理之不

通者亦由於此不得不逐行釐正俾免訛眩

此書上卷[illegible]皆吏文而與下卷條例意疊者

多難[illegible]不打緊者亦有之此則或刪或

[illegible]分錄於各項條下以便參攷

此書本無與義以中原吏文類多難解故其淺近文

義亦多疑晦且我東註釋疏略多失宜本書肯綮

終欠明瑩其冗者刪之漏者補之法意之最有緊

규장지보인이 찍힌 증수무원록범례

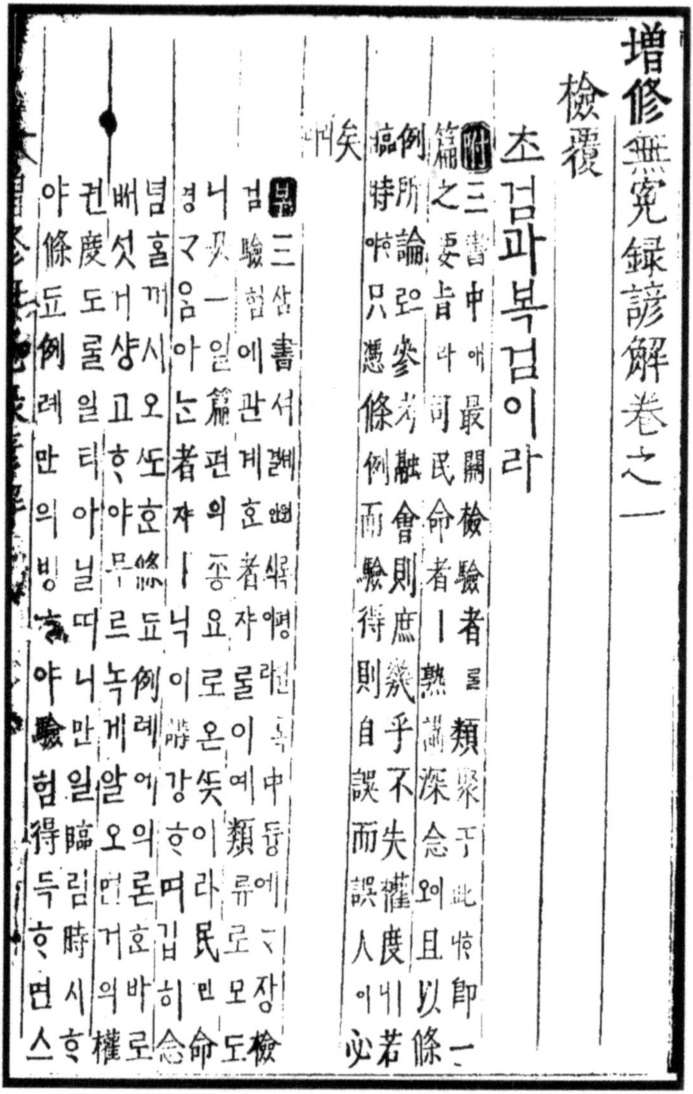

增修無冤錄諺解卷之一

檢覆

검과복검이라

附三書中에最關檢驗者를類聚于此ᄒᆞ야卽一篇之要旨라司民命者ㅣ熟講深念ᄒᆞ고且以條例所論으로參考融會則庶幾乎不失權度ㅣ니若搞特ᄒᆞ야只憑條例而驗得則自誤而誤人이니必矣니라

附三삼書서洗冤錄平冤錄이라中듕에ᄀᆞ장檢검驗험에관계ᄒᆞᆫ者쟈ᄅᆞᆯ이예類류로모도니이一일篇편의종요로온뜻이라民민命경ᄀᆞᄋᆞᆷ아ᄂᆞᆫ者쟈ㅣ닉이講강ᄒᆞ며깁히念념홀끼시오ᄯᅩᄒᆞᆫ條됴例례에의론ᄒᆞᆫ바로써섯샹고ᄒᆞ야ᄆᆞ르녹게알오면거의權권度도로일티아닐떠니만일臨림時시ᄒᆞ야條됴例례만의빙ᄒᆞ야驗험得득ᄒᆞ면ᄉᆞ

증수무원록 본문 첫 장

ᄯᅩᄒᆞᆫ합당히여러검험ᄒᆞᆯᄯᅢ니거의일이證증驗험이잇고옥졍이疑의似ᄉᆞㅣ업ᄉᆞᆷ을ᄇᆞ라리니라○棺관을여러檢검得득홈애皮피肉육이녹고骨골殖식(ᄲᅧ에기름이어린거시라)이드러나ᄲᅧ檢검驗험ᄒᆞ기어렵고본ᄃᆡᄯᅩᄒᆞᆫ檢검骨골ᄒᆞᄂᆞᆫ定뎡例례업스니무어슬의빙ᄒᆞ야致티命명ᄒᆞᆫ根근因인을定뎡ᄒᆞ야잡으리오만일照죠勘감(죽인졍젹을아단말이라)이明명白ᄇᆡᆨᄒᆞ거든行ᄒᆡᆼ凶흉人인과干간連련人인을가져致티命명ᄒᆞᆫ根근因인을研연ᄐᆞ시궁구ᄒᆞ고磨마ᄃᆞ시(연파ᄆᆡᆺ돌질ᄒᆞᄃᆞ시셰셰ᄃᆞ록ᄒᆞ란말이라)무

증수무원록언해 본문

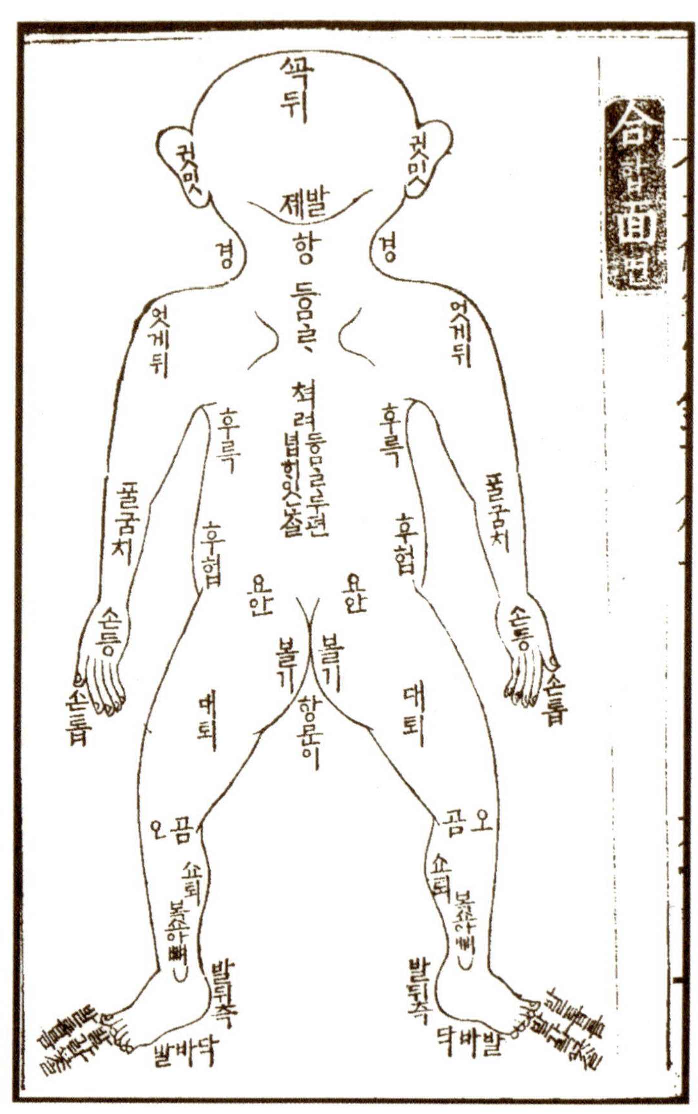

증수무원록언해본에 있는 신체도

24. 어정규장전운御定奎章全韻
- 한자음 연구에 귀중한 자료

이 책은 조선조 정조의 왕명에 의해 엮은 운서韻書로서 목판본 2권 1책 본이다. 책 크기는 33×21cm이고, 본문은 10행×20자이며 판심명은 규장전운으로 되어 있다. 이 책 권두에는 어정규장전운 의례가 있고, 이어 부목部目이란 목차가 있다.

1792년(정조16)에 서명응徐命膺, 이덕무李德懋가 편찬을 마치고 뒤이어 윤행임尹行恁, 서영보徐榮輔, 남공철南公轍, 이서구李書九, 이가환李家環, 성대중成大中, 유득공柳得恭, 박제가朴齊家 등이 교열을 한 다음 1796년에 간행을 하였다.

이후 이 책은 지방판본 등 방각본坊刻本으로도 많이 간행되어 그 종류가 많다.

종래 우리나라의 운서가 《삼운통고三韻通考》, 《화동정운華東正韻》, 《삼운성휘三韻聲彙》 등과 같이 평·상·거(平·上·去)의 삼성을 위주로 하고 입성入聲을 부속적으로 다룬 것은 사성四聲의 원칙에 어긋난다 하여 이 책에서는 사성을 동등히 다루었다. 그리고 평·상·거·입의 사성에 따라 제운諸韻으로써 찾되 같은 글자로 서음이나 뜻이 다른 것 등을 글자마다 분별하여 알기 쉽게 하였다.

이 책은 조선의 한자음인 동음東音을 □ 안에 넣고 중국의 본토음인 화음華音을 ○ 안에 넣어 표시하였다.

또 평 · 상 · 거 · 입의 사성을 4단으로 싣고 한자 밑에 자의字意를 한자로 간단하게 실었으며 자음字音은 한글로 표기하고 다른 운자와 통하는 자는 그 운모韻姆를 표기하였다.

목차에 따르면, 상하권에는 평성 30운韻, 상성 29운, 거성 30운, 입성 17운의 운부韻部별로 한자를 나열하였는데, 원운原韻 10,964자字에 증운增韻 2,102자 그리고 협운叶韻 279자를 합하여 모두 13,345자의 한자가 실려 있다. 그리고 모든 한자는 한글 자모순으로 배열하고 각자各字에는 자의字意를 한자로 쓰고 표제자標題字에는 중국음과 우리나라 한자음을 한글로 표기하였다. 그런데 우리나라 한자음은 전승되어온 속음俗音을 쓰지 않고 규범음規範音에 따르도록 하였다.

이 운서편찬에는 당시 우리나라에서 널리 쓰이던 《삼운통고》에만 의존하지 않고 명나라 장보의 《운학집성》, 송나라 오역의 《운보》, 명나라 양신의 《고음약례》, 청나라 소장형의 《고금운략》 등을 광범위하게 참작하였다.

《규장전운》의 책머리에는 서문이나 범례가 없고 의례義例만이 붙어 있는데 1846년(현종12)에 발간된 《어정시운御定詩韻》이란 수진본袖珍本 책에는 윤정현尹廷鉉이 쓴 간략한 범례가 붙어 있다. 그러나 내용에 있어서는 두 책이 거의 같고, 자수에서 몇 자 틀려 《어정시운》은 13,343자로 2자가 적다.

이 책은 당시 중국 한자음과 우리나라 한자음 연구에 귀중한 자료이며 우리나라 운서 중 가장 정확한 것으로, 운서로써 한자음이나 자의字義풀이에 근거를 제시해주는 귀중한 책이다. 또한 한시漢詩를 짓는 데 없어서는 안되는 사서辭書적 역할을 해 널리 보급되었다.

범우사 자료실에는, 1796년(정조20)에 전라도 창평현昌平縣 송강서원松江書院에 보낸 내사본內賜本 한 책과 1877년(광서3=고종14)에 이필기李弼基에게 보낸 내사본 한 책, 1887년(광서15=고종26)에 박세진朴世眞에게 보낸 내사본 한 책이 있다. 그리고 1864년 고종황제가 즉위한 그해에 내사하여 유학幼學 김재현金載賢에게 보낸 내사본 한 책, 1893년(고종30)에 박봉호朴鳳浩에게 보낸 내사본 한 책도 있다. 또, 내사기는 없고 내사인內賜印이 찍힌 교정본校正本인 호화본 한 책이 있다.

다음은 판매용으로 만든 방각본坊刻本인 책으로 반천半泉 중간본과 이돈冶洞 신간본, 전계장판甸溪藏板본, 유천由泉 중간본, 용동龍洞 중간본 그리고 위창葦滄 오세창吳世昌 씨가 쓴 글로 제첨題簽을 붙인 대구 감영에서 발행한 영영장판嶺營藏板본이 있다.

또 한말韓末에 서울 다동茶洞에서 만든 목판본으로 한일합병 이후 1913년에 신구서림新舊書林에서 발행한 책도 있다. 한국 고서종합목록에 올라 있는 《어정규장전운》 목록 중에 범우사 자료실에 없는 것은 의양서방義陽書坊에서 발행한 책만이 없는 것같다.

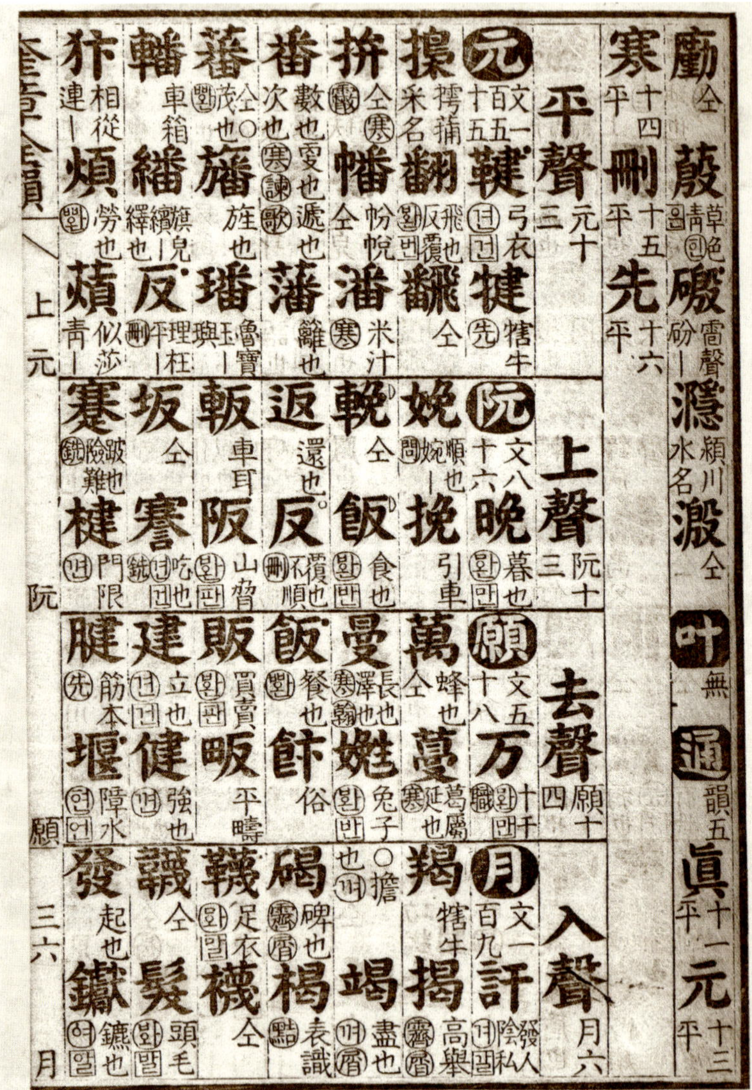

규장전운의 본문. 평성·상성·거성·입성이 4단으로 짜여 있음.

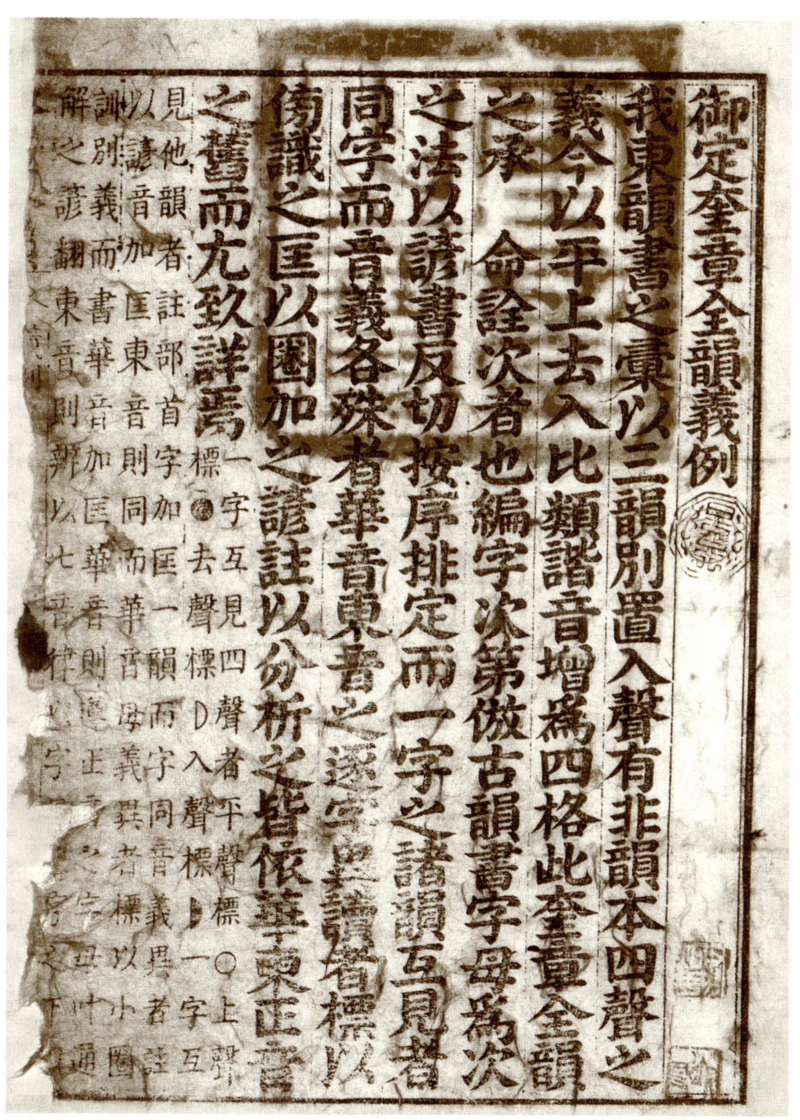
御定奎章全韻義例

我東韻書之彙以三韻別置入聲有非韻本四聲之義今以平上去入比類諧音增爲四格此奎章全韻之承 命詮次者也編字次第倣古韻書字母爲次之法以諺書反切按序排定而一字之諸韻互見者同字而音義各殊者華音東音之逐字異讀者標以傍識之匡以圈加之諺註以分析之皆依華東正音之舊而尤致詳焉 一字互見四聲者平聲標○上聲標◐去聲標◑入聲標◗一字互見他韻者註部首字加匡一韻而字同音義異者註以諺音加匡東音則同而華音母義異者標以卜圈訓別義而書華音加匡華音則正音[illegible]解之諺翻東音則辨以七音[illegible]

송강서원에 보낸 내사본

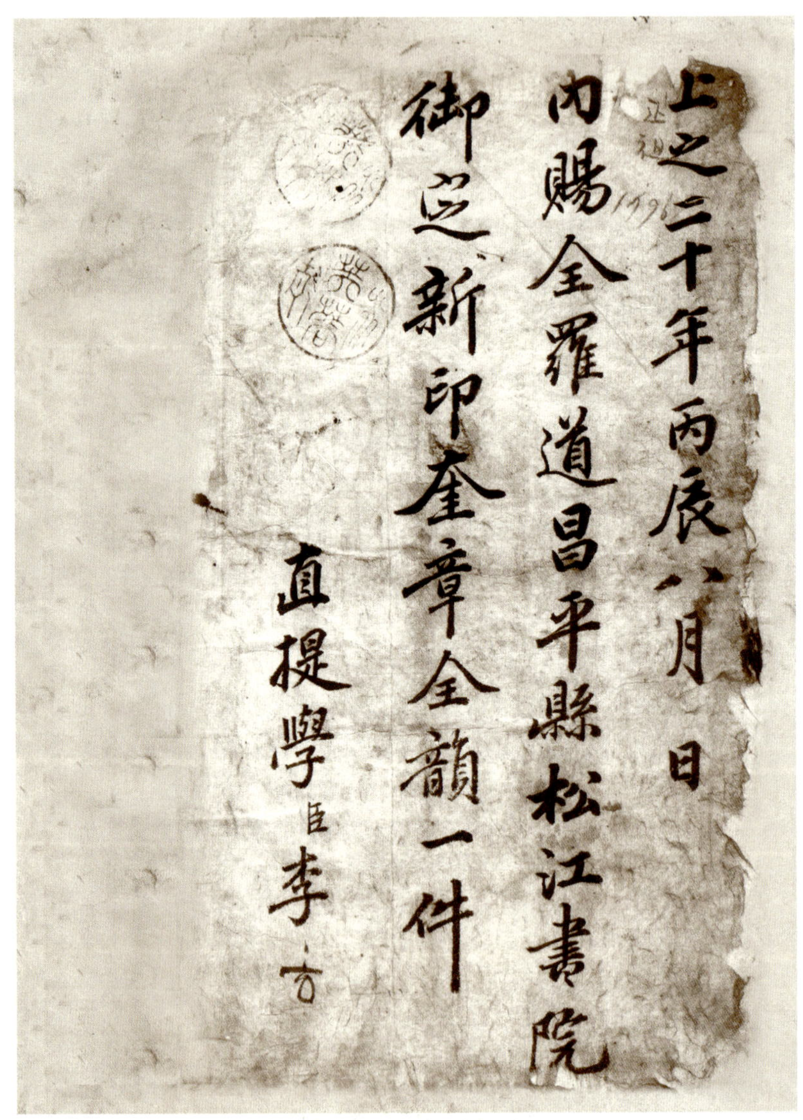

上之二十年丙辰八月日
內賜全羅道昌平縣松江書院
御定新印奎章全韻一件
直提學臣李[illegible]

송강서원에 보낸 내사기

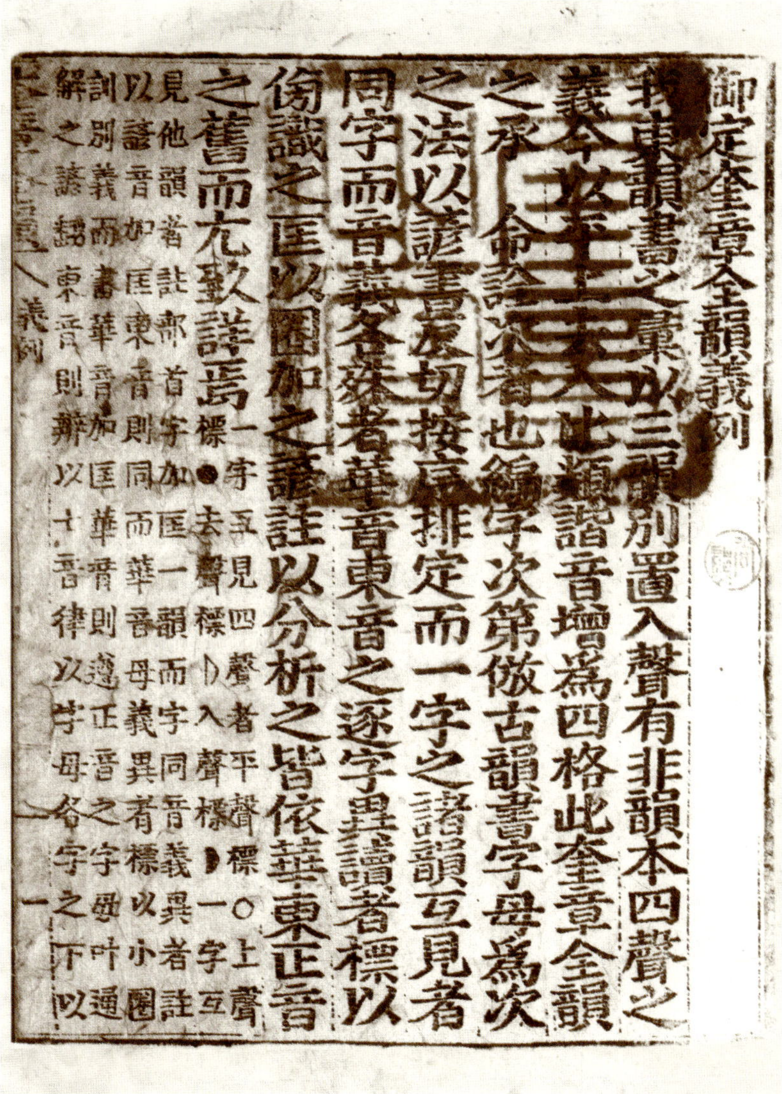

御定奎章全韻義例

我東韻書之彙以三韻別置入聲有非韻本四聲之義今我 聖上比類諸音增爲四格此奎章全韻之承 命詮次者也編字次第倣古韻書字母爲次之法以諺書反切按序排定而一字之諸韻互見者同字而音義各殊者華音東音之逐字異讀者標以傍識之匡以圈加之諺註以分析之皆依華東正音之舊而尤致謹焉

一字互見四聲者平聲標○上聲標●去聲標◐入聲標◑一字互見他韻者註韻首字加匡一韻而字同音義異者註以諺音加匡東音則同而華音母義異者標以小圈訓別義而書華音加匡華音則遵正音之字母叶通解之諺翻東音則辨以十音律以字母各字之下以

奎章全韻 義例 一

박세진에게 보낸 내사본

光緒十五年八月 日 日次儒生
以製代講賦次上幼學朴世鎮
內賜奎章全韻一件
命除謝
恩

檢校待教臣閔

박세진에게 보낸 내사기

御定奎章全韻義例

我東韻書之彙以三韻則屛置入聲有非韻本四聲之義今以平上去入比類諸音增爲四格此奎章全韻之承命詮次者也編字次第倣古韻書字母爲次之法以諺書反切按序排定而一字之諸韻互見者同字而音義各殊者華音東音之逐字異讀者標以御識之匡以圈而之諺註以分析之皆依華東正音之舊而尤致詳焉 一字互見四聲者平聲標○上聲標●去聲標◐入聲標◑一字互見他韻者註部首字加匡一韻而字同音義異者註以諺音加匡東音則同而華音母義異者標以小圈則別義而書華音加匡華音則遵正音之字母叶通鮮之諺翻東音則辨以七音律以字母各字之下以

奎章全韻 義例 一

김재현에게 보낸 내사본

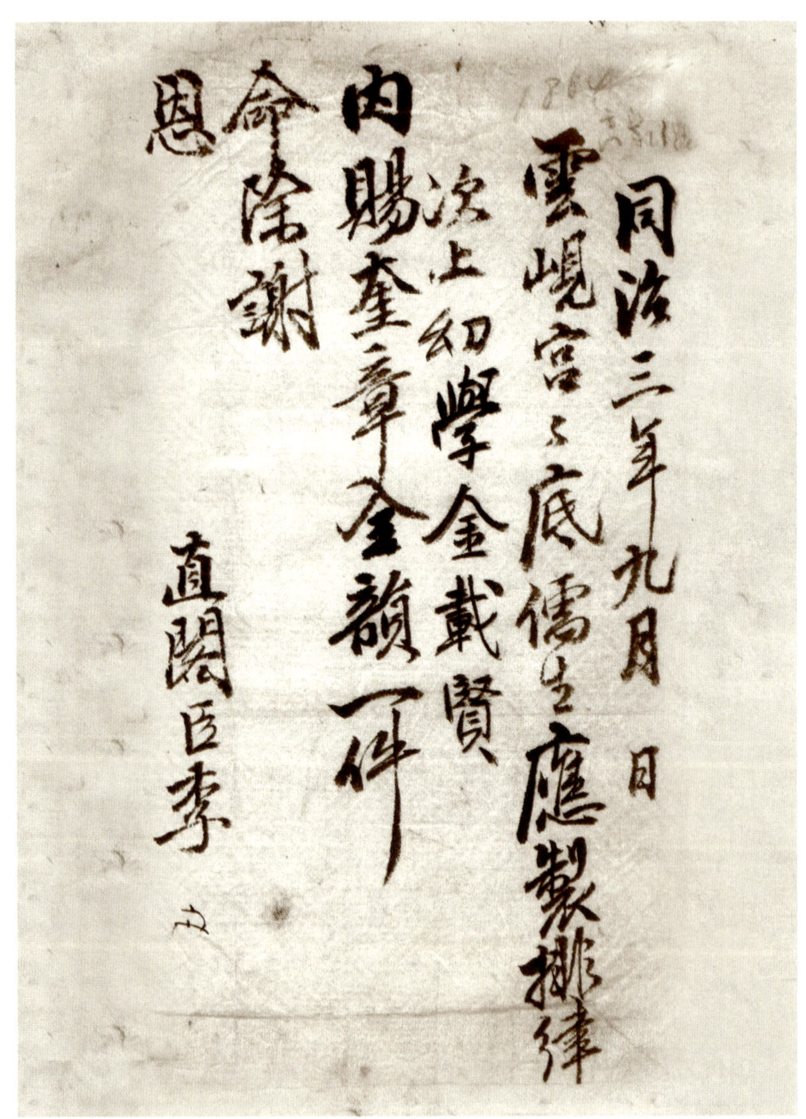

同治三年九月 日
雲峴宮〻底儒生應製排律
次上 幼學金載賢
內賜奎章全韻一件
命除謝
恩
直閣臣李

김재현에게 보낸 내사기

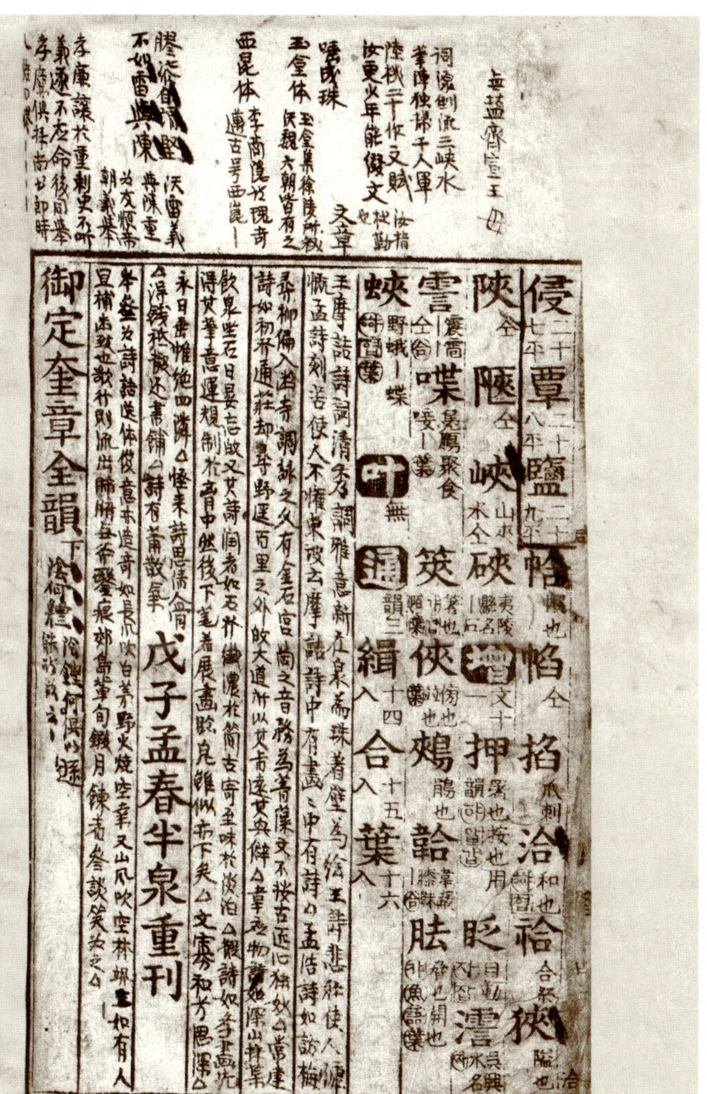

御定奎章全韻 下

戊子孟春半泉重刊

반천 중간본의 끝장

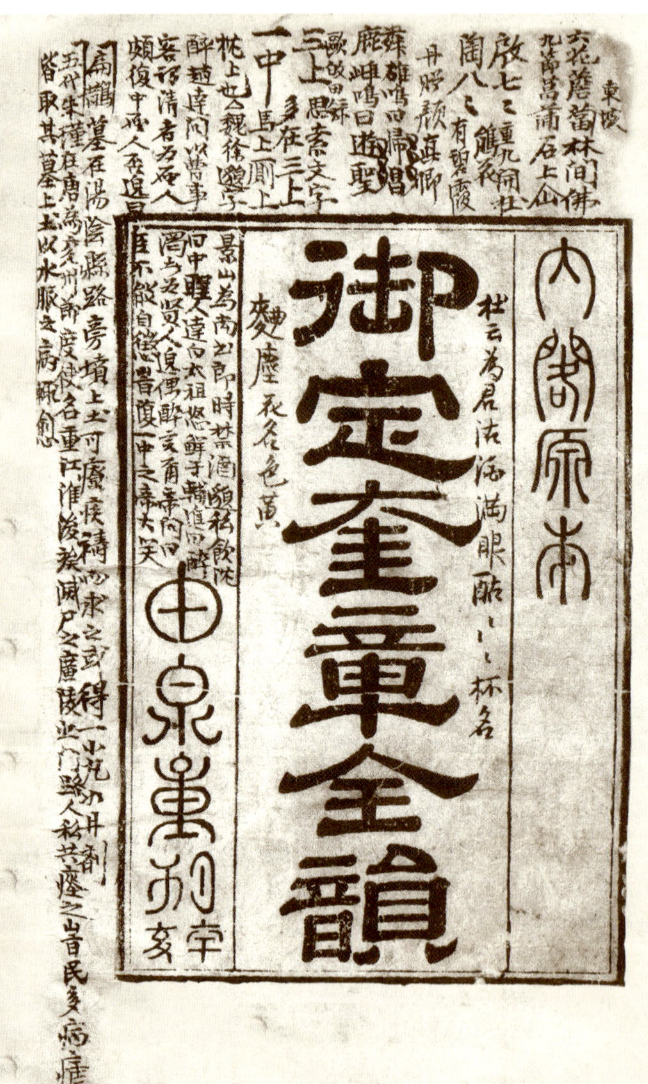
內閣原本

御定奎章全韻

由泉書屋刊

유천 중간본의 속표지

대구 감영에서 발행한 규장전운. 오세창 씨 표지글

25. 척사윤음斥邪綸音
- 천주교의 폐해를 막기 위해 왕이 내린 윤지綸旨

《척사윤음》은 2종이 있다. ① 헌종憲宗 5년(1839-道光19년)에 서교西敎(천주교)를 물리치기 위해 전국의 백성에게 내린 《유중외대소민인등척사윤음諭中外大小民人等斥邪綸音》과 ② 고종高宗 18년(1881-광서光緖7년)에 기독교의 신자 중 풍속을 해치는 사람이 있음을 염려하여 백성에게 내린 《어제유대소신료급중외민인등척사윤음御製諭大小臣僚及中外民人等斥邪綸音》이 있다.

이 두 책 모두 1책 본으로 앞에 한문은 금속활자인 갑인자본이며 뒤에 붙인 번역문은 목판인쇄물이다.

윤음綸音이란 국왕이 관리나 백성을 다스리고 타이르기 위하여 내리는 문서이다. 내용은 의례적인 것부터 국가 위기사항에 이르기까지 다양하다. 농사를 권장하는 윤음이 가장 일반적인 것이며, 이밖에 노인공양, 변방민 등용, 반란진압, 충효열 포상, 사학사교邪學邪敎 배척, 기근구제, 음주와 소도살 금지, 과거폐단 개혁, 서적반포 등 국정전반에 걸쳐 필요한 대로 내려졌다.

정조正祖 연간의 각종 윤음만 하여도 1781년 제주도에 흉년이 들어 기근이 심해지자 각종 구휼과 혜택을 베풀 것을 지시한 내용이나, 1783년

9월 7일 원자元子의 첫돌을 맞이하여 평안, 황해도를 제외한 6도에 흉년이 들자 각종의 납세를 탕감해준 윤음 등 20여 종이 넘는다.

그런데 이 윤음은 어떤 일정한 형식이 정해져 있지는 않으나 '임금이 친히 지어 어떤 인물들에게 어떤 일로 내리는 윤음'이라는 것을 앞에 밝히고 이어서 임금이 말하는 형식으로 서술되어 있다. 알리고자 하는 내용이 관리나 특정지역의 백성에게 널리 알려야 하므로 대개 한문은 활자로 인쇄하고 거기에다 한글번역을 붙이는 것이 일반적이었으나, 한글만으로 독립적으로 간행하여 반포하는 경우도 있다.

《유중외대소민인등척사윤음》은 1839년 10월 헌종이 천주교의 폐해를 막기 위해 국민에게 내린 윤지綸旨이다. 1839년, 조만영, 조인영, 조병현 등 조씨 일파가 주도하여 기해사옥己亥邪獄을 일으켜 앙베르 주교, 모방, 샤스탕 신부, 정하상 등 70여 명의 교도를 처형하고 난 다음 내린 교서이며, 글을 지은 사람은 조인영으로 알려져 있다.

본문은 한문본 7장에 이어 한글본 9장이 수록되어 있다. 내용은 윤음 반포의 배경과 취지를 밝히고 있는데 먼저 성리학性理學의 연원과 사람의 성품됨이 인의예지仁義禮智에서 우러나오는 오륜五倫에 있음을 밝히고, 이어서 이승훈의 천주학 도입(1784년), 신유사옥(1801년), 황사영 백서사건(1810년) 등을 들어 조선에서의 천주학을 역사적으로 비판하고 신유사옥이 지난 지 40년이 가까워지는 데도 사교邪敎는 진압되지 않고 더욱 성하므로 이를 엄단하기 위하여 윤음을 내린다고 밝히고 있다.

그러고 나서 천주교의 교리를 조목조목 반박하기 시작한다. 하늘은 무성무취無聲無臭하고 사람은 유구유각有軀有殼하여 절대로 상혼相混할 수 없는데 천주교에서는 예수가 하늘에서 내려와 사람이 되고 죽은 뒤 다시 부활하여 하늘에 올랐다는 허무맹랑한 말을 하고 있다. 또 부부의 이치는 만고불변의 진리인데 천주교인들은 시집장가를 가지 않고 남녀혼처男女混處하여, 이는 인류를 멸하는 것이요, 인륜을 더럽히는 것이다. 또한 예수는 가장 흉악한 죄인으로 죽었으니 그의 학學은 복이 아니라 화禍가 됨이 자명하다고 논박하였다.

또 한 권의 척사윤음인 《어제유대소신료급중외민인등척사윤음》은 1881년(고종18 광서7) 5월 16일에 고종이 각 관료 및 전국의 백성들에게 내린 척사윤음이다. 앞부분의 한문활자는 갑인자체 임진자壬辰字로 3장이며 뒤에 목판으로 한글판이 4장 붙어 전체가 7장이다.

내용은 조선후기 이래 국내에 들어온 천주교天主敎의 유행을 우려하면서 백성들에게 이를 배척하고 믿지 말도록 권고한 내용이다. 앞에 언급하였던 《유중외대소민인등척사윤음》과 뜻을 같이하고 있다.

고종은 이에 대한 대책으로 정주학程朱學의 본령에 충실하여 사교인 천주교를 물리칠 것을 제시하고 있다. 특히 이 책은 이 무렵에 지방유생들의 계속되는 척사소斥邪疏 및 서양물결의 한반도 침투로 인한 국내외의 혼란을 수습하려는 조정의 대책과 일정한 관련을 맺고 있다는 점에서 주목이 된다. 뒤편에 붙은 한글본이 한글발달사상 큰 의미가 있을 뿐만 아니라 글자꼴 변천과정에서도 1797년에 간행된 《오륜행실도》의 글자꼴에서 1894년의 국문시기의 글자꼴로 넘어가는 과정에서 나타난 글자꼴이라 한글체 글자꼴을 연구하는 데도 귀중한 자료가 되리라고 본다.

범우사 자료실에는, 도광道光 19년(1839 헌종5)에 부사과副司果 김달수金達銖에게 내사한 《유중외대소민인등척사윤음》 갑인자본 한 책과 1840년 봄에 완영(전라도 전주)에서 간행한 목판본 1책이 있다. 또 광서 7년(1881 고종18)에 교리校理 강우형姜友馨에게 내사한 《어제유대소신료급중외민인등척사윤음》 갑인자 한문본에 목판한글이 붙은 1책이 있다.

諭中外大小民人等斥邪綸音
王若曰嗚呼中庸曰天命之謂性尚書曰惟皇
上帝降衷于下民若有恒性其論一原畀賦
之初曰天曰上帝者天以形體言上帝以主
宰言也曰命曰降衷者非諄諄然眞有詔告
也一理所發二氣斡爲四序所運萬品育焉
人得之爲性者其德有四曰仁義禮智也其
倫有五曰父子君臣夫婦長幼朋友也此皆
當然而然無待乎安排布置勉強作爲故曰
天生烝民有物有則率之則爲順天悖之則

헌종5년(1839 도광19)본 척사윤음 한문 첫 장

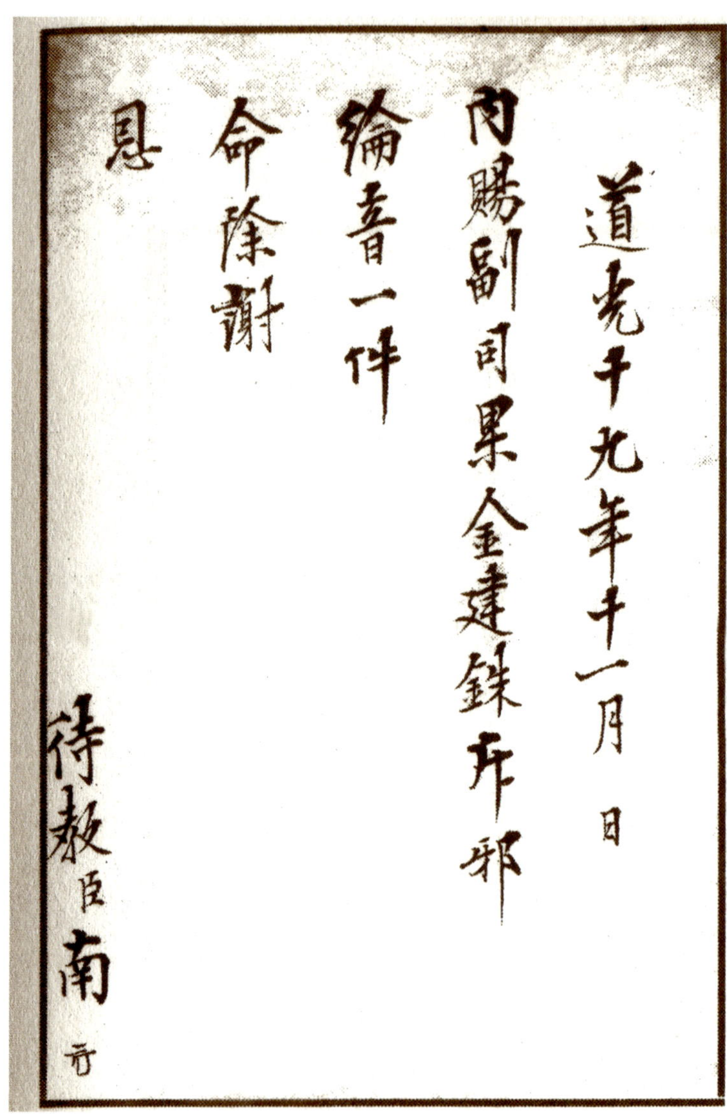

道光十九年十一月 日
內賜副司果金建銖斥邪
綸音一件
命除謝
恩
待教臣南

헌종5년본 척사윤음 내사기

유즁외대쇼민인등쳑샤륜음
왕이이러ᄐᆞᆺ시ᄀᆞᆯᄋᆞ샤ᄃᆡ오회라즁용에ᄀᆞᆯ오ᄃᆡ하ᄂᆞᆯ이
명ᄒᆞ심을일온셩품이라ᄒᆞ고샹셔에ᄀᆞᆯ오ᄃᆡ크신샹
뎨하민의게츙을나리오시미슌히ᄒᆞ야덧덧ᄒᆞᆫ셩품
이잇다ᄒᆞ니그ᄒᆞᆫ근원비부(쥬시단 말이라)ᄒᆞᆫ처음을약논ᄒᆞ
ᄆᆡᄀᆞᆯ온뎐이라ᄒᆞ며ᄀᆞᆯ온샹뎨라ᄒᆞ믄하ᄂᆞᆯ은형톄로
ᄲᅧ말ᄒᆞ미요샹뎨ᄂᆞᆫ쥬지,(츄댱ᄒᆞ단 말이라)로ᄲᅧ말ᄒᆞ미며ᄀᆞᆯ
온명이라ᄒᆞ고ᄀᆞᆯ온강츙이라ᄒᆞ믄슌슌ᄐᆞᆺ시츰가ᄅᆞᆺ
치고고ᄒᆞ미잇슴이아니라일리의발ᄒᆞᄂᆞᆫ바에두긔
운이알션ᄒᆞ며ᄉᆞ셔(ᄉᆞ시란 말이라)의운젼ᄒᆞᄂᆞᆫ바에일만품
물이싱육ᄒᆞ여사ᄅᆞᆷ이어더셩품된재그덕이네히이
시니ᄀᆞᆯ온인과의와례와지요그륜긔다ᄉᆞᆺ시이시니

헌종5년본 척사윤음 한글 부분

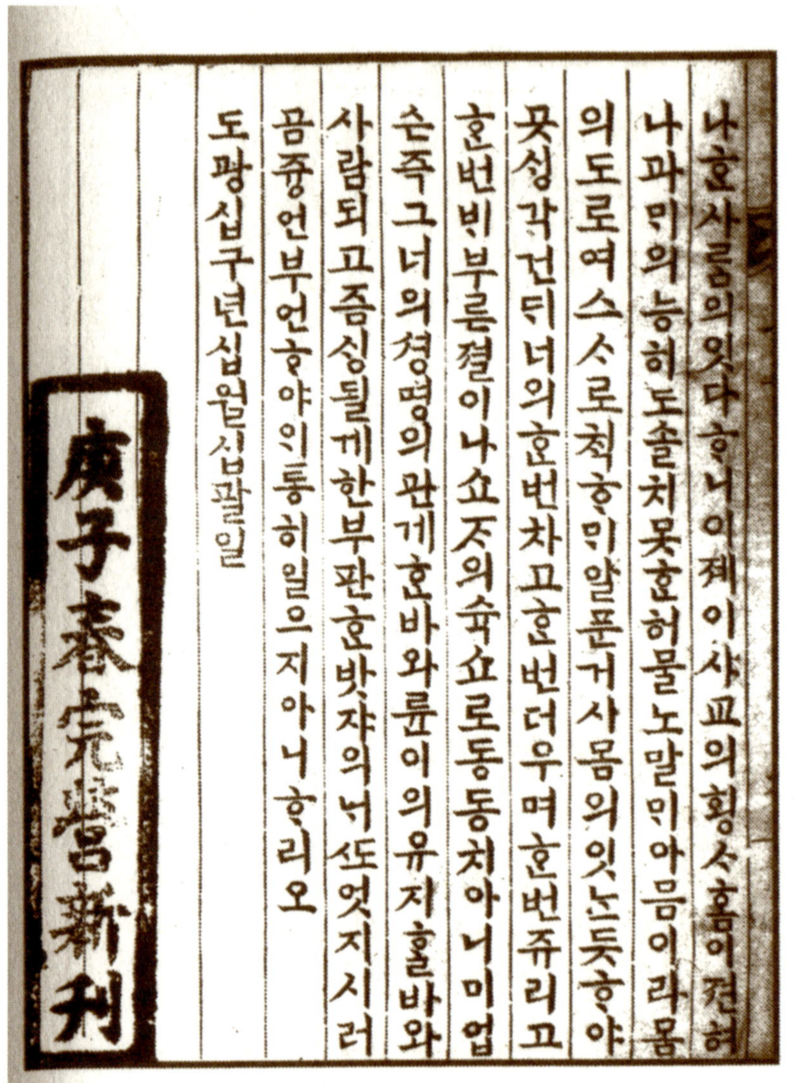

나ᄒᆞᆫ사ᄅᆞᆷ의잇다ᄒᆞ니이졔이사교의횡ᄉᆞᄒᆞᆷ이젼허
나파미의능히도솔치못ᄒᆞᆫ허물노말미아ᄆᆞᆷ이라몸
의도로여스ᄉᆞ로쳑ᄒᆞ미알픈거사몸의잇ᄂᆞᆫ듯ᄒᆞ야
곳싱각건ᄃᆡ너의ᄒᆞᆫ번차고ᄒᆞᆫ번더우며ᄒᆞᆫ번쥬리고
ᄒᆞᆫ번ᄇᆡ부름졀이나쇼ᄌᆞ의슉쇼로동동치아니미업
손즉그너의셩명의관게ᄒᆞᆫ바와륜이의유지ᄒᆞᆯ바와
사람되고즘싱될계한부판ᄒᆞᆫ밧쟈의ᄂᆡ또엇지시러
곰즁언부언ᄒᆞ야ᄋᆡ통히일으지아니ᄒᆞ리오
도광십구년십월십팔일

庚子春完營新刊

헌종5년 간 척사윤음 완영판본

御製諭大小臣僚及中外民人等斥邪綸音
王若曰嗟爾[illegible]百有位暨我八方有衆明聽予
一人誥洪惟我二[illegible]
列聖朝聲明之治漑洽之祀陶鑄斯民民無衺
惡趍嚮之主風俗之淳無愧三古而聞於天
下童孺婦[illegible]皆知尊孔孟之聖村秀蒙士莫
不崇程朱之學此所以親賢樂利於戱不忘
者也惟予小子猥承
列聖之丕基以撫
列聖之遺民則孜孜一念曷敢不以容保民爲

고종8년판본 척사윤음 한문 첫 장

어졔유대쇼신료급즁외민인등쳑샤륜음
왕이이러ᄐᆞᆺ시ᄀᆞᆯᄋᆞ샤ᄃᆡᄎᆞ홉다너의범ᄇᆡᆨ위에잇는이
와우리팔방무리드라밝히나한ᄉᆞᄅᆞᆷ에고를드르라
크시다우리
렬셩죠겨오샤셩명ᄒᆞ오신ᄃᆞᄉᆞ리섬파희흡ᄒᆞ오신교
화로이ᄇᆡᆨ셩을도주ᄒᆞ오시ᄆᆡᄇᆡᆨ셩이빗둘고악ᄒᆞ오
미업셔츄향이당직ᄒᆞ고풍쇽이슌박ᄒᆞ야삼고의븟
그러오미업기로텬하에들니고아히와어린것파부
녀와쳡이라도공밍이셩인이시라놉힐쥴을다알고
향촌에슈지와몽이ᄒᆞᆫ션비라도뎡쥬에학문을숭샹
치아니리업스니이거시뻐그친을친ᄒᆞ고그현을현
ᄒᆞ고그락을락ᄒᆞ고그리를리ᄒᆞ야오홉다잇지못ᄒᆞ

고종18년 간 척사윤음 한글판본 본문

26. 용담유사龍潭遺詞
- 천도교의 근본교리를 담은 한글가사

이 책은 동학東學의 교주敎主인 수운水雲 최제우崔濟愚가 백성과 부녀자들에게 동학사상을 쉽고 빨리 알리기 위해 한글가사체로 지은 글을 엮은 것이다. 한문으로 된 《동경대전東經大全》과 더불어 동학의 기본경전이기도 하다.

수운행록水雲行錄에 의하면, 이 《용담유사》는 지금은 전해지지 않는 처사가處士歌를 포함하여 모두 10편이었던 것으로 기록되어 있다. 지금은 용남가, 안심가, 교훈가, 몽중노소문답가, 도수사, 권학가, 도덕가, 흥비가, 검결의 9편이 전해지고 있다.

《용담유사》는 1881년 6월 충청북도 단양군 남면 천동 여규덕呂圭德의 집에서 제2대 교주인 최시형에 의하여 처음 간행되었고, 그뒤 1893년과 1922년에 목판본으로 간행하였는데, 이때 정치적인 이유로 '검결'은 삭제되었다. 그러나 이 《용담유사》는 오랫동안 금서禁書였기 때문에 확실한 발행연도를 알 수 없는 간행물도 있으리라 본다.

《용담유사》의 저자인 최제우는 조선조 말 철종조인 1824년 10월에 경주에서 태어났다. 그의 호는 수운水雲 혹은 수운제水雲齊라 하고 아명은 복술福述 혹은 제선齊宣이라 했다. 최제우라는 이름은 장성한 후에 널리 우민愚民을 건진다(濟)는 큰 뜻을 나타내려고 스스로 지은 이름이다. 16세 이후 그는 정치적 혼란과 도탄에 빠진 민생을 보고 제세구민濟世救民의 길을 구하기 위해 주유천하周遊天下를 하면서 보국안민輔國安民의 방도를 찾아 헤매었다. 10여 년의 방랑끝에 1854년 10월에 고향인 경주로 돌아왔다가 1855년 3월부터 양상군 천성산千聖山 내원암內院庵에서 49일 기도를 올리고 내려온 후부터 병을 잘 고친다고 하여 요술사라는 소문이 퍼지기 시작했다. 1860년 4월 5일 36세 되던 해에 수운은 을묘천서乙卯天書를 받은 지 6년 만에 하늘로부터 새 종교의 큰 뜻을 깨치는 계시를 받아 동학을 창도하게 되었다.

이 천계天啓는《동경대전》가운데에서 '천사의 문답'의 형태로 서술되어 있다. 그후, 그는 동경대전에 있는 '포덕문布德文' '논학문' '수덕문修德文' 등을 지어 교리를 천명하기 시작하였다.

어린이와 부녀자 등이 읽기 쉽도록, 교리의 대중화를 위해 한글가사체로 풀이한 교훈가, 안심가, 용담가, 도덕가 등 8편의《용담유사》를 반포하였다. 본래는 한문체로 된《동경대전》이 동학의 교리를 서술한 본격적인 경전이라고 하나, 오히려 한글가사체의《용담유사》가 동학사상을 이해하는 데 있어서 한국적인 사상을 잘 전파할 수 있었다고 본다.

교세가 점차 확장되자 수운은 각 지방에 접소接所를 두고 그 책임자인 접주接主로 하여금 관내의 교인을 교화하고 통할하게 하였다. 포덕布德 4년 만에 교도는 3천을 넘고 접소도 14개소로 늘었다.

이러자 조정은 1863년 11월에 선전관 정운구를 보내어 수운과 그 제자 23명을 나라에서 금하던 천주교도와 같은 사교邪教로 단정하고 경상감영에 수감하고 사문査問을 했다. 그 이듬해인 1864년 3월 10일 수운은 경상감사 서헌순徐憲淳의 사계事啓에 따라 좌도혹민左道惑民의 대죄大罪로 대구 장대에서 41세의 나이로 참수되었다.

이렇게 동학의 교주 수운 최제우는 갔으나 그의 정신과 사상이 그후 1894년의 동학혁명과 천도교가 주도한 3·1독립운동으로 이어져왔다.

이 《용담유사》는 수운 최제우가 깨친 후천개벽 사상을 누구나 쉽게 이해하고 따를 수 있도록 한글로 쓰고 읊고 외우기 쉽게 가사의 형식을 빌려 표현하였다. 《용담유사》에 있는 ① 용담가龍潭歌는 수운이 1860년 득도한 바로 그 해에 지은 가사이다. 전체가 4장 144구로 되어 있다. 용담가는 자신이 태어나 자라고 득도하였던 경주 구미산 용담의 아름다움과 득도의 기쁨을 노래한 가사이다. 또, 이 용담가에는 풍수지리 사상과 문벌충효 의식이 강하게 부각되어 있으며 운율의 흐름과 변화있는 언어구사가 돋보인다.

② 안심가安心歌는 290구로 된 가사로 수운이 득도한 해인 1860년에 발표한 가사이다. 이 안심가는 사회적으로나 정치적으로 불안하고 천대받던 부녀자들을 현숙하고 거룩하다고 떠받들면서 춘삼월 호시절에 태평가를 함께 부를 주체로 설정하고 부녀자들을 안심시키는 선각자다운 면모를 보여주고 있다. 또한 왜적에 대한 적개심을 토로하면서 수운 자신이 곧 왜적을 물리치고 우리나라를 지킬 것이니 사람들은 안심하라는 대목도 있다.

③ 교훈가敎訓歌는 수운이 득도한 다음해인 1861년에 지은 448구나 되는 장편가사이다. 자질子姪들에게 내리는 형식으로 된 이 가사는 고향의 교도들에게 힘써 수도할 것을 당부하면서 사람은 누구나 하느님을 이미 모시고 있으므로 하늘조화의 그 참된 마음을 고이 간직하고 믿는 데에서 창조의 바른 기운을 되살릴 수 있다고 했다.

④ 몽중노소문답가夢中老少問答歌. 《수운행록》에 의하면, 이 가사는 최

제우가 1861년에 지은 것으로 되어 있고, 천도교사天道教史에는 1862년에 지은 것으로 되어 있다. 이 가사는 총 4장 169구로 이루어져 있다.

이 가사는 수운의 출생, 성장, 득도과정, 득도내용 등을 요령 있게 잘 설명하고 있으며 용담유사의 8편 중에서도 가장 대표적인 참위사상讖緯思想의 노래이다. 꿈 속에서 노소老少가 문답하는 형식을 통해서, 조선조의 멸망과 새로운 동학의 탄생을 상징적으로 표현하고 있다. 또 임진, 병자 두 난 이후 민간에 유포되었던 《정감록鄭鑑錄》이 당시에도 널리 횡행했고 정감과 이심李沁의 대화형식으로 조선조의 쇠운을 예언했다. 수운은 이 《정감록》을 괴이한 동국참서東國讖書라고 비방하면서도 정감록 비록을 이용해서 민심을 끌고 대중적 반왕조 감정을 나타내고 있다.

⑤ 도수사道修詞. 수운이 득도한 이듬해인 1861년에 지은 가사로 총 200구로 되어 있다. 득도한 뒤 고향에서 여러 제자들을 가르치다가 어쩔 수 없이 고향을 떠나면서 제자들에게 수도하기를 간곡히 당부한 글이다. 제자들에게 자신이 가르친 연원도통淵源道統을 지키면서 성誠과 경敬으로 도를 닦기를 당부하고 있다.

⑥ 권학가勸學歌. 수운이 전북 남원읍 서쪽 10리 밖 교룡산성 안에 있는 은적암隱寂庵에서 1862년 새해를 맞으면서 각지에 있는 제자들에 대한 정회情懷를 가눌 길 없어 지은 가사이다. 총 228구로 되어 있다. 수운 자신이 자각창도自覺創道한 동학을 믿음으로써 다같이 동귀일체同歸一體할 것을 권유한 노래로서, 어질고 뜻있는 사람 만나거든 시운시변時運時變 의논하여 백년신세百年身勢 말하거든 이 가사를 주고 결의해서 가르침을 존중하도록 하라는 내용으로 되어 있다.

⑦ 도덕가道德歌. 1863년 7월 경주 현곡면 등지에서 순회 설법하면서 지은 가사로 총 136구로 되어 있다. 지벌地閥과 문필文筆보다 도덕의 귀

중함을 강조한 노래이다. 하느님의 조화를 자각, 실현함에 있어 소중한 것은 하느님에 대한 경의지심이니 《대학》《중용》의 종지宗旨로서 천명된 성경誠敬 두 자가 그것이며 《주역》의 문언전文言傳에 언급된 천지와 더불어 그 덕을 합하기를 강조함이 그것이라고 깨우치고 있다.

⑧ 흥비가興比歌. 1863년에 지은 가사로 총 184구로 되어 있다. 이 흥비가는 《시경》의 노래체인 흥興(목적한 바를 끄집어내어) 비比(비슷한 다른 사물 등과 비교하는 것)를 사용하여 도를 닦는 법을 가르친 노래로서 도를 닦는 일은 결코 먼 곳에 있는 것이 아니라 일상적인 일부터 요령 있게 행하는 데에서 깨달을 수 있다고 하였다.

⑨ 검결劍訣. 수운 최제우가 1861년에 지은 가사로 총 24구의 짧은 노래이다. '칼 노래' 라는 이 노래는 수운이 정치적 변혁을 꾀하였음을 단적으로 증명하는 가사이다. 수운은 전라북도 남원의 은적암에서 수도를 하면서 득도의 기쁨을 이기지 못하고 이 《검결》을 짓고 목검木劍으로 춤을 추었다고 한다. '용천검 드는 칼을 아니 쓰고 무엇 하랴, 무수장삼 떨쳐입고 이 칼 저 칼 넌즛 들어, 호호망망 넓은 천지 일신으로 비켜서서 칼노래 한 곡조를 시호시호 불러내니' 에서 보듯이 수운은 수도에만 전념한 것이 아니라 변혁을 꾀하였던 것같다. 이 때문에 최제우는 처형당하였고 이 가사는 갑오동학농민전쟁 때에는 동학군의 군가로 애창되기도 하였다. 그래서 그후 이 가사는 《용담유사》에 빠져서 잘 전해지고 있지 않다.

수운 최제우의 《동경대전》과 《용담유사》는 천도교의 근본교리가 된 경전이다. 또한 이 책은 단순한 한 종교집단의 경전에 그치지 않고 19세기 중엽 한국사상의 근대화 과정을 서민적 차원에서 대표하는 민중사상의 명저요, 서구세력의 아시아 침략에 대한 저항의 민족주의를 구체화한 고전이라 볼 수 있다. 또한 우리말 우리글 연구에도 귀중한 자료로서 평가되고 있다.

범우사 자료실에는, 정사년 개간본 1책과 끝장에 '정해계동丁亥季冬 북접중간北接重刊' 이란 간기가 있는 목활자본 1책이 있다.

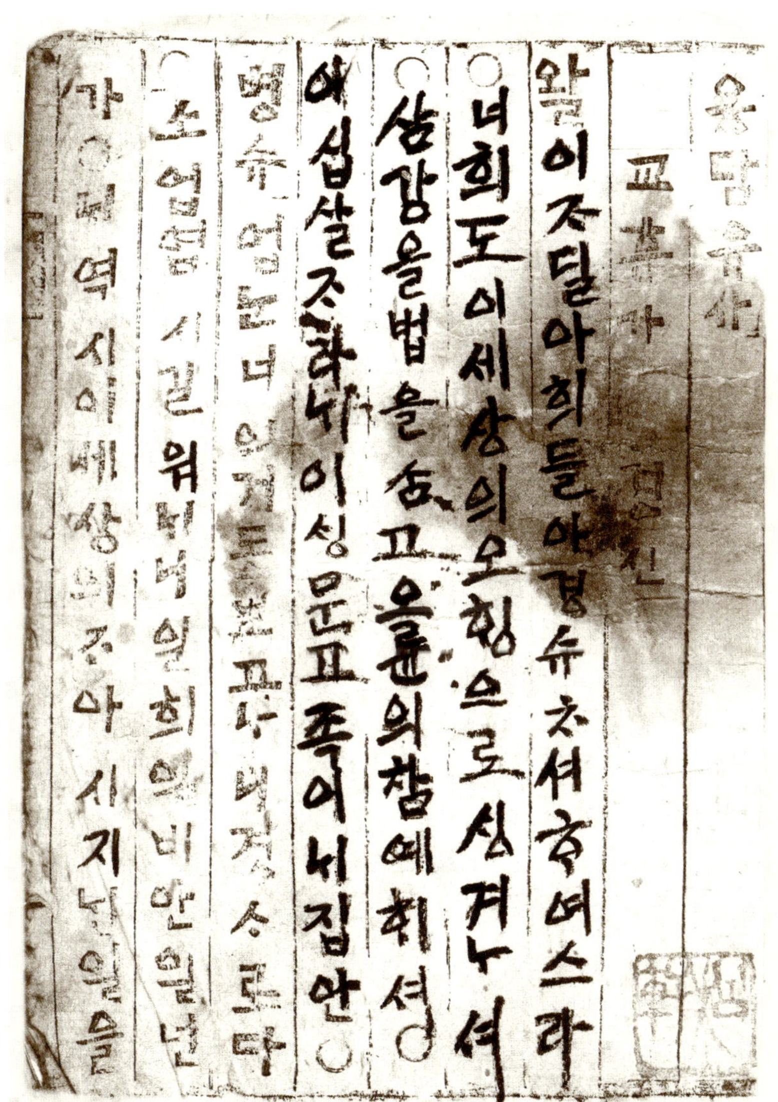

용담유사

교훈가

왈이ᄌᆞ질아희들아경슈ᄎᆞ셔ᄒᆞ여스라

○너희도이세상의오ᄒᆡᆼᄋᆞ로ᄉᆡᆼ겨나셔

○삼강을법을삼고오륜의참예ᄒᆞ셔

이십살ᄌᆞ라나니셩문고족이ᄂᆡ집안

병슈업ᄂᆞᆫ너의거동보ᄂᆞᆫ나도ᄌᆡ미로다

○ᄉᆞ업ᄒᆞ시길워ᄂᆡ너의희의비안일년

가○ᄅᆡ역시이세상의ᄌᆞ아시지낸일을

정해년 겨울에 간행한 용담유사 첫 장

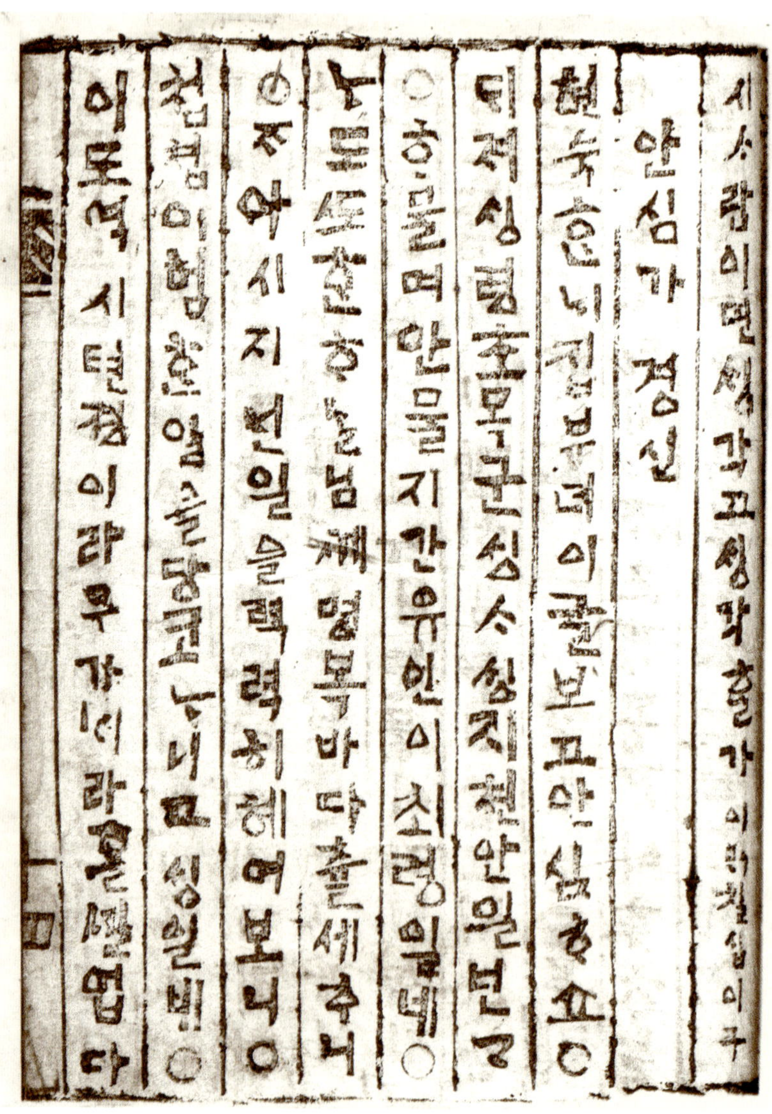

시ᄉᆞ람이면 ᄉᆡᆼ각고 ᄉᆡᆼ각ᄒᆞᆯ가 이ᄇᆡᆨ칠십이구

안심가 경신

현슉ᄒᆞᆫ ᄂᆡ 집 부녀 이 글 보고 안심ᄒᆞ쇼 ○

ᄃᆡ져ᄉᆡᆼ령 초목군ᄉᆡᆼ ᄉᆞᄉᆡᆼ지쳔 안일넌가

○ᄒᆞ믈며 만물지간 유인이 최령일네 ○

나도ᄯᅩᄒᆞᆫ ᄒᆞᄂᆞᆯ님ᄭᅦ 명복바다 츌셰ᄒᆞ니

○ᄌᆞ아시 지ᄂᆡᆫ일을 력력히 혜여보니 ○

쳡쳡이 험ᄒᆞᆫ일을 당코나니 고ᄉᆡᆼ일네 ○

이도역시 텬졍이라 무가ᄂᆡ라 ᄒᆞᆯ길업다

정해년 판본의 안심가

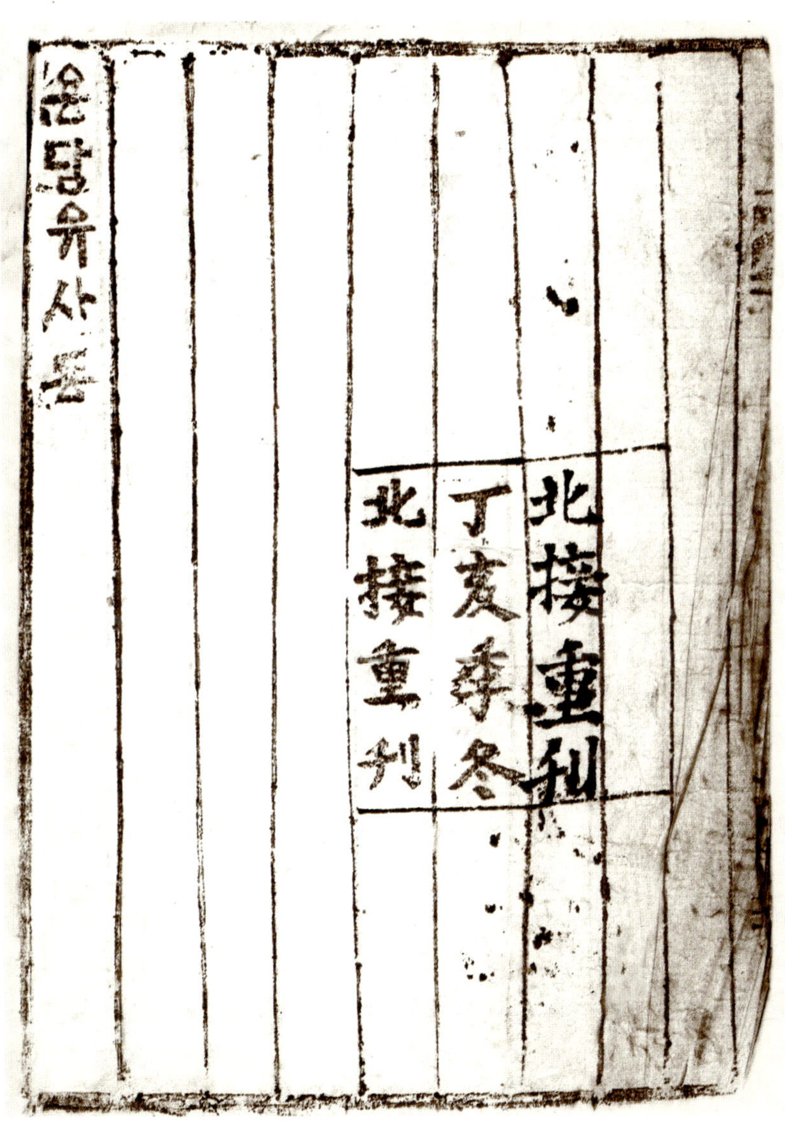
北接重刊
丁亥季冬
北接重刊

용담유사 종

정해년 판본의 간기란

요악한저인물이 하날님이내몸내서
눌노뎌해저말하노 아국운수보젼하네
그말저말듯지말고 근심말고안심하소
거록한내집부녀 이가ᄉᆞ외와내서
츈삼월호시절의
태평가불너보세

룡담가

국호난죠션이오 쳥호난월셩이오
읍호난경쥬로다 슈명은문슈로다
긔자ᄃᆡ왕도로서 동도난고국이오
일쳔년아닐넌가 한양은신부로다

정사년 개간본의 용담가

흥비가

시운 벌가벌가하니 기측불원이라
내압혜보난거슬 어걸배엽지만은
이난도시사람이오 불지어근이로다
목젼지ᄉᆞ쉬이알고 심량업시하다가서
말리지ᄉᆞ갓자나면 그아니내ᄒᆞᆫ인가
이럼으로셰샹일이 난지이유이하고
이지이난인줄을 깨닷고깨다를가
명명한이운수난 다갓치밝지만은
엇던사람저러하교 엇던사람이러한지
이리촌탁저리촌탁 각각명운분명하다

정사년 개간본의 흥비가

27. 관성제군명성경關聖帝君明聖經
- 관성교 연구와 19세기 후반기 국어학 연구자료

삼국지에 나오는 장수 관우關羽를 주축으로 유비, 제갈량, 장비 등을 숭배하는 관성교關聖敎의 경전을 언해한 목판 3권 1책 본이다.

원간본은 1855년(철종6)에 간행되었다고 하지만 이것은 발문에 실린 연대이며 한글본으로 1883년(고종20) 계미초추癸未初秋에 무본당務本堂에서 목판본으로 발간된 것이 처음이 아닌가 한다.

그 뒤, 1884년(고종21) 광서 10년에 낙선당장판樂善堂藏版본과 1892년(고종29) 임진 5월壬辰五月 전주남묘장판全州南廟藏版본 등이 출판된 것이 있다.

《명성경》은 조정에서 임진왜란 이후 민간신앙으로 전래되어오던 관성교를 크게 진흥시키고자 한 정책에 따른 것이다.

관우關羽 숭배의 사상은 임진왜란 때 원병으로 우리나라에 온 명나라 병사들의 사기를 북돋우기 위해 관우를 모시는 관왕묘關王廟를 세우면서 극에 달했다.

서울에 있었던 남묘南廟는 없어지고 서울 동대문구 숭인동에 동묘東廟만 남아 관성교의 본부로 쓰였으며, 한때는 포목상인들이 중심이 되어 계 형식으로 포교활동을 활발히 한 적도 있고, 무당들을 중심으로 종교활동을 펼친 적도 있다. 지금은 관성교 자체는 없어졌으나, 신봉자들은 음력 정월 초하루와 관우의 탄생일인 5월 13일, 사망일인 6월 24일 등에 동묘에 참배하고 있다.

관성교의 경전인 《명성경》 판본은 대부분 그 본문은 동일하나 권말, 권두의 첨삭부분에 가서는 약간씩 다른 데가 있다.

표제表題는 명성경明聖經으로 되어 있으나 서제序題는 관성제군응험명성경關聖帝君應驗明聖經이라 씌어져 있다.

이 책의 권상은 한수정후략절도원경漢壽亭候略節桃園經인데 이 경을 쓴 동기와 저술한 곳, 사람에게 전해준 방법을 설명하였으며 인간세상에 수많은 경전이 있으나 응험應驗에 있어서는 이 경을 따를 용건이 없다고 하였다. 그리고 천만 번 소리를 높여 읽으면 복이 스스로 오고 병이 침범하지 못하며 모든 일이 순조롭게 이루어진다고 하였다.

권중의 명성경대중청明聖經大衆聽은 경의 해석으로 강경과 청경의 방법, 경을 지은 자신의 신분을 밝히고 있다. 저자는 천상天上의 자미궁에서 문창성文昌星과 무곡성武曲星을 관장하는 이로써 전쟁이 일어나면 만민을 구한다고 하였다. 그리고 촉나라의 유비와 제갈량은 정의를 지키고 나라를 구하고 백성을 사랑하였기 때문에 죽어서도 천상에서 낙을 누리고 있다고 하였다.

권하의 군사신이례君使臣以禮는 4관으로 구분하여 설명하였다. 《논어》의 '임금은 신하를 예禮로 부리며 신하는 임금을 충성으로 섬긴다'는 구절을 시작으로 충성이 가지는 뜻과 결과를 모든 경전에서 뽑아서 설명하였고, 불교를 배척하는 글을 수록하였다.

이 책은 원문 밑에 주註라는 표기를 달아 원문을 보충해석하고 원문에 대한 효과까지 자세히 설명하고 있다.

이 책 본문의 한글언해는 과도기적인 근대국어의 혼란한 모습을 보이고 있으나 현대국어에 가까운 모습도 보이고 있어 이 시기의 대표적인 어학자료의 하나로 볼 수 있다.

국어표기 면에서는 자립명사들은 연철을 허용하지 않으며 의존명사와 용언의 어간들은 연철되어 있고, 받침으로는 ㄱ, ㄴ, ㄹ, ㅁ, ㅂ, ㅅ, ㅇ의 7자가 쓰이고 있다.

음운론적인 면에서는 'ㅗ', 'ㅜ'로 나타난 변화(난우시고 · 먹어두), 이중모음의 단모음으로의 변화(게신~계시거든), 장모음에 있어서의 전설모음의 고모음화(네게~늬가), 움라우트현상(디리고 메기는 기디려), 형태소 경계에서의 순음화(시무리 ᄾ무시니), 모음 또는 유성자음 사이에서의 'ㅎ' 탈락(가히~가이, 편한이~편안이), 치찰음 아래에서의 전설모음화 현상(다시리는어지러온느지나) 등의 여러 음운현상을 보여주고 있다.

문법적인 면에서도 특히 현대국어로 넘어서는 과도기적인 특징을 보여주고 있는데 주격조사 '-가'가 많이 나타나며(풍파가 · 입ᄉ귀가 · 조죠가) 인명의 경우 '-이'를 덧붙인 예도 나타나고(리릉이가 · 리릉이는 · 리릉이를) 속격을 '-에'로 쓴 예가 보인다(사룸에 근본 · 신하에 허물 · 사람에 절지). 의존명사 '것'은 대체로 '거'로 나타나고 있다.

협주夾註에 흔히 쓰이는 풀이형식도 벼술ᄒᆞ단 말솜의 이전의 형식 이외에 현대국어와 같이 긔록ᄒᆞᆫ단 말솜, 씻는단 말솜, ᄒᆞ셨단 말솜 들과 같이 쓰이고 있다.

이 책은 관성교關聖教 연구의 중요한 자료인 동시에 19세기 후반기인 근대국어의 정착기를 향한 혼란기의 국어학연구의 귀중한 자료이며 한글 글자꼴 연구에도 많은 참고가 될 수 있는 책이다.

범우사 자료실에는, ① 1883년(고종20) 계미초추癸未初秋에 무본당務本堂

에서 간행한 목판본 3권 1책, ② 1884년(고종21) 광서10년光緖十年 계국추季菊秋에 낙선당樂善堂에서 간행한 목판본 3권 1책, ③ 1892년(고종29) 임진 5월壬辰五月에 전주남묘全州南廟에서 발행한 3권 1책본 등 3책이 있다.

關관聖셩帝뎨君군應응驗험明명聖셩經경
漢한漢한壽슈亭뎡侯후ᄂᆞᆫ略략節졀桃도園원經
경을 한나라한슈뎡후ᄂᆞᆫᄃᆡ략을졀셔ᄒᆞᆫ도원경 을 한한슈ᄂᆞᆫ ᄯᅡ일홈이오뎡후ᄂᆞᆫ벼ᄉᆞᆯ일홈이오
략은평셩하신일의ᄃᆡ강이오졀은ᄎᆞ 려오도원경은도원결의하시든말ᄉᆞᆷ
書셔於어玉옥泉쳔寺ᄉᆞᄒᆞ야夜야夢몽으로與여凡범
一本作僧人인ᄒᆞ노니 옥쳔ᄉᆞ의쎠셔밤ᄭᅮᆷ으로범인 을쥬노니 옥쳔ᄉᆞᄂᆞᆫ진나라량나라ᄉᆞ
이의 지의ᄃᆡᄉᆞ가지은절이오범인은졀의즁 이니 셩뎨계셔그즁ᄭᅮᆷ의이경문을쥬시다
萬만經경千쳔典뎐有유ᄒᆞ되吾오經경 이 未미擧거
行힝이라 일만경문과일쳔법문이잇스 되니경문을드러힝하ᄂᆞᆫ이업ᄉᆞᆫ지라
著착一本作著爾이傳젼塵진世셰ᄒᆞ니不불可가視시爲

月聖經 六 金文鉉

1883년에 간행한 무본당 장판본 본문

癸未初秋重鐫

明聖經

務本堂藏

무본당 장판본 간기란

如여同동鐵철石셕堅견이로다 사ᄅᆞᆷ되오미옥갓타여틔와졈이업고ᄯᅳᆺ슬세우기를철셕구든것과갓도다

守슈已이祿록에莫막徇슌偏편ᄒᆞ라 損손人인利리己긔면子ᄌᆞ孫손寃원이니라 몸의록을직히고편벽된거슬ᄯᅡ르지말나사ᄅᆞᆷ의게ᄒᆡ롭게ᄒᆞ여몸의유릭ᄒᆞ게ᄒᆞ면ᄌᆞ손의게원업이되ᄂᆞ니라

廉렴者ᄌᆞᄂᆞᆫ不불受슈嗟ᄎᆞ來릭食식이오 쳥렴ᄒᆞᆫᄌᆞᄂᆞᆫ슬퍼ᄒᆞ여와셔먹으라ᄒᆞᄂᆞᆫ기슬밧지아니ᄒᆞ고제나라이크게흉년이드럿ᄂᆞᆫ듸검오란사ᄅᆞᆷ이먹을거슬길에다가ᄒᆞ여노코쥬린사ᄅᆞᆷ을기ᄃᆞ려메기더니ᄒᆞᆫ쥬린지오거ᄂᆞᆯ검외왼손으로먹을거슬밧들고오른손으로마실거슬잡고가로ᄃᆡ슬푸다와셔먹으라ᄒᆞ니쥬린ᄌᆞ이눈을드러보고가로ᄃᆡ나ᄂᆞᆫ오족슬푸다ᄒᆞ고먹으라ᄒᆞᄂᆞᆫ거슬아니먹ᄂᆞᆫ다ᄒᆞ고맛ᄎᆞᆷᄂᆡ아니먹고쥭엇단ᄯᅳᆺ

明聖經 三十 安永植

낙선당 장판본 본문

졍후녁ᄌᆞ위다가한나라헌ᄌᆞ를더식게드리
니셩뎨셔셔보시고그졔야바드셧단말ᄉᆞᆷ
三삼日일華화筵연은曹조瞞만의義미意의라삼일
빗ᄂᆞᆫᄌᆞ리ᄂᆞᆫ죠조의아름다온ᄯᅳᆺ시라죠조가
셩뎨게관곡히ᄒᆞ여삼일마다져근잔ᄎᆡ를ᄒᆞ고
오일마다큰잔ᄎᆡ
를ᄒᆞ엿단말ᄉᆞᆷ
顔안良량文문醜츄ㅣ統통兵병圍위에敢감對ᄃᆡ
一本作斬賊 立립功공ᄒᆞ니可가酬슈曹조와歸귀計계오
안량문츄군ᄉᆞ를거ᄂᆞ려에월졔감허공을세운
다고ᄃᆡ답ᄒᆞ엿스니죠조를갑고도라갈계교의
가ᄒᆞ고원쇼의안량이란쟝슈로ᄇᆡᆨ마를에위니
셩뎨게셔죠조의게계실적의안량을만군즁의
베이시니원쇠ᄯᅩ문츄란쟝슈를보ᄂᆡ여남피의
군ᄉᆞ를디ᄒᆞ니죠조의장슈쟝료셔황허졔다ᄑᆡ
ᄒᆞᆫ지라셩뎨게셔ᄌᆞ원ᄒᆞ셔공을세우마ᄒᆞ시
고나가라ᄊᆞ흠ᄒᆞ샤곳문츄를베이시니이에죠조

전주 남묘 장판본 본문

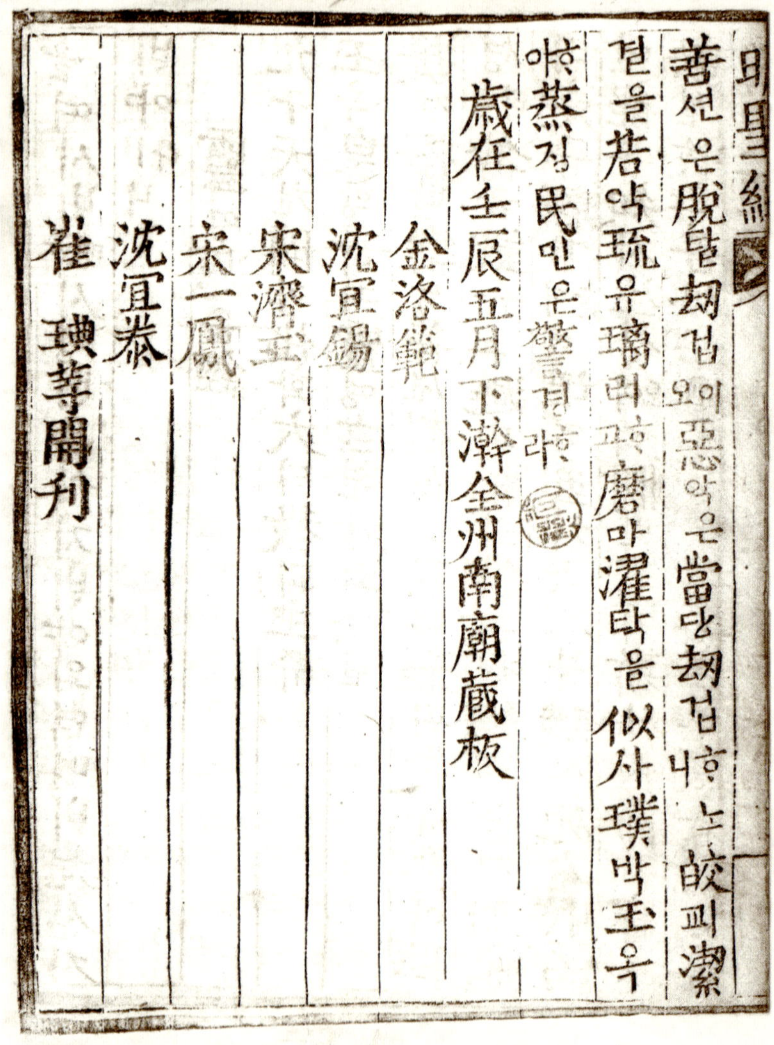

善선은 脫탈劫겁이오 惡악은 當당劫겁ᄒᆞᄂᆞ니 皎교潔결을 若약琉유璃리ᄒᆞ고 磨마濯탁을 似사璞박玉옥ᄒᆞ야 烝증民민은 警경ᄒᆞ라

歲在壬辰五月下澣全州南廟藏板

金洛範

沈宜錫

宋濟玉

宋一鳳

沈宜恭

崔琠等開刊

전주 남묘 장판본 간기란

28. 통학경편通學徑編
- 물목명칭을 중심으로 엮은 한자 학습서

이 책은 어린이들이 한자를 학습할 때 천자문千字文이나 유합類合이 한자교육에 적절치 않다고 저자가 느껴 만든 책이다.

신령군新寧郡의 참사로 있던 혜연慧然 황응두黃應斗가 영천군永川郡 군수 남필우南必祐에게 서문을 받고 유한익劉漢翼의 판하版下 글씨를 목판에 새겨서 경상북도 영천군의 혜연서루慧然書樓에서 1916년에 간행을 하였다.

이 책은 2권 1책 본으로 천자문이나 유합과 달리 물목명칭物目名稱을 중심으로 한자학습을 하도록 편찬한 분류分類 어휘집語彙集이다. 각 한자 아래에 한글로 천자문이나 유합같이 음과 석을 달아놓았다.

상권은 몰목명칭 자류회합字類會合의 한자를 천문부天文部의 일월성진日月星辰, 지축부地軸部의 해륙강호海陸江湖, 인륜부人倫部의 군신부모君臣父母, 신체부身體部의 두면정미頭面頂眉, 의복부衣服部의 관영참포冠纓塹袍, 음식류飮食類의 반면갱죽飯麵羹粥 등 14개의 부류로 나누어 생활에 밀접한 관계가 있는 한자끼리 모아 한자의 뜻을 쉽게 이해할 수 있게 하였다.

하권에서는 서취문자書聚文字, 의미포함意味包含이라고 하여 한자를 배열하였는데 천문天門은 경청상복輕淸上覆, 인륜人倫은 삼강오상三綱五常, 신체身體는 사지백해四肢百骸, 지필묵연문구紙筆墨硯文具, 금은동철보화金銀銅

鐵寶貨, 종자개량농작발전種子改良農作發展 등 어휘문자로 의미를 나타내는 아주 과학적인 문자배열을 하였다. 그 뒤를 이어 '일생심법一生心法은 천하만물天下萬物에 피아무유彼我無有하고' 로 시작되는 명심편銘心篇이 실려 있다. 그리고 맨끝에 해관海觀 유한익의 발문이 있다.

이 책에서는 t구개음화는 물론 k구개음화도 보이며 (겨래척戚) 치찰음 아래에서의 전설모음화(시승 · 師, 일실존存) i 모음 역행동화 (맥길임任) 등의 현상뿐만 아니라 방언어휘 (졍지主廚) 등도 나타나 1916년 당시의 경상북도 영천지역의 방언연구에도 보탬이 되는 책이다.

중간본인 1921년 발간본부터는 남필우 서문 다음에 '본서는 초학자의 눈으로 보고 입으로 말하는 물질의 명사名詞와 문법文法의 언어로써 교수敎授하는 차서次序를 정하야 행문行文을 속성速成케 함' 이란 서언緖言이 실려 있다. 그 다음으로 일본문日本文 アイウエオ(아이우에오)와 조선문朝鮮文의;

1. 초중성의 모자독음과
2. 모음母音의 작자도作字圖
3. 철자綴字의 본문
4. 고어語의 합음례合音例

가 실려 있다.

이 책에서도 일본강점기의 역사가 드러나고 있다. 판권란에 '1918년(大正7) 11월 11일 조선총독부 경무총감부 허가' 라고 명기되어 있다. 이 《경학통편》은 광복 이전까지 많이 읽혔던 책인 것같은데 남아 있는 책은 그리 흔하지 않은 것같다.

범우사 자료실에는, 초간본 한 책과 중간본 두 책이 있다.

序

古今書籍이 何莫非可讀可誦可硏可究而入學者小하고 學而有成者尤小하니 其故何哉오 蓋其爲學程度가 幼年七八에 舊學焉入于周興嗣千字文하고 新學焉就於類合新訂千字等篇하야 累年學習而上才聰俊者는 或青成章하고 中才勤勉者는 僅記姓名하고 下才駑鈍者

서문

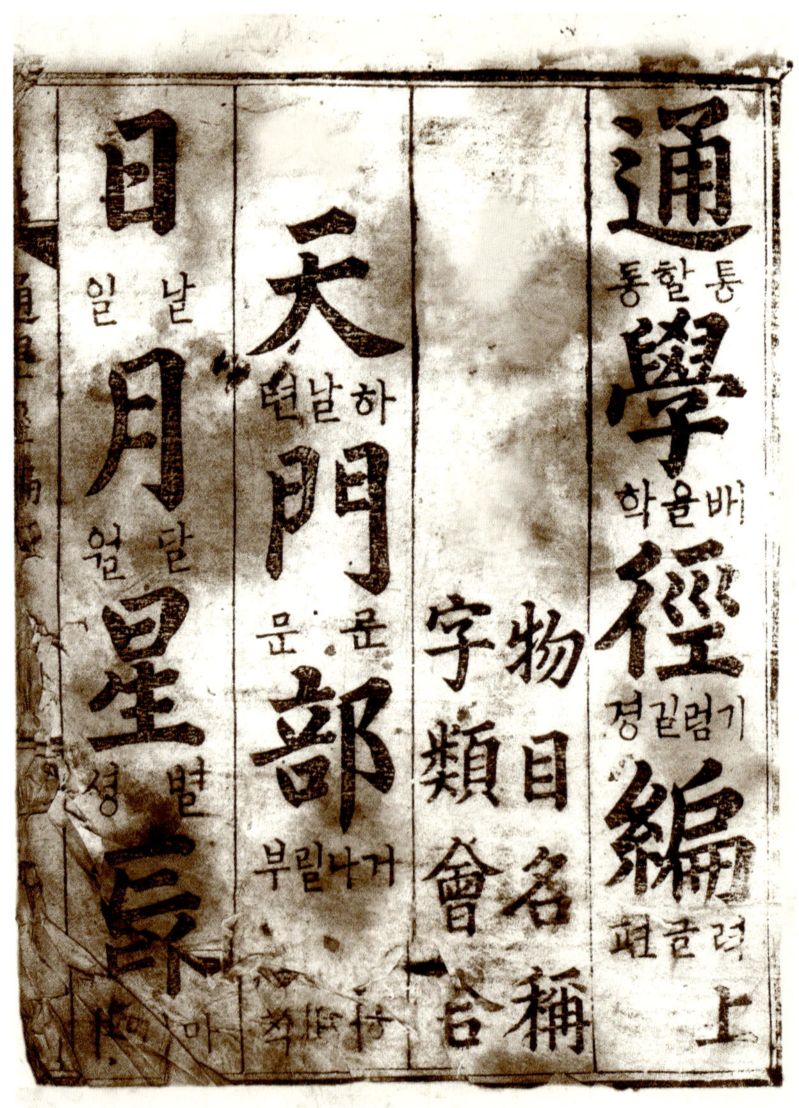

초간본 본문 첫 장

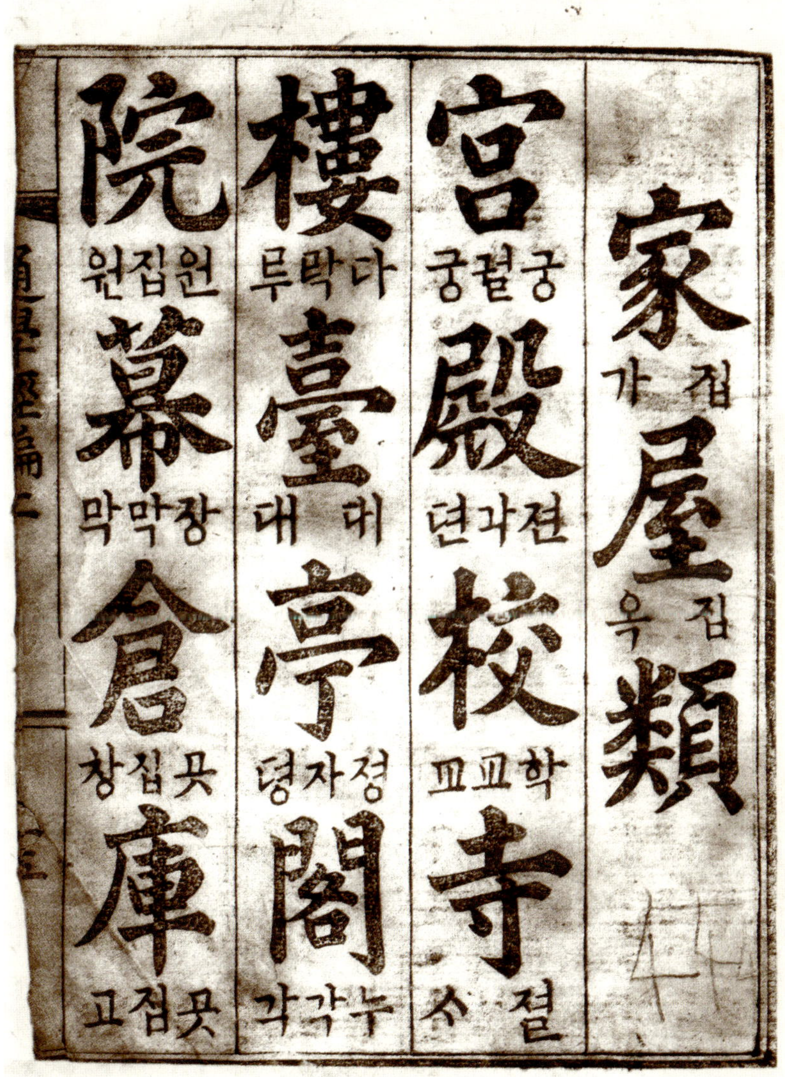

家屋類

家 집 가

屋 집 옥

宮 궁궐 궁

殿 젼각 뎐

校 학교 교

寺 졀 ᄉᆞ

樓 다락 루

臺 대 대

亭 정자 뎡

閣 누각 각

院 원집 원

幕 장막 막

倉 곳집 창

庫 곳집 고

通學經編二

초간본 본문

緖言

本書는初學者의目으로見하고口로言하는物質의名詞와文法의

言語로써敎授하는次序를定하야行文을速成케흠

一上篇은物名을類分하야使初學者로指其物敎其名而唯一에

易解할바로써編成흠

一下篇은行文上流例文字를類로써句句節節히意味包含하야

男婦間易口未詳한文法言語를實旨로通曉케흠

一銘心篇은前編의敎授한文字를混合作文하야人道에應行하는

바孝廉恭謹의修身制度를指導實行케흠

一懸註한日語는大槩語法上訓音으로써日鮮語를對照하야漢文

字字마다右傍엔訓讀左傍엔音讀을附하되同一한漢字에日鮮

의意味가不同한鮮稱은(一)此括弧內에置하고하얏假名을書한

중간본 서언

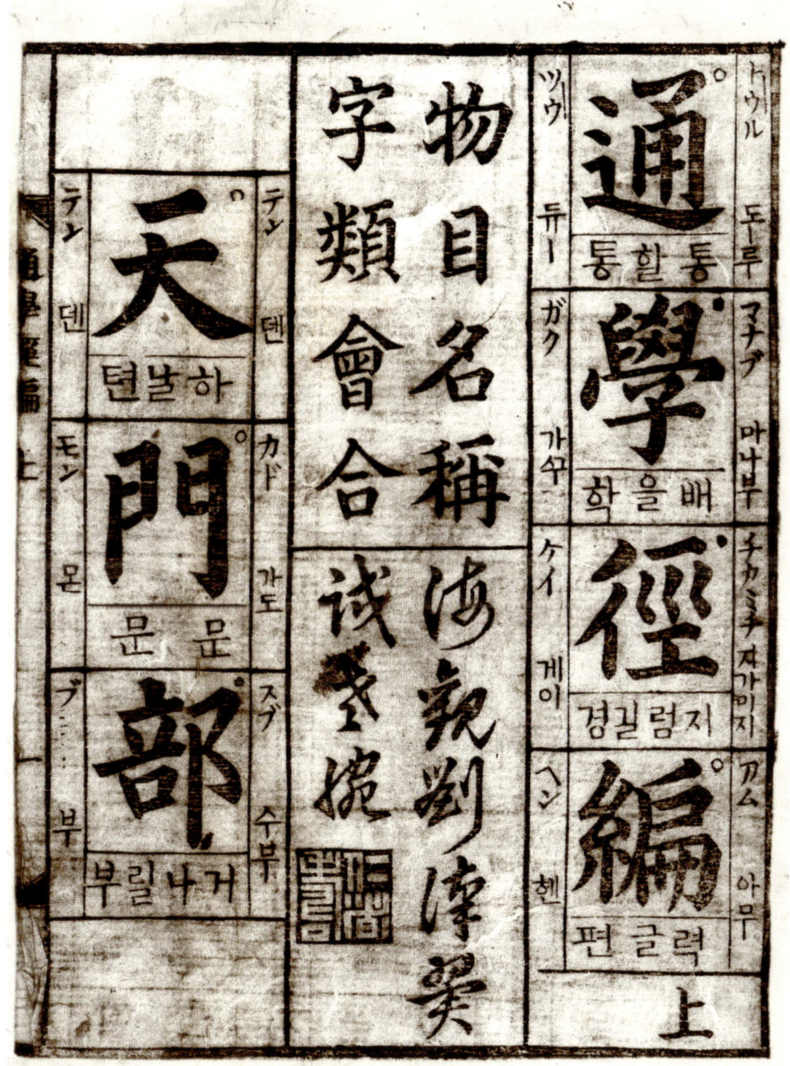

通學徑編 上

通 トウル 도-루 ツウ 듀-ㅣ 통할통

學 マナブ 마나부 ガク 가꾸 학을배

徑 チカミチ 지가미지 ケイ 게이 경길럼지

編 アム 아무 ヘン 헨 편글력

物目名稱

字類會合

天 テン 덴 テン 덴 텬날하

門 カド 가도 モン 몬 문 문

部 スブ 수부 ブ 부 부리나거

중간본의 본문 첫 장

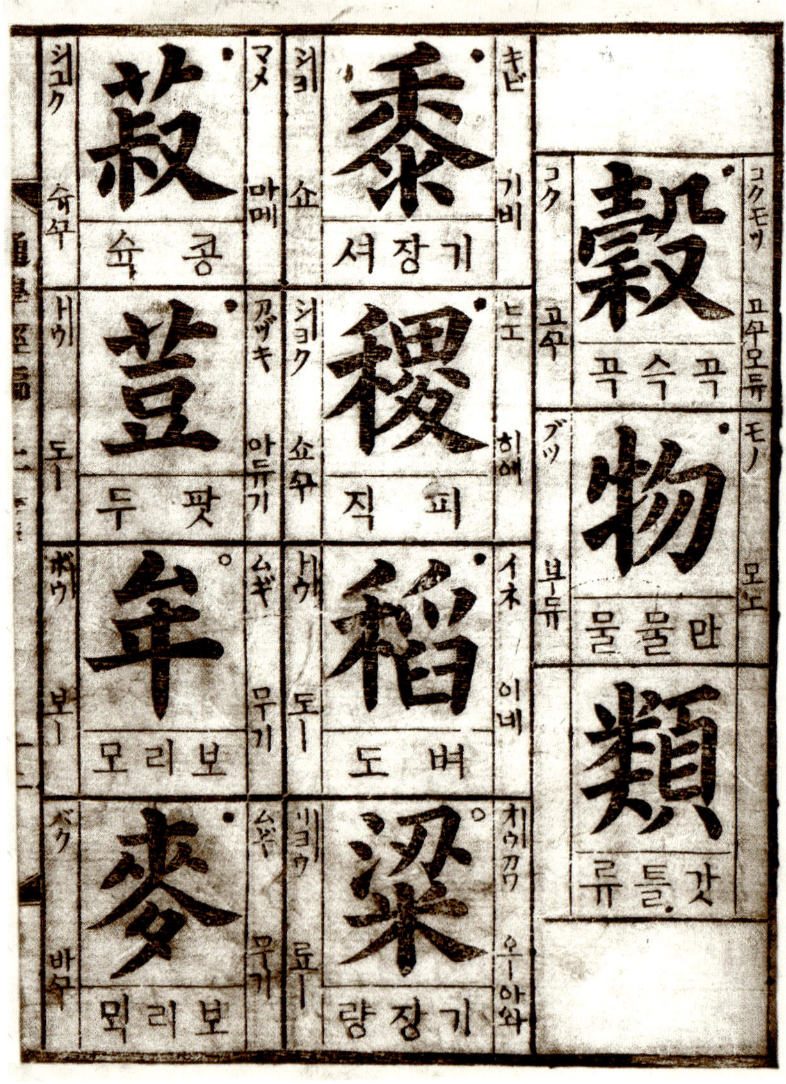

중간본의 본문

銘心篇

一生心法은 天下萬物에 物我無間하고 日用行事는 分內百務에 終始有常하되 孝爲行之源이오 忠爲德之主이니 忠孝有缺이면 餘何可問가 非父母則不生이니 欲報之德인댄 昊天罔極이오 非君主則不食이니 欲盡其職인댄 夙夜罔懈이라 推此以往이면 何適而非道아 夫婦는 人倫之始오 福祿之源이라 必當和敬하야 相待如賓

중간본의 명심편

29. 농정촬요農政撮要
– 신연활자로 인쇄한 최초의 국한문혼용본

《농정촬요農政撮要》는 신연활자新鉛活字로 인쇄한 우리나라 최초의 국한문 혼용체의 출판물이라 볼 수 있다.

1886년(고종23)에 정병하鄭秉夏가 토양비료, 주곡작물과 목화, 담배의 재배법을 종합서술한 농서로 3권 1책 본이다. 우리나라가 신연활자로 인쇄를 시작한 것은 임오년에 수신사로 갔던 박영효가 정부에 청을 하여 1883년(고종20) 8월에 박문국博文局을 설치하여 한성순보漢城旬報 발행을 준비하기 시작하면서부터이다.

박문국의 출판국에는 민영목閔泳穆, 김만식金晩植이 당상관堂上官으로 있었고 일본인 이노우에井上가 주관이 되어 순한문으로 된 〈한성순보〉 창간호를 10월 1일에 발간하였다. 그후 갑신정변 등으로 폐간되었다가 1885년(고종22)에 통리교섭통상아문의 건의에 의하여 폐지되었던 박문국을 부활시켰다.

1884년(고종21)에는 우리나라 최초의 근대적인 출판사인 광인사廣印社가 창사된다. 이곳에서 《충효경집주합벽忠孝經集註合壁》이라는 신식연활자로 최초의 단행본을 발간하게 되는데 이 광인사廣印社는 박문국의 활자와 시설을 그대로 옮겨와 활용하였다. 그것을 보면, 광인사廣印社는 국영출판사의 성격을 띠고 있었던 것이 아닌가 한다.

광인사에서는 안종수安宗洙가 일서를 번역한 순한문체의 《농정신편》과 《일본내각열전》 등도 출간하였다. 《농정촬요》도 1886년에 광인사廣印社에서 인쇄하여 출판하였는데, 이 《농정촬요》는 국한문 혼용문체로서 언해식 반번역 문체가 아닌 현대화한 국한문 혼용문체로서는 가장 초기의 책이라 볼 수 있다.

이 책은 활자만 신연활자일 뿐 종이도 양지가 아니라 조선지인 닥지에 인쇄하였으며 장정도 표지는 능화판지에 제본도 오철선장본으로 제작하였다. 판심版心에도 어미魚尾를 넣고 판심제版心題도 새겨넣었다. 서문 끝에 그동안 써오던 형식대로 '세재병술하5월초길일歲在丙戌夏五月初吉日 온양溫陽 정병하서鄭秉夏序'라 한 것을 보면, 출판연대가 1886년으로 박문국博文局이 설치된 지 3년 만에 출간된 책이다. 저자가 박문국의 회계주임으로 있었던 박문국博文局의 본사이기도 한 광인사에서 《농정신편》도 출판한 바 있는 곳이라 이곳에서 출판하게 된 것이다.

일본의 유명한 서지학자인 마에마前間는 《조선의 판본》이란 책에서 《농정촬요》는 조선판본의 말기본末期本이라고 소개하고 있으나, 실상 이 책은 우리나라에 있어서 현대활판본의 초창기본草創期本이라 할 수 있다. 용지와 제본양식 등이 옛것을 닮았을 뿐, 문체나 활자가 새로운 체제로 바뀌었을 뿐만 아니라, 국한문 혼용이 일반화되어 있다. 그러므로 한글연구와 실용화가 진작되어 출판의 원동력이 되었다는 사실은 출판발전에 큰 영향을 준 것이다.

이 책은 자서自序와 목록 그리고 본문으로 구성되어 있으며 목록과 서문은 순한문이고 본문은 국한문혼용으로 이건초李建初가 교정을 본 것으로 되어 있다.

상중하 3권 중 1, 2장은 농업의 대의와 1년 12개월의 행사를 매월마다 24절후와 관련시켜 설명하고 있으며 3장은 1년 중 6경耕과 천시天時를 관련시켜 설명하고 있다. 4장은 비료를 초목류草木類 등 종류별로 대별하여 그 효용에 대하여 설명하고 5~8장은 토양의 통기通氣, 비료수의 제조법, 토양분류와 그 물리적 화학적 구성에 대하여, 9장은 공기와 지기地機를 합친 작물재배법에 대해, 10장은 용수의 중요성과 보, 제언의 필요성, 11장은 전답의 척도계산법, 12장은 농기農器, 13장은 종자선별법, 14장은 볍씨의 침수법浸水法, 15~16장은 못자리 설치와 모심기, 17~19장은 논의 제토 병충해 방제, 20~21장은 추경秋耕과 춘경의 이점, 22~23장은 가을보리와 봄보리의 재배법, 24~25장은 벼농사와 보리농사로의 전환점, 26~28장은 구황작물의 재배법, 29장은 콩, 30장은 조, 31장은 피, 32~34장은 기장, 목화, 담배의 재배법을 각각 다루고 있다.

이 책은 당시 개화파의 중요정책의 하나였던 농업진흥 정책의 일환으로 엮어진 것이며 농업경제를 안정시킴으로써 농민의 불만을 해소시키고 부국강병의 근대국가를 세울 수 있다고 믿었던 것이다. 이 책은 서구농법을 도입한 일본농법을 참고한 것으로 보이는데, 토양과 비료에 중점을 두어 우리 실학파에 의한 전통농업을 계승발전시키려 한 것 같지는 않다. 그러나 개화파의 농업관을 살펴보는 데 도움이 되며 신기술 도입면에서는 농업기술사적 의의는 크다고 본다.

특히, 개화기의 신연활자 도입과 출판물의 대량복제 기술의 발달과 더불어 한문전용 체제에서 출판문화를 비롯한 사회전반에 한글의 사용폭을 넓히는 데 기여를 하였다는 면에서도 큰 의의가 있다고 본다.

저자인 정병하는 이 책을 간행한 뒤 낙동강의 둑을 막아 농토를 넓히고 옛 향약을 토대로 밀주장정密州章程이라는 향약을 만들기도 하였다. 그는 1891년(고종32) 12월에 농상공부대신이 되었으나 아관파천때 총리대신 김홍집金弘集과 함께 광화문에서 참살당하는 비운을 맞았다.

범우사 자료실에는, 1886년 박문국에서 발행한 상중하上中下 3권 1책본 한 권이 있다.

農政撮要卷之上

温陽鄭秉夏撰
全州李建初訂

第一章論農業之大義

믈읏農業之大義ᄂᆞᆫ天地化育之理ᄅᆞᆯ바다人生必受之資ᄅᆞᆯ供給ᄒᆞᄂᆞᆫ緊要라엇지踈忽이ᄒᆞᆯ비리요大抵寒暖之中和ᄅᆞᆯ어더土地가肥沃ᄒᆞ며穀果가豐熟ᄒᆞᆯ지라도農理ᄅᆞᆯ未達ᄒᆞ면菜穀之良否ᄅᆞᆯ土壤之好否에돌녀보ᄂᆡ고収穫之多少ᄅᆞᆯ天候之不調에돌녀보ᄂᆡ며其理ᄅᆞᆯ窮究치아니ᄒᆞ며其術ᄅᆞᆯ極盡히아니ᄒᆞ고ᄒᆞᆫ갓舊習만아ᄂᆞᆫ고로勞力은甚히만ᄒᆞ나収穫之利져근지라이진실로가히탄식ᄒᆞᆯ비로다然則自今以後로農家에서農務之大義ᄅᆞᆯ深究ᄒᆞ

農政撮要卷之上 一

국한혼용 본문 첫 장

農政撮要卷之下

第九章論見機

夫耕植之物은皆空氣地氣兩氣合成이니自然之理也라由地之物이다空氣를踈通ᄒᆞᆫ然後에生長成熟之功을억무ᄂᆞ니만일空氣를踈通치못ᄒᆞ고ᄒᆞᆫ갓稠密만ᄒᆞ면아무리品조ᄒᆞᆫ土質에肥料를多用ᄒᆞᆯ지라도苗芽生長之時에病敗多端ᄒᆞ여成熟之功이저그며收穫之利益이업슬거시요設或成熟ᄒᆞᆯ지라도其粒이堅強充實之力이ᄯᅩᄒᆞᆫ저근지라故로無論穀與菜花草木等ᄒᆞ고耕作培養之時에空氣로ᄲᅥ長養化育之理를알량이면耕作生長之物이조곰도病敗之慮업시結實成熟之功이蘊藉ᄒᆞᆯ거시요收穫之利益이倍出에셔도지ᄂᆞᆯ거시니耕作ᄒᆞᆯᄯᅢ에空氣踈通

본문 하권 첫 장

農政撮要序

自夫通商以來談時務者動稱建會社購汽船採土貨運洋物彼來而我往與六洲萬國分利而均勢然後可以致自強噫天下萬事豈有不揣本而齊末者乎農大本也商末利也彼西國率以通商致富然其内政未嘗不以農爲先務遇有開拓灌漑不惜重費辨土性分二十七等治糞料至三十六具凡於耕播培養避災媒助收穫靡不窮思設法往往有奪天之化盡地之力美之棉法之麥殆爲出口大宗此其較著而易驗也是故富國策其要有三曰地利人功資本是已蓋因地之利用人之功由資本而成之者莫大乎農利而商爲我國計者亦惟以農爲急先務何也農吾所長而地利人功固吾有之權也商吾所短而輪船鉅款尤難辦之事也若捨

한문으로 된 서문

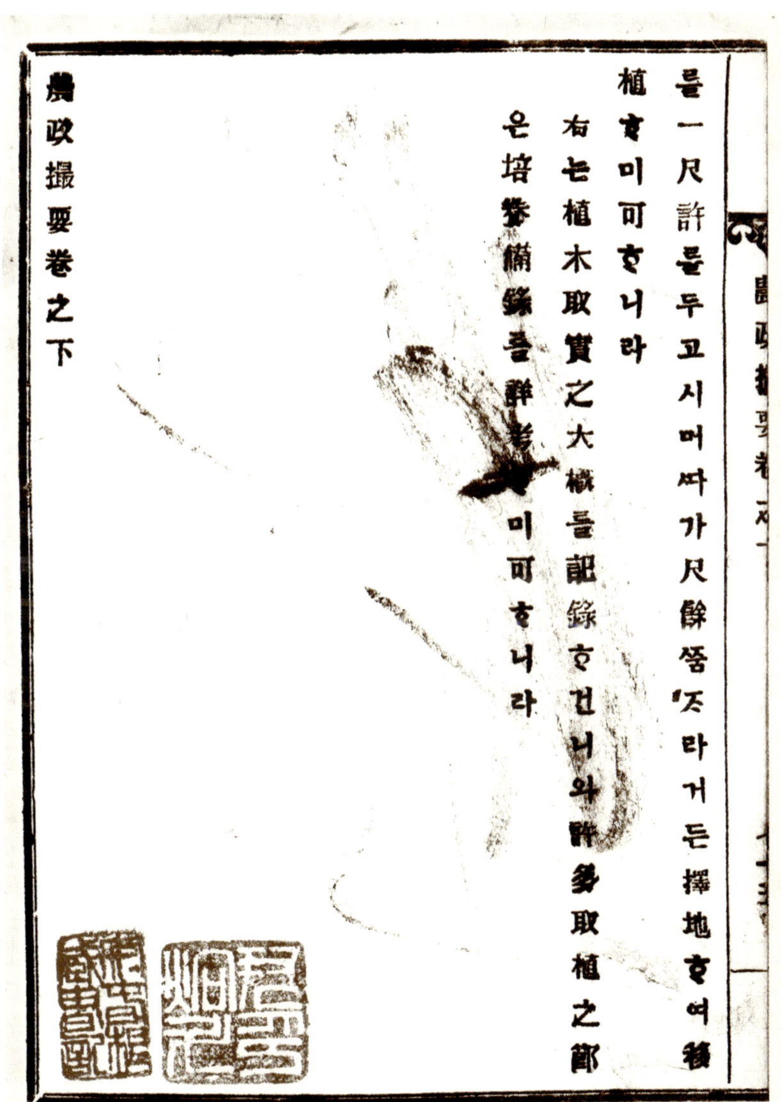

를一尺許를두고시머ᄡᅡ가尺餘쯤ᄌᆞ라거든擇地ᄒᆞ여移
植ᄒᆞ미可ᄒᆞ니라
右ᄂᆞᆫ植木取實之大槪를記錄ᄒᆞ건니와許多取植之節
은培養備錄을詳考ᄒᆞ미可ᄒᆞ니라
農政撮要卷之下

본문 하권 끝장

참고문헌

《고친 한글갈》 최현배 (정음사)
《관성제군명성경언해해제關聖帝君明聖經諺解解題》 홍윤표 (태학사)
《국역 맹자》 한상갑 · 왕희필, 성균관대학교 대동문화연구원
《규장각 한국본 도서해제(경자부)》 서울대학교 규장각
《규장각 한국본 도서해제》 집부集部 1 서울대 규장각
《규장각 한국본 도서해제》 사부史部 1~3 서울대학교 규장각
《규장각》 서울대학교 도서관
《규장각 3》 서울대학교 도서관
《농림수산 고문헌 비요》 김영진, 한국농촌경제연구원
《도남잡식》 조윤제 (을유문화사)
《도남陶南 조윤제趙潤濟 박사 회갑기념 논문집》 허웅 「영조의 상훈常訓과 훈서訓書
「대한 국어사적 고찰」
《대학 · 중용》 (현암사)
《동경대전》 김용옥 (통나무)
《맹자》 차주환 (범우사)
《맹자철학》 한갑연 (서광사)
《민족대백과사전》 한국정신문화연구원
《서지학 산책》 박상균 (민족문화사)
《소학》 이해철 역, 한국자유교육협회
《소학신강》 김종권 (서문당)
《알기 쉬운 옛책풀이》 양택진 (법경출판사)
《양금신보》 양덕수 (통문관)
《운문》 동원 「절요節要를 통해 본 보조 지눌의 사상」 (2005 봄호)

《이문과 이문대사》 안병희 (탑출판사)

《일사 국어학 논집》 방종현 (민중서관)

《조선어학사》 소창진평

《진단학보》 23 김완진 「국어 모음체계의 신고찰」 (1963)

《학술원 논문집》 9 이병근 「19세기 후기 국어의 모음체계」

《한국 고서 종합목록》 국회도서관

《한국고서해제》 고려대학교 민족문화연구원

《한국 서지학》 천혜봉 (민음사)

《한국 신흥 및 유사 종교 실태조사 보고서》 문화공보부 (1970)

《한국 문화사 대요》 안춘근 (청림출판사)

《한국불교 찬술문헌 총록》 동국대학교 불교문화연구소 편 (동국대학교 출판부)

《한국의 명저》-동경대전 · 용담유사 해제 신일철 (현암사)

《한국의 명저》-양금신보 장사운 (현암사)

《한국의학사》 김두종 (탐구당)

《한국인물대사전》 한국정신문화연구원

《한국판본학》 마에마, 안춘근 편역 (범우사)

《한국학》 제2집 한국학연구소

《한글갈》 최현배 (정음사)

《효경대의》 김익수 역주 (수덕문화사)

저자 약력

윤형두尹炯斗

1935년 일본 고베神戸 출생.
동국대 법학과 졸업.
고려대 경영대학원 수료.
중앙대 신문방송대학원 수료.
국립 순천대 명예출판학박사학위 취득.
1972년 월간 《수필문학》에 수필 '콩과 액운'을 발표하면서
작품활동을 시작.
대한출판문화협회 부회장, 한국도서유통협의회 회장,
한국출판협동조합 이사장.
중앙대 신문방송대학원 객원교수. 한국출판학회 회장.
경희대, 동국대, 서강대, 연세대 언론대학원 강사.

현재

한국출판문화진흥재단 이사장.
범우출판문화재단 설립이사
종합출판「범우」(주)대표이사 회장

〈주요 저서〉

출판물유통론
넓고 넓은 바닷가에
아버지의 산 어머니의 바다
책의 길 나의 길
한국출판의 허와 실
山사랑 책사랑 나라사랑
한 출판인의 일본 나들이
한 출판인의 중국 나들이
옛책의 한글판본 I

옛책의 한글판본 Ⅱ

2007년 9월 10일 초판 1쇄 발행

저 자 / 발행인 윤 형 두

발행처 범 우 사

출판등록 1966. 8. 3. 제 406—2003—048호
(413-756) 경기도 파주시 교하읍 문발리 출판단지 525-2
대표전화 031-955-6900~4 / FAX 031-955-6905

* 파본은 교환해 드립니다.
* 책값은 뒤표지에 있습니다.

ISBN 978-89-08-08113-0
978-89-08-08100-0 (세트)
(인터넷) http://www.bumwoosa.co.kr
(E-mail) bumwoosa@chol.com

범우사에서 펴낸 거작선

범우 거작선巨作選 시리즈는 창사創社 이래로부터 39년여 동안 정통출판의 역사를 꾸준히 이어온 저희 범우사가 비석식 출판의 일환으로 발간하고 있습니다. 《한국전적 인쇄사》(1990)를 시작으로 많은 정성과 노력을 기울여 발간된 거작선은 최근 《한국서화가 인명사전》(2000), 《돈황敦煌》(2001)에 이르기까지 10여종 이상의 대작들로 구성되어 있으며 많은 도서가 권위있는 한국출판문화상, 인쇄문화상, 한국출판학회상, 위암 학술상, 동원 학술상 등을 수상하였습니다. 또한 《한국의 목공예》, 《눈으로 보는 책의 역사》 등은 문화관광부 추천도서로 선정되기도 하였습니다. 앞으로도 이러한 거작을 출간함으로써 이 땅의 정통출판의 의지와 정신을 이어나갈 것입니다.

韓國典籍印刷史

천혜봉(前 성균관대 교수) 지음

實證的으로 정리된 印刷文化史 1,300년. 形態書誌學 분야에서 研究·分析된 完結本. 古書鑑識을 위한 全圖版 211종 實物文化. 9,800항목의 註가 뒷받침된 완벽한 論考.
考證된 刊記·跋文 등 主要資料 90점이 실려 있다.

· 제13회 한국출판학회상 저술·연구부문상 수상
· 제6회 인쇄문화상 특별부문상 수상
· 제31회 한국출판문화상 출판상 수상 · 제2회 북디자인상 장려상 수상
· 1990년 올해의 책 선정 · 제23회 문화부 추천도서 선정

타블로이드판 / 고급양장본 / 케이스 入 / 402쪽 / 값 100,000원

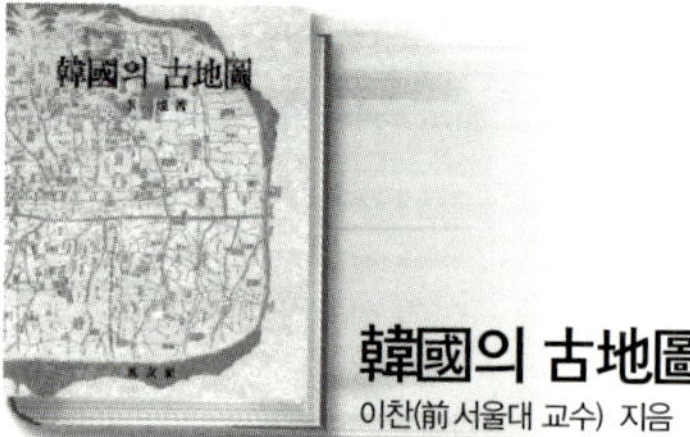

韓國의 古地圖

이찬(前 서울대 교수) 지음

500년 전에 제작된 東洋最古의 세계지도 〈混一疆理歷代國都之圖〉 등
희귀본 235점 天下圖-關防地圖-朝鮮全圖 및 道別圖-都城圖-繪畵地圖-山圖 등 類型別·目的別·時代別로 분류하여 분석·정리한 한국 고지도의 百科事典.

· 1992년 문화부 추천도서 선정
· 제33회 한국출판문화상 저작상 수상 · 1992년 韋菴 學術賞 수상

타블로이드판 / 고급양장본 / 케이스 入 / 422쪽 / 값 200,000원

한국회화소사

이동주(前 서울대 교수) 지음

1. 삼국시대부터 조선시대에 걸친 우리 그림을 친근하고 쉽게 이해할 수 있도록 보편성과 문화총체성 위에서 설명한다.
2. 실물 위주의 감상을 바탕에 깔고 기술한다.
3. 단편적 미술사를 뛰어넘어 인접국과의 문화 교류 풍속을 더욱 통시적으로 볼 수 있는 눈을 길러 준다.
4. 화가의 가계와 보학譜學에 대한 저자의 해박한 지식을 토대로 한국미술통사로서의 가치를 발현하다.
5. 미술사를 비평가적 혜안에 의해 바라본다.

21.8×24.5cm / 284쪽 / 값 40,000원

세계의 문자

세계문자연구회 엮음
김승일(문학박사) 옮김

1. 1,200개에 이르는 도판을 사용하여 이해하기 쉽도록 기술하고 문자의 계통과 변천을 도표에 의해 설명.
2. 문자의 형태, 비문, 옛글 사본, 문장의 예 등을 관계가 있는지도나 부록, 표를 풍부하게 삽입하여 설명.
3. 소멸된 고대 문자는 해설을 곁들여 기술.
4. 로마자는 각종 자체의 변천과 현상을 병렬시켜 가며 문자의 명칭과 문자의 결구, 읽는 법 등을 유럽 각 국어로 해설.
5. 부록에는 인쇄한 문자의 크기 견본, 주요 언어 분류표, 찾아보기 등이 실려 있어 편리.

4×6배판 / 고급양장본 / 578쪽 / 값 70,000원

돈 황 敦煌

돈황연구원·돈황현 박물관 지음
최혜원·이유진 공역

중국 불교예술의 보고인 돈황석굴에서 발견된 문물들의 정화판!

· 총 293폭에 이르는 사진을 골라 컬러 수록함.
· 돈황의 역사 및 석굴 예술과 돈황 유서에 관한 논문 네 편을 실었다. 사진에 관한 설명은 287항목이다.

타블로이드판/고급양장본/케이스 入/360쪽/값 130,000원

한국서화가 인명사전

한문영 지음

국내 서예가·화가 등 10,000여 명 인명·작품 총 집대성!

· 국내 서예가 3천여명, 화가 2천여명, 불화승 2천 4백여명, 현존 작가 2천여명 등 삼국시대에서부터 근·현대 서화가 총망라.
· 서예 작품 760여점, 그림 560여점, 인물사진 70여점, 총 1,500여점의 사진 수록.

4×6배판/고급양장본/케이스 入/970쪽/값 150,000원

謙齋 鄭敾 眞景山水畵

최완수(간송미술관 민족미술연구실장) 지음

朝鮮 後期 전통 화법에서 벗어나 활달하면서도 섬세한 독창적 眞景山水畵法을 완성하여 한 畵派를 이룩한 畵聖 謙齋의 걸작과 生涯를 담은 國寶級 畵集.

· 제34회 한국출판문화상 예술·사진 부문 수상
· 제12회 東垣 學術賞수상

타블로이드판/고급양장본/348쪽/케이스 入/값 150,000원

定都 600년 서울지도

허영환(성신여대 교수·박물관장) 지음

조선초에서 최근에 이르는 서울지도 원색 190여 점. 서울의 발전상뿐만 아니라 지도제작의 발달과정, 역사적 변혁과 사회상의 변화를 일목요연하게 보여준다.
그리고 서울지도 600년史와 서울을 읊은 詩와 노래 등 서울 600년 略史도 실려 있다.

· 제35회 한국출판문화상 수상

타블로이드판/고급양장본/케이스 入/276쪽/값 100,000원

눈으로 보는 책의 역사

안춘근(전 중앙대학원 교수)
윤형두(출판학회장) 편저

인류의 사상과 정서를 가장 훌륭하게 전달한 책 변천사!
'책의 위기'가 심각하게 거론되는 현실이지만 인류의 사상과 정서를 가장 훌륭하게 전달해 온 매체인 책의 역사를 고대 이집트의 파피루스 부터 20세기 미국 소설가 존 스타인벡의 '에덴의 동쪽'까지 책의 흐름을 각 페이지마다 빠지지 않고 사진과 함께 게재. 제목 그대로 '읽는' 책이 아니라 '보는' 책의 형식을 따랐다. 게재된 책들의 표지·활자·삽화 등을 따라가다 보면 자연스레 '책의 진화'에 동참하게 된다. — 중앙일보

· 1998년 문화관광부 추천도서 선정

190×260mm/고급양장본/값 60,000원

韓國의 木工藝

박영규(용인대 교수) 편저

한국미술품 중 가장 한국적인 아름다움이 잘 나타나 있는 것은 白磁와 粉靑沙器 木工藝品들이다. 이들은 외형상의 자연미와 순수미를 보이고 있다.
그중에서도 기능과 함께 건강한 조형미가 가미된 목공예품들은 섬유질의 부드러운 눈매와 나뭇결로 자연의 아름다움을 더욱 깊이 느끼게 한다.

· 1998년 문화관광부 추천도서 선정

4×6배판/고급양장본/365면/값 120,000원

범우문고

주머니 속에 친구를! (낱권 판매-값 2,800원)

1 수필 피천득
2 무소유 법정
3 바다의 침묵(외) 베르코르/조규철·이정림
4 살며 생각하며 미우라 아야코/진웅기
5 오, 고독이여 F. 니체/최혁순
6 어린 왕자 A. 생 텍쥐페리/이정림
7 톨스토이 인생론 L. 톨스토이/박형규
8 이 조용한 시간에 김우종
9 시지프의 신화 A. 카뮈/이정림
10 목마른 계절 전혜린
11 젊은이여 인생을… A. 모르아/방곤
12 채근담 홍자성/최현
13 무진기행 김승옥
14 공자의 생애 최현 엮음
15 고독한 당신을 위하여 L. 린저/곽복록
16 김소월 시집 김소월
17 장자 장자/허세욱
18 예언자 K. 지브란/유제하
19 윤동주 시집 윤동주
20 명정 40년 변영로
21 산사에 심은 뜻은 이청담
22 날개 이상
23 메밀꽃 필 무렵 이효석
24 애정은 기도처럼 이영도
25 이브의 천형 김남조
26 탈무드 M. 토케이어/정진태
27 노자도덕경 노자/황병국
28 갈매기의 꿈 R. 바크/김진욱
29 우정론 A. 보나르/이정림
30 명상록 M. 아우렐리우스/황문수
31 젊은 여성을 위한 인생론 P. 벅/김진욱
32 B사감과 러브레터 현진건
33 조병화 시집 조병화
34 느티의 일월 모윤숙
35 지금은 어디서 무엇을 김형석
36 박인환 시집 박인환
37 모래톱 이야기 김정한
38 창문 김태길
39 방랑 H. 헤세/홍경호
40 손자병법 손무/황병국
41 소설·알렉산드리아 이병주
42 전락 A. 카뮈/이정림
43 사노라면 잊을 날이 윤형두
44 김삿갓 시집 김병연/황병국
45 소크라테스의 변명(외) 플라톤/최현
46 서정주 시집 서정주
47 사람은 무엇으로 사는가 L. 톨스토이/김진욱
48 불가능은 없다 R. 슐러/박호순
49 바다의 선물 A. 린드버그/신상웅
50 잠 못 이루는 밤을 위하여 C. 힐티/홍경호
51 딸깍발이 이희승
52 몽테뉴 수상록 M. 몽테뉴/손석린
53 박재삼 시집 박재삼
54 노인과 바다 E. 헤밍웨이/김회진
55 향연·뤼시스 플라톤/최현
56 젊은 시인에게 보내는 편지 R. 릴케/홍경호
57 피천득 시집 피천득
58 아버지의 뒷모습(외) 주자청(외)/허세욱(외)
59 현대의 신 N. 쿠치키(편)/진철승
60 별·마지막 수업 A. 도데/정봉구
61 인생의 선용 J. 러보크/한영환
62 브람스를 좋아하세요… F. 사강/이정림
63 이동주 시집 이동주
64 고독한 산보자의 꿈 J. 루소/염기용
65 파이돈 플라톤/최현
66 백장미의 수기 I. 숄/홍경호
67 소년 시절 H. 헤세/홍경호
68 어떤 사람이기에 김동길
69 가난한 밤의 산책 C. 힐티/송영택
70 근원수필 김용준
71 이방인 A. 카뮈/이정림
72 롱펠로 시집 H. 롱펠로/윤삼하
73 명사십리 한용운
74 왼손잡이 여인 P. 한트케/홍경호
75 시민의 반항 H. 소로/황문수
76 민중조선사 전석담
77 동문서답 조지훈

78 프로타고라스 플라톤/최현
79 표본실의 청개구리 염상섭
80 문주반생기 양주동
81 신조선혁명론 박열/서석연
82 조선과 예술 야나기 무네요시/박재삼
83 중국혁명론 모택동(외)/박광종 엮음
84 탈출기 최서해
85 바보네 가게 박연구
86 도왜실기 김구/엄항섭 엮음
87 슬픔이여 안녕 F. 사강/이정림 · 방곤
88 공산당 선언 K. 마르크스 · F. 엥겔스/서석연
89 조선문학사 이명선
90 권태 이상
91 내 마음 속의 그늘 한승헌
92 노동자강령 F. 라살레/서석연
93 장씨 일가 유주현
94 백설부 김진섭
95 에코스파즘 A. 토플러/김진욱
96 가난한 농민에게 바란다 N. 레닌/이정일
97 고리키 단편선 M. 고리키/김영국
98 러시아의 조선침략사 송정환
99 기재기이 신광한/박헌순
100 홍경래전 이명선
101 인간만사 새옹지마 리영희
102 청춘을 불사르고 김일엽
103 모범경작생(외) 박영준
104 방망이 깎던 노인 윤오영
105 찰스 램 수필선 C. 램/양병석
106 구도자 고은
107 표해록 장한철/정병욱
108 월광곡 홍난파
109 무서록 이태준
110 나생문(외) 아쿠타가와 류노스케/진웅기
111 해변의 시 김동석
112 발자크와 스탕달의 예술논쟁 김진욱
113 파한집 이인로/이상보
114 역사소품 곽말약/김승일
115 체스 · 아내의 불안 S. 츠바이크/오영옥
116 복덕방 이태준
117 실천론(외) 모택동/김승일
118 순오지 홍만종/전규태
119 직업으로서의 학문 · 정치 M. 베버/김진욱(외)
120 요재지이 포송령/진기환
121 한설야 단편선 한설야
122 쇼펜하우어 수상록 쇼펜하우어/최혁순
123 유태인의 성공법 M. 토케이어/진웅기
124 레디메이드 인생 채만식
125 인물 삼국지 모리야 히로시/김승일
126 한글 명심보감 장기근 옮김
127 조선문화사서설 모리스 쿠랑/김수경
128 역옹패설 이제현/이상보
129 문장강화 이태준
130 중용 · 대학 차주환
131 조선미술사연구 윤희순
132 옥중기 오스카 와일드/임헌영
133 유태인식 돈벌이 후지다 덴/지방훈
134 가난한 날의 행복 김소운
135 세계의 기적 박광순
136 이퇴계의 활인심방 정숙
137 카네기 처세술 데일 카네기/전민식
138 요로원야화기 김승일
139 푸슈킨 산문 소설집 푸슈킨/김영국
140 삼국지의 지혜 황의백
141 슬견설 이규보/장덕순
142 보리 한흑구
143 에머슨 수상록 에머슨/윤삼하
144 이사도라 덩컨의 무용에세이 I. 덩컨/최혁순
145 북학의 박제가/김승일
146 두뇌혁명 T.R. 블랙슬리/최현
147 베이컨 수상록 베이컨/최혁순
148 동백꽃 김유정
149 하루 24시간 어떻게 살 것인가 A. 베넷/이은순
150 평민한문학사 허경진
151 정선아리랑 김병하 · 김연갑 공편
152 독서요법 황의백 엮음
153 나는 왜 기독교인이 아닌가 B. 러셀/이재황
154 조선사 연구(草) 신채호
155 중국의 신화 장기근
156 무병장생 건강법 배기성 엮음
157 조선위인전 신채호
158 정감록비결 편집부 엮음
159 유태인 상술 후지다 덴

160 동물농장 조지 오웰
161 신록 예찬 이양하
162 진도 아리랑 박병훈 · 김연갑
163 책이 좋아 책하고 사네 윤형두
164 속담에세이 박연구
165 중국의 신화(후편) 장기근
166 중국인의 에로스 장기근
167 귀여운 여인(외) A.체호프/박형규
168 아리스토파네스 희곡선 아리스토파네스/최 현
169 세네카 희곡선 세네카/최 현
170 테렌티우스 희곡선 테렌티우스/최 현
171 외투 · 코 고골리/김영국
172 카르멘 메리메/김진욱
173 방법서설 데카르트/김진욱
174 페이터의 산문 페이터/이성호
175 이해사회학의 카테고리 막스 베버/김진욱
176 러셀의 수상록 러셀/이성규
177 속악유희 최영년/황순구
178 권리를 위한 투쟁 R. 예링/심윤종
179 돌과의 문답 이규보/장덕순
180 성황당(외) 정비석
181 양쯔강(외) 펄벅/김병걸
182 봄의 수상(외) 조지 기싱/이창배
183 아미엘 일기 아미엘/민희식
184 예언자의 집에서 토마스 만/박환덕
185 모자철학 가드너/이창배
186 짝 잃은 거위를 곡하노라 오상순
187 무하선생 방랑기 김상용
188 어느 시인의 고백 릴케/송영택
189 한국의 멋 윤태림
190 자연과 인생 도쿠토미 로카/진웅기
191 태양의 계절 이시하라 신타로/고평국
192 애서광 이야기 구스타브 플로베르/이민정
193 명심보감의 명구 191 이용백
194 아큐정전 루쉰/허세욱
195 촛불 신석정
196 인간제대 추식
197 고향산수 마해송
198 아랑의 정조 박종화
199 지사총 조선작
200 홍동백서 이어령
201 유령의 집 최인호
202 목련초 오정희
203 친구 송 영
204 쫓겨난 아담 유치환
205 카마수트라 바스야야니/송미영
206 한 가닥 공상 밀른/공덕룡
207 사랑의 샘가에서 우치무라 간조/최 현
208 황무지 공원에서 유달영
209 산정무한 정비석
210 조선해학 어수록 장한종
211 조선해학 파수록 부묵자
212 용재총화 성 현
213 남원의 향기 최승범
214 한국의 가을 박대인
215 다듬이 소리 채만식
216 부모 은중경 안춘근
217 거룩한 본능 김규련
218 연주회 다음날 우치다 핫겐/문희정
219 갑사로 가는 길 이상보
220 공상에서 과학으로 엥겔스/박광순
221 인도 기행 H. 헤세/박환덕
222 신화 이주홍
223 게르마니아 타키투스/박광순
224 김강사와 T교수 유진오
225 금강산 애화기 곽말약/김승일
226 십자가의 증언 강원룡
227 아네모네의 마담 주요섭
228 병풍에 그린 닭이 나도향
229 조선책략 황준헌/김승일
230 시간의 빈 터에서 김열규
231 밖에서 본 자화상 한완상
232 잃어버린 동화 박문하
233 붉은 고양이 루이제 린저/홍경호
234 봄은 어느 곳에 심훈 외
235 청춘예찬 민태원
236 낙엽을 태우면서 이효석
237 알랭어록 알랭/정봉구
238 기다리는 마음 송규호
239 난중일기 이순신/이민수
240 동양의 달 차주환

▶계속 펴냅니다

범우고전선

시대를 초월해 인간성 구현의 모범으로 삼을 만한 책을 엄선

1 유토피아 토마스 모어/황문수
2 오이디푸스 王 소포클레스/황문수
3 명상록·행복론 M.아우렐리우스·L.세네카/황문수·최현
4 깡디드 볼떼르/염기용
5 군주론·전술론(외) 마키아벨리/이상두
6 사회계약론(외) J. 루소/이태일·최현
7 죽음에 이르는 병 키에르케고르/박환덕
8 천로역정 존 버니연/이현주
9 소크라테스 회상 크세노폰/최혁순
10 길가메시 서사시 N. K. 샌다즈/이현주
11 독일 국민에게 고함 J. G. 피히테/황문수
12 히페리온 F. 횔덜린/홍경호
13 수타니파타 김운학 옮김
14 쇼펜하우어 인생론 A. 쇼펜하우어/최현
15 톨스토이 참회록 L. N. 톨스토이/박형규
16 존 스튜어트 밀 자서전 J. S. 밀/배영원
17 비극의 탄생 F. W. 니체/곽복록
18-1 에 밀(상) J. J. 루소/정봉구
18-2 에 밀(하) J. J. 루소/정봉구
19 팡 세 B. 파스칼/최현·이정림
20-1 헤로도토스 歷史(상) 헤로도토스/박광순
20-2 헤로도토스 歷史(하) 헤로도토스/박광순
21 성 아우구스티누스 고백록 A. 아우구스티누/김평옥
22 예술이란 무엇인가 L. N. 톨스토이/이철
23 나의 투쟁 A. 히틀러/서석연
24 論語 황병국 옮김
25 그리스·로마 희곡선 아리스토파네스(외)/최현
26 갈리아 戰記 G. J. 카이사르/박광순
27 善의 연구 니시다 기타로/서석연
28 육도·삼략 하재철 옮김
29 국부론(상) A. 스미스/최호진·정해동
30 국부론(하) A. 스미스/최호진·정해동
31 펠로폰네소스 전쟁사(상) 투키디데스/박광순
32 펠로폰네소스 전쟁사(하) 투키디데스/박광순
33 孟子 차주환 옮김
34 아방강역고 정약용/이민수
35 서구의 몰락 ① 슈펭글러/박광순
36 서구의 몰락 ② 슈펭글러/박광순
37 서구의 몰락 ③ 슈펭글러/박광순
38 명심보감 장기근
39 월든 H. D. 소로/양병석
40 한서열전 반고/홍대표
41 참다운 사랑의 기술과 허튼 사랑의 질책 안드레아스/김영락
42 종합 탈무드 마빈 토케이어(외)/전풍자
43 백운화상어록 백운화상/석찬선사
44 조선복식고 이여성
45 불조직지심체요절 백운선사/박문열
46 마가렛 미드 자서전 M.미드/최혁순·최인옥
47 조선사회경제사 백남운/박광순
48 고전을 보고 세상을 읽는다 모리야 히로시/김승일
49 한국통사 박은식/김승일
50 콜럼버스 항해록 라스 카사스 신부 엮음/박광순
51 삼민주의 쑨원/김승일(외) 옮김
52-1 나의 생애(상) L. 트로츠키/박광순
52-2 나의 생애(하) L. 트로츠키/박광순
53 북한산 역사지리 김윤우
54-1 몽계필담(상) 심괄/최병규
54-2 몽계필담(하) 심괄/최병규
56-1 사기(상) 사마천/이영무
56-2 사기(중) 사마천/이영무
56-3 사기(하) 사마천/이영무
57 해동제국기 신숙주/신용호(외) 주해

▶계속 펴냅니다

사르비아총서는 하루 아침에 만들어진 것이 아닙니다

1977~2007

'범우 사르비아문고' 에서 편집체제와 판형 및 내용을 대폭 개선한 **'사르비아총서'** 까지 독자 여러분의 사랑을 받아온 지도 **30년**이 되었습니다. 앞으로도 '사르비아총서'는 독자여러분의 사랑과 성원 속에 **'일반교양도서'** 시리즈로 확고히 자리매김하여 선구자적인 역할을 다할 것입니다.

사르비아 총서

인물 · 전기

101 **백범일지** 김 구 지음
102 **만해 한용운** 임중빈 지음
103 **도산 안창호** 이광수 지음
104 **단재 신채호 일대기** 임중빈 지음
105 **프랭클린 자서전** B. 프랭클린 지음/양수정 옮김
106 **마하트마 간디** 로맹 롤랑 지음/최현 옮김
107 **안중근 의사 자서전** 안중근 지음
108 **이상재 평전** 전택부 지음
109 **윤봉길 의사 일대기** 임중빈 지음
110 **디즈레일리의 생애** 앙드레 모루아 지음/이정림 옮김
111 **윤관 장군과 북벌** 임중빈 지음
112 **윤용하 일대기** 박화목 지음

한국고전 · 신소설

201 **목민심서** 정약용 지음/이민수 옮김
202 **춘향전 · 심청전** 작자 미상/이상보 주해
203 **난중일기** 이순신 지음/이민수 옮김
204 **호질 · 양반전 · 허생전(외)** 박지원(외) 지음/이민수 옮김
205 **혈의 누 · 은세계 · 모란봉** 이인직 지음
206 **토끼전 · 옹고집전(외)** 작자 미상/전규태 주해
207 **사씨남정기 · 서포만필** 김만중 지음/전규태 옮김
208 **보한집** 최자 지음/이상보 옮김
209 **열하일기** 박지원 지음/전규태 옮김
210 **금오신화 · 화왕계(외)** 김시습 · 설총(외) 지음/이민수 역주
211 **귀의 성** 이인직 지음
212 **금수회의록 · 공진회(외)** 안국선 지음
213 **추월색 · 자유종 · 설중매** 최찬식 · 이해조 · 구연학 지음
214 **홍길동전 · 전우치전 · 임진록** 허 균(외) 지음/전규태 옮김
215 **구운몽** 김만중 지음/전규태 옮김
216 **한국의 고전명문선** 최치원(외) 지음/이민수 역주
217 **흥부전 · 조웅전** 작자 미상/전규태 주해
218 **북학의** 박제가 지음/김승일 옮김
219 **삼국유사(상)** 일 연 지음/이민수 옮김
220 **삼국유사(하)** 일 연 지음/이민수 옮
221 **인현왕후전** 작자 미상/전규태 옮김
222 **계축일기** 작자 미상/전규태 옮김
223 **한중록 혜경궁 홍씨** 전규태 옮김

한국문학 (근 · 현대소설)

301 **압록강은 흐른다** 이미륵 지음/전혜린 옮김
302 **그래도 압록강은 흐른다** 이미륵 지음/정규화 옮김
303 **이야기(외)** 이미륵 지음/정규화 옮김
304 **태평천하** 채만식 지음
305 **탈출기 · 홍염(외)** 최서해 지음
306 **무영탑(상)** 현진건 지음
307 **무영탑(하)** 현진건 지음
308 **벙어리 삼룡이(외)** 나도향 지음
309 **날개 · 권태 · 종생기(외)** 이상 지음
310 **낙엽을 태우면서(외)** 이효석 지음
311 **상록수** 심훈 지음
312 **동백꽃 · 소낙비(외)** 김유정 지음
313 **빈처(외)** 현진건 지음
314 **백치 아다다(외)** 계용묵 지음
315 **탁류(상)** 채만식 지음
316 **탁류(하)** 채만식 지음
317 **이범선 작품선** 이범선 지음
318 **수난이대(외)** 하근찬 지음
319 **감자 · 배따라기(외)** 김동인 지음
320 **사랑 손님과 어머니** 주요섭 지음
321 **메밀꽃 필 무렵(외)** 이효석 지음
322 **삼대(상)** 염상섭 지음
323 **삼대(하)** 염상섭 지음
324 **패강랭(외)** 이태준 지음

한국문학(시·수필)

401 **효孝** 피천득 외 31인 지음
402 **김소월 시집** 김소월 지음
403 **역사를 빛낸 한국의 여성** 안춘근 엮음
404 **독서의 지식** 안춘근 지음
405 **윤동주 시집** 윤동주 지음
406 **한시가 있는 에세이** 정진권 지음
407 **이육사의 시와 산문** 이육사 지음
408 **님의 침묵** 한용운 지음
409 **옛시가 있는 에세이** 정진권 지음
410 **한국의 옛시조** 이상보 지음
411 **시조에 깃든 우리 얼** 최승범 지음
412 **한국고전 수필선** 정진권 지음
413 **에세이 중국고전** 정진권 지음
414 **에세이 중국고전** 정진권 지음
415 **한국 한시선** 정진권 지음
416 **김영랑 시집** 정진권 지음

동양문학

501 **아큐정전(외)** 루쉰 지음/허세욱 옮김
502 **삼국지(상)** 나관중 지음/최 현 옮김
503 **삼국지(중)** 나관중 지음/최 현 옮김
504 **삼국지(하)** 나관중 지음/최 현 옮김
505 **설국·천우학** 가와바타 야스나리 지음/김진욱 옮김
506 **법구경 입문** 마츠바라 타이도 지음/박혜경 옮김
507 **채근담** 홍자성 지음/최 현 옮김
508 **수호지(상)** 시내암 지음/최 현 옮김
509 **수호지(중)** 시내암 지음/최 현 옮김
510 **수호지(하)** 시내암 지음/최 현 옮김
511 **천자문** 주홍사 지음/안춘근 엮음

서양문학

601 **인간의 대지·젊은이의 편지** 생 텍쥐페리 지음/조규철·이정림 공역
602 **기탄잘리** 타고르 지음/김양식 옮김
603 **외투·코·초상화** 고골리 지음/김영국 옮김
604 **맥베스·리어왕** 셰익스피어 지음/김진욱 옮김
605 **로미오와 줄리엣(외)** 셰익스피어 지음/양은숙 옮김
606 **어린 왕자(외)** 생 텍쥐페리 지음/이정림 옮김
607 **예언자·영가** 칼릴 지브란 지음/유제하(외) 옮김
608 **서머셋 몸 단편선** 서머셋 몸 지음/이호성 옮김
609 **토마스 만 단편선** 토마스 만 지음/지명렬 옮김
610 **이방인·전락** A.카뮈 지음/이정림 옮김
611 **노인과 바다(외)** 헤밍웨이 지음/김회진 옮김
612 **주홍글씨** N. 호손 지음/이장환 옮김
613 **포 단편선** 애드거 A. 포 지음/김병철 옮김
614 **명상록** M. 아우렐리우스 지음/최 현 옮김
615 **잔잔한 가슴에 파문이 일때(외)** 루이제 린저 지음/홍경호 옮김
616 **싯다르타** 헤르만 헤세 지음/홍경호 옮김
617 **킬리만자로의 눈(외)** 헤밍웨이 지음/오미애 옮김
618 **별·마지막 수업(외)** 알퐁스 도데 지음/정봉구 옮김
619 **젊은 시인에게 보내는 편지** R. M. 릴케 지음/홍경호 옮김
620 **니체의 고독한 방황** 니체 지음/최혁순 옮김
621 **이상한 나라의 앨리스** 루이스 캐롤 지음/김성렬 옮김
622 **헤세의 명언** 헤르만 헤세 지음/최혁순 옮김
623 **인간의 역사** M. 일리인(외) 지음/이순권 옮김
624 **사람은 무엇으로 사는가(외)** 톨스토이 지음/김진욱 옮김
625 **좁은 문** 앙드레 지드 지음/이정림 옮김
626 **대지** 펄 벅 지음/최 현 옮김
627 **야간비행(외)** 생 텍쥐페리 지음/조규철·전채린 옮김
628 **여자의 일생** 모파상 지음/이정림 옮김
629 **그리스·로마 신화** 토마스 불핀치 지음/최혁순 옮김
630 **위대한 개츠비** 스콧 피츠제럴드 지음/송관식 옮김
631 **젊은이의 변모** 한스 카로사 지음/박환덕 옮김
632 **마지막 잎새(외)** O. 헨리 지음/송관식 옮김
633 **어떤 미소** F. 사강 지음/정봉구 옮김
634 **수레바퀴 아래서** 헤르만 헤세 지음/박환덕 옮김
635 **슬픔이여 안녕** F. 사강 지음/이정림 옮김
636 **마음의 파수꾼** F. 사강 지음/방 곤 옮김
637 **모파상 단편선** 모파상 지음/이정림 옮김
638 **데미안** 헤르만 헤세 지음/박환덕 옮김
639 **독일인의 사랑** 막스 뮐러 지음/홍경호 옮김
640 **젊은 베르테르의 슬픔** 괴테 지음/지명렬 옮김
641 **늪텃집 처녀(외)** 라겔뢰프 지음/홍경호 옮김
642 **갈매기의 꿈(외)** 리처드 바크 지음/김진욱·양은숙 옮김
643 **폭풍의 언덕** E. 브론테 지음/윤삼하 옮김
644 **모모(상)** 미하엘 엔데 지음/서석연 옮김
645 **모모(하)** 미하엘 엔데 지음/서석연 옮김
646 **북경에서 온 편지** 펄 벅 지음/김성렬 옮김
647 **페이터의 산문** 페이터 지음/이성호 옮김
648 **아름다워라 청춘이여** 헤르만 헤세 지음/박환덕 옮김
649 **호반·황태자의 첫사랑** 슈토름 외/홍경호 옮김
650 **첫사랑·짝사랑** 투르게네프/이철 옮김

역사·철학·기타

701 **철학 사상 이야기(상)** 현대사상연구회 엮음
702 **철학 사상 이야기(하)** 현대사상연구회 엮음
703 **사랑의 기술** 에리히 프롬 지음/정성호 옮김
704 **탈무드** 마빈 토케이어 지음/정진태 옮김
705 **문장강화** 이태준 지음

▶계속 펴냅니다

범우비평판 세계문학

2005년 서울대 · 연대 · 고대 권장도서 및 미국 수능시험주관 대학위원회 추천도서!

1 토마스 불핀치 1 그리스·로마 신화 최혁순★●
2 원탁의 기사 한영환
3 샤를마뉴 황제의 전설 이성규

2 도스토예프스키 1.2 죄와 벌(상)(하) 이철◆
3.4.5 카라마조프의 형제(상)(중)(하) 김학수★●
6.7.8 백치(상)(중)(하) 박형규
9.10.11 악령(상)(중)(하) 이철

3 W. 셰익스피어 1 셰익스피어 4대 비극 이대주★●◆
2 셰익스피어 4대 희극 이태주
3 셰익스피어 4대 사극 이태주
4 셰익스피어 명언집 이태주

4 토마스 하디 1 테스 김회진◆

5 호메로스 1 일리아스 유영★●◆
2 오디세이아 유영★●◆

6 밀턴 1 실낙원 이창배

7 L.톨스토이 1.2 부활(상)(하) 이철
3.4 안나 카레니나(상)(하) 이철★●
5.6.7.8 전쟁과 평화 1.2.3.4 박형규◆

8 토마스 만 1 마의 산(상) 홍경호 ★●◆
2 마의 산(하) 홍경호 ★●◆

9 제임스 조이스 1 더블린 사람들 김종건
2.3.4.5 율리시즈 1.2.3.4 김종건
6 젊은 예술가의 초상 김종건 ★●◆
7 피네간의 경야(抄)·詩·에피파니 김종건
8 영웅 스티븐 · 망명자들 김종건

10 생 텍쥐페리 1 전시 조종사(외) 조규철
2 젊은이의 편지(외) 조규철 · 이정림
3 인생의 의미(외) 조규철
4.5 성채(상)(하) 염기용
6 야간비행(외) 전채린 · 신경자

11 단테 1.2 신곡(상)(하) 최현★●◆

12 J. W. 괴테 1.2 파우스트(상)(하) 박환덕★●◆

13 J. 오스틴 1 오만과 편견 오화섭◆
2,3 맨스필드 파크(상)(하) 이옥용
4 이성과 감성 송은주
5 엠마 이옥용

14 V. 위고 1~5 레 미제라블 1~5 방곤

15 임어당 1 생활의 발견 김병철

16 루이제 린저 1 생의 한가운데 강두식
2 고원의 사랑 · 옥중기 김문숙·홍경호

17 게르만 서사시 1 니벨룽겐의 노래 허창운

18 E. 헤밍웨이 1 누구를 위하여 종은 울리나 김병철
2 무기여 잘 있거라(외) 김병철◆

19 F. 카프카 1 성(城) 박환덕
2 변신 박환덕★●◆
3 심판 박환덕
4 실종자 박환덕

20 에밀리 브론테 1 폭풍의 언덕 안동민◆

21 마가렛 미첼 1.2.3 바람과 함께 사라지다(상)(중)(하) 송관식·이병규

22 스탕달 1 적과 흑 김붕구★●

23 B. 파스테르나크 1 닥터 지바고 오재국◆

24 마크 트웨인 1 톰 소여의 모험 김병철
2 허클베리 핀의 모험 김병철◆
3.4 마크 트웨인 여행기(상)(하) 박미선

25 조지 오웰 1 동물농장·1984년 김회진◆

26 존 스타인벡 1.2 분노의 포도(상)(하) 전형기◆
3.4 에덴의 동쪽(상)(하) 이성호

27 우나무노 1 안개 김현창

28 C. 브론테 1.2 제인 에어(상)(하) 배영원 ◆

29 헤르만 헤세 1 知와 사랑 · 싯다르타 홍경호
2 데미안·크눌프·로스할데 홍경호
3 페터 카멘친트·게르트루트 박환덕
4 유리알 유희 박환덕

30 알베르 카뮈 1 페스트 · 이방인 방 곤

31 올더스 헉슬리 1 멋진 신세계(외) 이성규·허정애◆

32 기 드 모파상 1 여자의 일생·단편선 이정림

33 투르게네프 1 아버지와 아들 · 연기 이철◆
2 처녀지 · 루딘 김학수

34 이미륵 1 압록강은 흐른다(외) 정규화

35 T. 드라이저 1 시스터 캐리 전형기
2.3 미국의 비극(상)(하) 김병철 ◆

36 세르반떼스 1 돈 끼호떼 김현창 ★●◆
2 (속)돈 끼호떼 김현창

37 나쓰메 소세키 1 마음 · 그 후 서석연★
2 명암 김정훈

38 플루타르코스 1~8 플루타르크 영웅전 1~8 김병철

범우사상신서

현대사회를 보다 새로운 시각으로 종합진단하여 그 처방을 제시해줍니다.

1 자유에서의 도피 E. 프롬/이상두
2 젊은이여 오늘을 이야기하자 렉스프레스誌/방곤·최혁순
3 소유냐 존재냐 E. 프롬/최혁순
4 불확실성의 시대 J. 갈브레이드/박현채·전철환
5 마르쿠제의 행복론 L. 마르쿠제/황문수
6 너희도 神처럼 되리라 E. 프롬/최혁순
7 의혹과 행동 E. 프롬/최혁순
8 토인비와의 대화 A. 토인비/최혁순
9 역사란 무엇인가 E. 카/김승일
10 시지프의 신화 A. 카뮈/이정림
11 프로이트 심리학 입문 C.S. 홀/안귀여루
12 근대국가에 있어서의 자유 H. 라스키/이상두
13 비극론·인간론(외) K. 야스퍼스/황문수
14 엔트로피 J. 리프킨/최현
15 러셀의 철학노트 B. 페인버그·카스릴스(편)/최혁순
16 나는 믿는다 B. 러셀(외)/최혁순·박상규
17 자유민주주의에 희망은 있는가 C. 맥퍼슨/이상두
18 지식인의 양심 A. 토인비(외)/임헌영
19 아웃사이더 C. 윌슨/이성규
20 미학과 문화 H. 마르쿠제/최현·이근영
21 한일합병사 야마베 겐타로/안병무
22 이데올로기의 종언 D. 벨/이상두
23 자기로부터의 혁명 1 J. 크리슈나무르티/권동수
24 자기로부터의 혁명 2 J. 크리슈나무르티/권동수
25 자기로부터의 혁명 3 J. 크리슈나무르티/권동수
26 잠에서 깨어나라 B. 라즈니시/길연
27 역사학 입문 E. 베른하임/박광순
28 법화경 이야기 박혜경
29 융 심리학 입문 C.S. 홀(외)/최현
30 우연과 필연 J. 모노/김진욱
31 역사의 교훈 W. 듀란트(외)/천희상
32 방관자의 시대 P. 드러커/이상두·최혁순
33 건전한 사회 E. 프롬/김병익
34 미래의 충격 A. 토플러/장을병
35 작은 것이 아름답다 E. 슈마허/김진욱
36 관심의 불꽃 J. 크리슈나무르티/강옥구
37 종교는 필요한가 B. 러셀/이재황
38 불복종에 관하여 E. 프롬/문국주
39 인물로 본 한국민족주의 장을병
40 수탈된 대지 E. 갈레아노/박광순
41 대장정—작은 거인 등소평 H. 솔즈베리/정성호
42 초월의 길 완성의 길 마하리시/이병기
43 정신분석학 입문 S. 프로이트/서석연
44 철학적 인간 종교적 인간 황필호
45 권리를 위한 투쟁(외) R. 예링/심윤종·이주향
46 창조와 용기 R. 메이/안병무
47-1 꿈의 해석 ㊤ S. 프로이트/서석연
47-2 꿈의 해석 ㊦ S. 프로이트/서석연
48 제3의 물결 A. 토플러/김진욱
49 역사의 연구 1 D. 서머벨 엮음/박광순
50 역사의 연구 2 D. 서머벨 엮음/박광순
51 건건록 무쓰 무네미쓰/김승일
52 가난이야기 가와카미 하지메/서석연
53 새로운 세계사 마르크 페로/박광순
54 근대 한국과 일본 나카스카 아키라/김승일
55 일본 자본주의의 정신 야마모토 시치헤이/김승일·이근원
56 정신분석과 듣기 예술 E. 프롬/호연심리센터
57 문학과 상상력 콜린 윌슨/이경식
58 에르푸르트 강령 칼 카우츠키/서석연
59 윤리와 유물사관(외) 칼 카우츠키/서석연

▶계속 펴냅니다